Danksagung

Ich möchte all jenen danken, die an diesem Buch mitgearbeitet haben. Besondere Erwähnung verdienen: meine Frau Christine für ihre ständige Unterstützung und Führung; James Stromberg, der die Grundlage und Inspiration lieferte; Stephen Brock, Thomas Cavanaugh und Isaac Block, die hilfreiche Kommentare und Vorschläge lieferten; Barbara Stirling für ihr anspruchsvolles Auge für die Kunst; Carol A. Kennedy für ihre sorgfältige Durchsicht des Manuskripts; James Kruggel für sein Interesse und seine Unterstützung; Trevor Lipscombe, Direktor der Catholic University of America Press, für seine Bereitschaft, das Projekt zu übernehmen; Theresa Walker und Beth Benevides für ihre engagierte Arbeit bei CUA Press; und meine vielen Studenten im Laufe der Jahre.

Steven J. Jensen

Ein gutes Leben führen

Ein thomistische Ethik für Anfänger

Für Clare, Louis und Anna

Magis diligitur quod est coniunctius....
Parentes diligunt filios ut aliquid sui existentes
et ideo dilectio secundum quam pater diligit
filium similior est dilectioni qua quis
diligit seipsum.
(II-II, 26, 9)

Steven J. Jensen

Ein gutes Leben führen

Ein thomistische Ethik für Anfänger

Aus dem Amerikanischen übersetzt von
Rafael Hüntelmann

Bibliographic information published by Deutsche Nationalbibliothek
The Deutsche Nationalbibliothek lists this publication in the Deutsche Nationalbibliographie; detailed bibliographic data is available in the Internet at http://dnb.ddb.de

Originally published in English as
Living the Good Life. A Beginner's Thomistic Ethics

This edition published by arrangement with
The Catholic University of America Press
in conjunction with their duly appointed agent
Agence Deborah Druba, Paris, France.

53819 Neunkirchen-Seelscheid
www.editiones-scholasticae.de

ISBN 978-3-86838-596-0

2021

Printed on acid-free paper

Printed in Germany
by CPI Buchbücher.de GmbH

Inhalt

1

Einführung

Ihr nennt ihn einen stummen Ochsen, aber ich sage euch, dieser stumme Ochse wird so laut brüllen, dass sein Gebrüll die Welt erfüllt.
Albertus Magnus über Thomas von Aquin

Wissen ist die Nahrung für die Seele.
Platon

Ich saß einmal in einem bioethischen Gremium, in dem jemand meinte, er habe die tiefste Einsicht beim Betrachten eines Dokumentarfilms erlangt, bei dem in der Schlusseinstellung die Frage gestellt wurde: „Gibt es eine absolute Wahrheit?" Der Erzähler steigt einen Hügel hinunter in einen Sumpf und schöpft etwas von dem Schlamm auf. So stehend erklärt er: „Das kommt davon, wenn man an die absolute Wahrheit glaubt." Plötzlich wechselt die Einstellung und wir sehen den Erzähler in Auschwitz stehen. Erstaunlich ist, dass dieses Mitglied des Gremiums in der anschließenden Diskussion zu fast jedem Thema schlüssige Aussagen machte. Die Tiefe seiner Einsicht, so scheint es, war noch nicht eingesickert. Doch sicher hat er eine Idee zum Ausdruck gebracht, die in unserer Gesellschaft gang und gäbe ist. Während Jesus Christus sagte: „Die Wahrheit wird euch frei machen", bekennen wir heute, dass die Wahrheit uns in Ketten legen werde. Sie führe nicht in die Freiheit, sondern nach Auschwitz.

Es ist keine Überraschung, dass diese Verfechter des Relativismus abgeneigt sind, einige einfache historische Wahrheiten zu überprüfen; schließlich würde die Wahrheit sie nur in die Irre führen. Aber wenn sie sich die Mühe machen würden, die Überzeugungen von Hitlers Nazipartei zu untersuchen, würden sie bestenfalls wenig Bezug zur absoluten Wahrheit entdecken, insbesondere zu ethischen Wahrheiten. In der Tat entstand Auschwitz nicht durch eine standhafte Verteidigung der absoluten Wahrheit, sondern durch das Verwerfen einiger grundlegender Wahrheiten, wie der Würde des menschlichen Lebens. Der Nationalsozialismus kam im Gefolge eines dekadenten Relativismus an die Macht; er versammelte das Volk nicht mit Versprechungen einer Rückkehr zur Wahrheit, sondern mit Rufen nach einer Rückkehr zu Deutschlands Macht und Stärke. Der halboffizielle Philosoph des Nationalsozialismus war Friedrich Nietzsche. Er empfahl, die überholten Kategorien von Gut und Böse zu überwinden und sich einfach der Macht zuzuwenden. Absolute Wahrheit, in der Tat! Die Schrecken des Holocaust konnten nur geschehen, weil zu viele Menschen bereit waren, ihren Glauben an die Würde eines jeden Menschen aufzugeben. Wäre diese absolute Wahrheit im Herzen eines jeden Menschen verankert gewesen, dann wäre die Geschichte zum Besseren umgeschrieben worden.

Leider drücken wir uns weiterhin vor der Wahrheit. Wenn jemand die Wahrheit verkündet, beschimpfen wir ihn als engstirnig, unsensibel und wertend. Um seine Unzulänglichkeiten zu beheben, schlagen wir vor, dass er eine offenere Denkweise annehme und offen für andere Standpunkte werde. Schließlich sei jeder Standpunkt gleichberechtigt; keiner sei besser als ein anderer. Kurz gesagt, wann immer jemand etwas als wahr und andere Dinge als falsch bezeichnet, wird er nicht als Befreier, sondern als Tyrann gesehen, der anderen seine Ansicht aufzwingt.

Aber nicht jede Ansicht ist gleich, und Ideen haben Konsequenzen, manchmal tödliche Konsequenzen. Sollen wir mit Gleichmut jemanden ertragen, der sagt, dass wir Individuen töten können, deren Leben nicht lebenswert ist? Sollen wir diejenigen munter ignorieren, die sagen, wir sollten Menschen klonen und manipulieren, um einen überlegenen Bestand zu schaffen? Sollen wir die Behauptung begrüßen, dass einige defekte menschliche Wesen keine Menschen seien – ihnen fehlten alle moralischen Rechte –, so dass wir mit ihnen machen könnten, was wir wollen? All diese Ansichten werden heute kühn vertreten und rufen wenig Protest hervor. Im Grunde genommen waren die gleichen Ansichten in Deutschland in den 1920er und 1930er Jahren weit verbreitet. Ich befürchte, dass wir dem Bösen gegenüber gleichgültig geworden sind und dass wir unsere Gleichgültigkeit als Toleranz ausgeben.

Wie uns die Geschichte lehrt, lassen wir die Wahrheit auf eigene Gefahr im Stich. In diesem Sinne vertrete ich die Sichtweise, dass das eine besser ist als das andere. Das heißt natürlich nicht, dass Thomas von Aquin die ganze Wahrheit hat oder dass andere nichts von der Wahrheit wissen. Wir sollten die Wahrheit willkommen heißen, wo immer wir sie finden, und wir sollten uns plausiblen Standpunkten nicht ohne triftigen Grund verschließen. Andererseits sollten wir auch die Wahrheit anerkennen, wenn wir sie finden, und wir sollten ablehnen, was falsch ist. Aus diesem Grund gehe ich davon aus, dass Thomas von Aquin einen Großteil der Wahrheit, mit einer geringen Beimischung von Irrtümern, benannt hat. Er ist ein guter Ausgangspunkt und ein sicherer Führer, weil er Einsicht in die Wahrheit hat, die unsere Gesellschaft dringend braucht. Thomas von Aquin ist nicht nur auf wahre Aussagen gestoßen, er hat sie auch verstanden. Er entdeckte die tieferen Ursachen der Dinge und fügte alles zu einer kohärenten Struktur zusammen, die noch heute Bestand hat.

Wer war Thomas von Aquin? Er führte kein bewegtes Leben, außer im Reich der Ideen und Argumente. Er kämpfte keine Schlachten und gewann keine Kriege. Weder entdeckte er neue Länder, noch herrschte er über alte Reiche. Weder gewann er ein Vermögen, noch erfand er ein neues Laster. Aber er gewann Argumente; er entdeckte neue Wahrheiten und häufte eine Fülle von Erkenntnissen an. Er wurde 1225 in Italien geboren und starb 1274. In dieser kurzen Zeit schrieb er zahlreiche Bücher, die mit dicht gedrängten Argumenten angefüllt und die bis heute klar und überzeugend sind. Als er unter Albertus Magnus studierte, nannten ihn seine Studenten den „dummen Ochsen": „Ochse" deshalb, weil er ziemlich groß war, und „dumm", weil er sehr wenig sagte. Doch wie so oft verbarg das Schweigen eine große Tiefe des Verstehens. Albert der Große erkannte Thomas von Aquins Genialität und erwiderte, wenn dieser Ochse brülle, werde man ihn auf der ganzen Welt hören. Und so war es auch. Und so ist es auch heute noch. Für eine ausführlichere Darstellung des

Lebens von Thomas empfehle ich Ihnen das Buch *Thomas von Aquin* von G. K. Chesterton.[1]

Thomas von Aquin ist geschickt darin, die Ursachen der Dinge aufzudecken. Er ist nicht als jemand bekannt, der in der Kunst der politischen Angelegenheiten oder in der Leitung des täglichen Lebens der Menschen geübt war. In der Tat verzichtete er auf ein Bischofsamt und zog es stattdessen vor, über die ewigen Wahrheiten nachzudenken. Man könnte sogar sagen, dass er geistesabwesend war. Als er einmal mit König Ludwig IX. von Frankreich zu Tisch saß, war er in Gedanken versunken und ignorierte die Gespräche der Umstehenden. Plötzlich schlug er mit der Faust auf den Tisch und verkündete: „Damit sind die Manichäer erledigt!"[2] Weil Thomas grundlegende Wahrheiten entdeckte, anstatt nur die weltlichen Angelegenheiten um ihn herum zu beobachten, sind seine Schriften auch heute noch gültig. Was dem Dualismus der Manichäer im dreizehnten Jahrhundert ein Ende setzte, setzt dem Dualismus auch heute noch ein Ende. Wir wissen nichts von dem Tischgespräch mit dem König, außer dem, was Thomas über die Manichäer sagte.

Thomas von Aquin war auch geschickt darin, die Gedanken seiner Vorgänger miteinander zu verweben, denn er respektierte stets die Autorität der vergangenen Denker, auch wenn er mit ihnen nicht einer Meinung war. Seine Schriften sind durchweg mit Verweisen und direkten Zitaten aus der Heiligen Schrift, aus Aristoteles, Cicero, Augustinus, Boethius, Averroes und aus vielen anderen Quellen durchsetzt. Er muss ein fotografisches Gedächtnis gehabt haben, besonders wenn man bedenkt, dass ihm die Mittel fehlten, die wir heute haben, zum Beispiel ein Computer. Thomas selbst sagte, dass ihm die Gabe zuteilgeworden sei, alles zu verstehen, was er las. Offensichtlich war ihm auch die Gabe zuteilgeworden, sich daran zu erinnern. Trotz seiner Gelehrsamkeit und tiefen Einsicht lebte Thomas ein bescheidenes und heiliges Leben. Er trat in den Dominikanerorden ein, gegen den Protest seiner Familie, die ihn sogar für ein Jahr in ein Schloss sperrte, in der Hoffnung, ihn davon abzubringen, dem Dominikanerorden beizutreten, bis sie ihn auf Druck des Papstes

---

[1] G. K. Chesterton: *Thomas von Aquin – Franz von Assisi.* Mit einem einleitenden Essay von Joseph Pearce, Bonn 2003 (nova & vetera).

[2] Ibid., 91

entkommen ließ. Eine Geschichte besagt, dass seine Familie ihn mit einer Prostituierten in Versuchung führte, damit er sein Streben nach dem Ordensleben aufgäbe, aber der junge Thomas ging mit einem heißen Schürhaken auf die Frau los, die aus dem Raum floh, ohne ihre Aufgabe erfüllt zu haben.

Thomas von Aquin hat sein eigenes Werk nicht übermäßig gefördert. Im letzten Jahr seines Lebens hörte er auf zu schreiben und ließ sein größtes Werk, die *Summa Theologiae,* der die meisten Zitate im vorliegenden Buch entnommen sind, unvollendet. Als er gedrängt wurde, weiterzuschreiben, weigerte er sich, mit den Worten, alles, was er geschrieben habe, sei wie Stroh im Vergleich zu dem, was ihm offenbart worden sei. Offensichtlich war er infolge eine mystische Erfahrung so sehr von der Herrlichkeit Gottes eingenommen, dass vor ihr alles andere verblasste, sogar seine eigenen Werke. Er sagte natürlich nicht, dass alles, was er geschrieben hatte, falsch sei; vielmehr deutete er an, dass die Wahrheiten, die er in diesem irdischen Leben entdeckte, sogar die Durchdringung der Wahrheit, die er in seinen eigenen Schriften fand, unbedeutend seien, verglichen mit der Wahrheit in Gott selbst. Wenn die Werke des Aquinaten wie Stroh sind, dann wehe dem Rest von uns!

In diesem Buch werden wir versuchen, die Ethik Thomas von Aquins verständlich zu machen. Wir stellen lediglich die Grundlagen dar und liefern einen Ausgangspunkt, der als Fundament für weitere ethische Einsichten dienen kann. Wir werden uns nicht in die Details von Thomas' Auffassung vertiefen, obwohl selbst das Wenige, das wir untersuchen werden, eine kompliziert geordnete und systematische Darstellung offenbart. Um unsere Aufmerksamkeit auf das Wesentliche zu lenken, werden wir die umstrittenen und unterschiedlichen Interpretationen von Thomas' Schriften nicht berücksichtigen. Der größte Teil des Materials in diesem Buch ist unter den Thomas-Forschern unumstritten, obwohl ich manchmal gezwungen war, eine Interpretation einer anderen vorzuziehen. Ich versuche nur, Anfängern einen elementaren Ausgangspunkt an die Hand zu geben, von dem aus sie dann andere Schriften studieren können, wenn sie es wollen.

In jedem Kapitel verwende ich die Ideen Thomas von Aquins, um einige gängige Ansichten anzusprechen, die heute mit der Ethik verbunden sind. Das zweite Kapitel stellt die verbreitete Auffassung in Frage, dass es in der

Ethik nur darum gehe, was richtig oder falsch sei; das dritte Kapitel befasst sich mit der Klärung von Werten; das vierte Kapitel stellt die Einstellung in Frage, dass wir nur das tun müssen, was wir für richtig halten (unabhängig davon, ob es tatsächlich richtig ist); das fünfte Kapitel befasst sich mit dem Determinismus; das sechste Kapitel befasst sich mit der kantischen Einstellung „Tu einfach das Richtige". Das siebte Kapitel geht über die Idee hinaus, dass Ethik einfach nur eine Untersuchung schwieriger und umstrittener ethischer Fragen sei; das achte und das neunte Kapitel befassen sich mit dem Utilitarismus; das zehnte behandelt die Situationsethik; das elfte untersucht die Tugenden, die zur Vernunft gehören; das zwölfte konzentriert sich auf die wichtigste dieser Tugenden, nämlich die Klugheit bzw. die praktische Weisheit; das dreizehnte Kapitel befasst sich mit der Frage: „Wie können wir wissen, was richtig und falsch ist?" Das vierzehnte Kapitel schließlich beschäftigt sich mit der Frage: „Warum sollten wir moralisch sein?" Jedes Kapitel kann man so betrachten, dass es das deutlich macht, was Thomas zu diesen Themen sagen würde.

Lassen Sie mich noch eine kurze Anmerkung zu den Verweisen in Klammern vorausschicken. Sie verweisen den Leser auf Texte Thomas von Aquins, die die besprochenen Ideen vorstellen. Die meisten dieser Zitate sind aus der *Summa Theologiae*, und sie bestehen aus drei oder vier Elementen. Das erste Element ist eine römische Ziffer oder eine Kombination von römischen Ziffern, wie I, I-II oder II-II. Dieses Element identifiziert das Buch der *Summa*: I bezieht sich auf das erste Buch, I-II bezieht sich auf den ersten Teil des zweiten Buches, und II-II bezieht sich auf den zweiten Teil des zweiten Buches. Das zweite Element besteht aus einer arabischen Zahl und bezieht sich auf die Frage innerhalb des Buches. Das dritte Element ist eine weitere arabische Zahl, die sich auf den Artikel innerhalb der Frage bezieht. Das vierte Element schließlich, wenn es eines gibt, besteht aus dem lateinischen Wort *ad* und einer Zahl, z. B. „ad 3", was sich auf die Antwort Thomas von Aquins auf den nummerierten Einwand bezieht. Wenn Sie zum Beispiel auf das Zitat (I, 1, 6, ad 3) stoßen, dann sollten Sie im ersten Buch der *Summa Theologiae*, Frage 1, Artikel 6, nach der Antwort auf den dritten Einwand suchen.

2

Ethik und das gute Leben

Glück wird durch Tugend erlangt;
ein Mensch erreicht es durch seine eigenen Entscheidungen.
Thomas von Aquin

Die eigene Tugend ist alles, was man wirklich hat,
weil sie nicht von den Wechselfällen des Schicksals bedroht ist.
Anicius Manlius Severinus Boethius

Vollkommene Ungerechtigkeit

Im *Staat* bezieht sich Platon auf ein früheres, aus dem Munde Glaukons kommendes Argument von Thrasymachos; er fordert uns auf, uns eine Person vorzustellen, die vollkommen ungerecht ist, und eine andere, die vollkommen gerecht ist. Die vollkommen ungerechte Person, sagt er, wird durch ungerechte Mittel zur Macht gelangen, aber weil sie so vollkommen in ihrer Ungerechtigkeit ist, wird sie nie erwischt werden. Der betreffende Mann wird der Herrscher seiner Stadt werden und sich seine Frau in der herrschenden Klasse aussuchen können. Er wird ungeheuer wohlhabend und bei allen beliebt sein, da er so schlau ist, sein Unrecht unbemerkt zu lassen. Im Gegensatz dazu wird der vollkommen gerechte Mensch tun, was richtig ist, egal was die Konsequenzen sind, auch wenn dies zu seinem eigenen Ruin führt. Und es führt zu seinem Ruin. Denn niemand mag einen gerechten Menschen; er macht nämlich unsere eigene Ungerechtigkeit nur allzu offensichtlich. Am Ende wird der vollkommen gerechte Mensch verfolgt und fälschlicherweise jeder Art von Ungerechtigkeit beschuldigt. Mehr noch: Er wird dieser vermeintlichen Verbrechen für schuldig befunden und zu Qualen und einem schändlichen Tod verurteilt.

Wenn wir Glaukons Beschreibung hören, denken wir nicht nur an Sokrates, den Platon im Sinn hatte, sondern auch an Jesus Christus.

Welches Leben also, fragt Glaukon, ist das glücklichere Leben: das gerechte oder das ungerechte Leben? Die Antwort ist eindeutig. Der vollkommen ungerechte Mensch führt ein glückliches Leben und stirbt einen glücklichen Tod. Er erreicht alle seine Ziele, und alle seine Wünsche werden befriedigt. Der vollkommen gerechte Mensch hingegen führt ein unglückliches Leben und stirbt einen qualvollen Tod.

Erst dreihundertzwanzig Jahre später, bei dem Philosophen Nietzsche, finden wir eine dergestalt klingende Verteidigung von Ungerechtigkeit und Bösem. Aber sicherlich argumentieren die meisten Menschen bei dem Bösen, das sie selbst jeden Tag tun, auf eine solche Art und Weise mit sich selbst. Wenn jemand das Geld des Unternehmens, bei dem er tätig ist, unterschlägt, glaubt er, dass es ihn glücklich mache, wenn er es tut; wenn jemand sich weigert, für das Richtige einzutreten, zieht er es vor, beliebt zu sein, anstatt mutig, aber verachtet zu sein; und der Mann, der seine Frau wegen des Erbes ermordet, stellt sich vor, dass es ihm ohne sie besser gehen werde. Wann immer wir handeln, so scheint es, suchen wir unser eigenes Glück, und wir nehmen oft an, dass unserem Glück am besten gedient sei, wenn wir das Falsche anstelle des Richtigen tun.

Thrasymachos und Glaukon haben jedoch nicht das letzte Wort, denn Sokrates fährt fort, Thrasymachos' Argumentation zu zerlegen und stattdessen zu argumentieren, dass das gerechte Leben immer das glücklichere Leben ist, während das ungerechte Leben nicht zum Glück führen kann. Gerechtigkeit ist schließlich eine Tugend oder eine Stärke, während Ungerechtigkeit ein Laster oder eine Schwäche ist. Daraus folgt, dass nur Gerechtigkeit uns dabei helfen kann, ein menschlich erfülltes Leben zu führen, während Ungerechtigkeit unser Streben nach Glück lähmen muss.

Das Thema der Ethik

Konzentrieren wir uns zunächst nicht auf die Frage des Thrasymachos, ob das gerechte oder das ungerechte Leben das glücklichere ist, sondern fragen wir, welche der beiden folgenden Fragen das Thema der Ethik am besten trifft: (1) „Welche Handlungen sind gerecht und welche Handlungen sind ungerecht?“, oder (2) „Welche Handlungen sind menschlich erfüllend und welche sind nicht erfüllend?“ Die meisten Menschen sind geneigt zu antworten, dass die erste Frage das Anliegen der Ethik sei, während die zweite Frage das Anliegen eines Fachgebiets wie der Psychologie sei. Dabei scheint jeder davon auszugehen, dass es sich um zwei ganz unterschiedliche Fragen handelt. Was eine Handlung gut und richtig mache, wird gesagt, habe nichts damit zu tun, was eine Handlung erfüllend mache. Es mag sich herausstellen, wie Sokrates sagt, dass sich die beiden Fragen überschneiden, so dass gerechte Handlungen auch erfüllende Handlungen sind und ungerechte Handlungen nicht erfüllende Handlungen, aber im allgemeinen Bewusstsein könnten die beiden Fragen kaum weiter voneinander entfernt sein.

Aber nicht im Sinne Thomas von Aquins. In der Tat könnten die beiden Fragen nach Thomas von Aquin kaum enger miteinander verbunden sein. Außerdem könnte er durchaus eine der beiden Fragen verwenden, um das Thema der Ethik zu umreißen (I-II, 1, 3; I-II, 21, 1, insbesondere ad 2 & 3). Man könnte Ethik als die Lehre von den menschlichen Handlungen bezeichnen, insofern sie richtig oder falsch sind, oder man könnte sie auch als die Lehre von den menschlichen Handlungen bezeichnen, insofern sie erfüllend oder nicht erfüllend sind. Zwischen diesen beiden hat jedoch die letztere eine gewisse Priorität.

Lassen Sie uns für einen Moment Gerechtigkeit und Ungerechtigkeit vergessen und stattdessen nur an das gute Leben denken. Schließlich wollen wir ja ein erfülltes Leben führen. Betrachten wir alle unsere Handlungen nur in einem Licht: in dem Maße, wie sie zum guten Leben beitragen. Beschreiben wir einige Handlungen als gut und andere als schlecht, was nicht bedeutet, dass sie moralisch gut oder moralisch schlecht sind, sondern nur, dass sie gut oder schlecht sind hinsichtlich der Erfüllung.

Eine solche Perspektive ist nicht neu, denn wir alle beurteilen jeden Tag unser Handeln im Lichte des Glücks. Leider machen wir dabei oft einen schlechten Job. Wir urteilen zum Beispiel, dass die Rache an unserem Feind uns Glück beschere, aber die Rache vertieft nur unser Elend. Wir urteilen, dass eine durchzechte Nacht in der Stadt genau das Richtige sei, aber sie führt nur zu einem Kater. Wir urteilen, dass der Kauf eines extravaganten neuen Autos unsere Bedürfnisse befriedigen werde, aber er führt nur zur Last jahrelanger Schulden. Wir alle tun, was immer wir tun, um Glück zu erlangen, aber wir finden oft nur Kummer. Die Hoffnung und der Wunsch nach Glück, so scheint es, reichen nicht aus, um glücklich zu werden. Darüber hinaus müssen wir die Handlungen, die uns wirklich zum Glück führen, richtig einschätzen.

Es gibt also einen Unterschied zwischen dem, was wir mit unseren Handlungen erreichen wollen, und dem, was unsere Handlungen tatsächlich erreichen. Wir wollen ein erfülltes Leben erreichen, aber unsere Handlungen bringen oft Enttäuschungen mit sich. Wir können unsere Handlungen nicht einteilen in solche, die auf Glück abzielen, und solche, die das nicht tun, denn alle Handlungen sind auf die Erfüllung ausgerichtet. Wir können jedoch unsere Handlungen in solche einteilen, die Erfüllung erreichen, und solche, die dies nicht tun. Auch unabhängig von der Moral können wir also einige Handlungen im Hinblick auf die menschliche Erfüllung als gut oder schlecht beurteilen.
Haben wir mit einem solchen Ansatz die Ethik aufgegeben? Ganz und gar nicht. Wir befinden uns mitten in der Ethik, die menschliche Handlungen dahingehend zu bewerten sucht, ob sie wirklich erfüllend sind oder nicht. So könnte man erwarten, Ethik in der Selbsthilfeabteilung des örtlichen Buchladens zu finden, denn dort findet man das, was man tun soll und nicht tun soll, um ein erfülltes Leben zu führen. In der Tat sind Selbsthilfebücher eine Art moderne Ethik. Selbst in unserer relativistischen Gesellschaft erkennen Selbsthilfebücher an, dass wir alle nach menschlicher Erfüllung streben; sie erkennen an, dass nicht alle Lebensweisen tatsächlich erfüllend sind; und sie bieten, wie es die Ethik tun sollte, verschiedene Rezepte für ein wirklich erfülltes Leben. Viele Selbsthilfebücher behaupten, dass sie uns die Fähigkeit vermitteln, glücklich und gut zu leben. Natürlich scheitern sie oft. Dennoch ist das, was sie zu erreichen versuchen, nichts anderes als Ethik: die Regeln und Richtlinien für ein menschlich erfülltes Leben.

Ein Menschenleben

Es lässt sich leicht erkennen, dass das Leben eines Grashüpfers für einen Menschen nicht erfüllend ist. Es gibt mehr im menschlichen Leben als Nahrung und Fortpflanzung. Selbst das Leben eines Eichhörnchens kann nicht die Standards der menschlichen Bedürfnisse erfüllen. Lieber ein unzufriedener Sokrates sein als ein zufriedenes Schwein. Und warum? Weil das gute Leben nicht nur ein animalisches Leben sein kann. Wir sind menschliche Wesen, mit der Fähigkeit zu denken und zu lieben. Reine Empfindungen oder Vergnügen können unsere Sehnsüchte nicht erfüllen. Irgendwie muss der Gebrauch unseres Verstandes – und unseres menschlichen Herzens – in ein wirklich erfülltes Leben eingebunden sein (I-II, 3, 3). Als menschliche Wesen sollen wir nicht blindlings durch unser Leben gehen und dem Instinkt folgen, indem wir die Befehle jedes vorübergehenden Wunsches ausführen. Wir haben die Fähigkeit, unser Leben nach dem Verstand zu ordnen und zu lenken. Wir haben auch die Fähigkeit, Freundschaft zu schließen und mehr als nur egoistische Befriedigung bei anderen zu suchen.

Den obigen Überlegungen liegt das Verständnis zugrunde, dass das, was wir sind, etwas mit dem zu tun hat, was uns erfüllt. Was für eine Heuschrecke als erfüllend gilt, kann unmöglich unseren menschlichen Bedürfnissen entsprechen, gerade weil wir etwas mehr sind als ein Grashüpfer. Unsere Kräfte, unsere Fähigkeiten könnten unmöglich durch das Leben eines Grashüpfers ausgefüllt (erfüllt) werden. Was wir sind – dass wir die Fähigkeit haben, zu erkennen, zu verstehen und zu lieben –, ist eng mit der Art von Leben verbunden, die für uns erfüllend ist. Wenn wir uns mit weniger als vollständig menschlicher Tätigkeit zufriedengeben, wenn wir uns mit bloß tierischen Aktivitäten der Sinnlichkeit oder des Vergnügens zufriedengeben, dann haben wir unsere Fähigkeiten nicht verwirklicht. Folgt daraus, dass wir kein Vergnügen haben und keine Empfindungen genießen dürfen? Ganz und gar nicht. Aber diese Tätigkeiten müssen auf menschliche Art und Weise, mit unserem menschlichen Verstand und unseren menschlichen Wünschen ausgeführt werden. Ein ethisches Leben wird also ein Leben der Verwirklichung unserer menschlichen Fähigkeiten sein.

Die *Human-Potential-Bewegung* der 1960er und 1970er Jahre stellte eine ähnliche Behauptung auf: dass Erfüllung nur durch die Verwirklichung unseres Potenzials gefunden werden könne. Wie wir sehen werden, verfehlten die Beteiligten dieser Bewegung jedoch das wahre menschliche Potenzial: sie wandten sich eher den Emotionen zu als der menschlichen Vernunft und dem Willen. Dennoch stand ihr Versuch grundsätzlich im Einklang mit dem Projekt der Ethik. Sie versuchten, zwischen den Handlungen zu unterscheiden, die erfüllend sind, und denen, die es nicht sind. Sie verstanden sogar die entscheidende Bedeutung des Menschseins, unserer menschlichen Fähigkeiten.

Richtig und falsch

Wird das ethische Leben, das menschlich gute Leben, mit dem übereinstimmen, was wir oft Moral nennen, mit dem Richtig- und Falschsein von Handlungen? Sokrates ist dieser Ansicht. Und Thomas auch. Es ist jedoch ein weiter Weg, bevor wir zu dieser Schlussfolgerung gelangen können. Wir müssen zunächst zwei Dinge besser verstehen. Erstens müssen wir unsere menschlichen Fähigkeiten genauer untersuchen. Die Erkenntnis, dass unser menschliches Verstehen für das gute Leben entscheidend ist, ist nur ein erster Schritt. Wir müssen genauer untersuchen, was wir als menschliche Wesen tun können und wie wir in unseren Tätigkeiten Erfüllung finden. Wir werden drei wesentliche Elemente unserer menschlichen Fähigkeiten entdecken: Vernunft, Emotionen und freien Willen. Der Unterschied zwischen diesen drei Fähigkeiten und die Interaktion zwischen ihnen werden die Grundlage einer thomistischen Ethik sein.

Zweitens müssen wir besser verstehen, was richtig und was falsch ist. Wir können mit der Feststellung beginnen, dass das Richtige und das Falsche nicht dasselbe sind wie Gesetz oder Religion, obwohl manchmal angenommen wird, dass dies im Hinblick auf beides der Fall sei. Manche Leute sagen, dass es richtig sei, dem Gesetz zu folgen, und dass es falsch sei, das Gesetz zu brechen, so dass die gesamte Ethik durch das Gesetz zusammengefasst werde, oder, wenn nicht durch das Gesetz, dann zumindest durch die vorherrschende Sitte. „Wenn du in Rom bist, mach es wie die Römer", wird als ethische Maxime angesehen. Tatsächlich sind sowohl das Gesetz als auch die Sitte von richtig und falsch zu unterscheiden. Ein Großteil der

Moral liegt außerhalb der Grenzen des Gesetzes (I-II, 96, 2 & 3). Jemanden hinter seinem Rücken niederzumachen, ist zum Beispiel falsch, aber es ist nicht illegal. Es kann falsch sein, eine Notlüge zu erzählen, aber keine Gesellschaft erlässt jemals Gesetze dagegen. Solche Gesetze würden, wenn sie erlassen würden, mehr Unheil anrichten als Gutes bewirken; sie würden die Freiheit untergraben, die für das wahre moralische Gut notwendig ist, das die Gesetze zu fördern suchen.

Außerdem sind Moral und menschliches Recht nicht dasselbe, denn Gesetze können falsch sein (I-II, 96, 4). Gesetze, die die Sklaverei in den Vereinigten Staaten unterstützten, machten die Sklaverei nicht moralisch akzeptabel. Gesetze, die Juden in Nazi-Deutschland diskriminierten, machten die Misshandlung der Juden nicht moralisch gut. Gesetze, die die Abtreibung in unserer Zeit erlauben, machen die Abtreibung nicht richtig.

Moral und Gesetz sind sicherlich miteinander verbunden. Idealerweise sollten unsere Gesetze auf Recht und Unrecht gegründet sein (I-II, 95, 2). Wir sollten versuchen, Gesetze zu machen, die das fördern, was ethisch gut ist. Moral und Gesetz sind jedoch nicht identisch, denn was moralisch richtig oder falsch ist, wird manchmal vom Gesetz unberührt gelassen, und was gesetzlich erlaubt oder verpflichtend ist, ist manchmal unmoralisch. Das Gleiche kann über die Sitten gesagt werden. Sowohl das Gesetz als auch die Sitte sind gut, aber sie sollten auf der Ethik beruhen, die beiden vorausgeht.

Auch ist Ethik nicht dasselbe wie Religion. Manchmal sagen Menschen, dass ihre ethischen Überzeugungen einfach ihre religiösen Überzeugungen seien, und manchmal scheint es, als ob der Oberste Gerichtshof annehme, dass jede ethische Ansicht *ipso facto* eine religiöse Ansicht sei. Auch dieser Gedanke enthält eine gewisse Wahrheit, denn die großen monotheistischen religiösen Traditionen haben alle eine starke ethische Komponente. Dennoch sind Ethik und Religion verschieden, denn wir können Religion ohne eine starke ethische Komponente haben und wir können Ethik ohne Religion haben.

Viele Religionen, insbesondere heidnische, haben keinen Moralkodex, der wesentlich mit ihnen verbunden ist. Die heidnischen Religionen des antiken Griechenlands oder Roms setzten ethische Ansichten voraus –

Ansichten, die in der jeweiligen Kultur vorherrschend waren –, aber sie verkündeten diese Ansichten nicht und brachten sie auch nicht hervor. Das Heidentum neigt dazu, eine große Vielfalt ethischer Anschauungen zuzulassen.

Man kann auch eine Ethik ohne Religion haben. Jede Kultur bringt einige ethische Standards hervor, und wenn kein besonderer religiöser Einfluss vorherrscht, dann ist diese Ethik unabhängig von der Religion. Große Philosophen wie Platon und Aristoteles vertraten ethische Ansichten, von denen sie behaupteten, dass sie diese nur durch den Gebrauch ihrer Vernunft entdeckten, unabhängig von jeder religiösen Offenbarung. Viele Atheisten haben hohe ethische Standards.

In dieser Studie werden wir versuchen, die Ethik unabhängig vom menschlichen Gesetz und vom religiösen Glauben zu untersuchen. Obwohl wir die ethischen Ansichten von Thomas von Aquin untersuchen werden, der selbst dem katholischen Glauben zutiefst verpflichtet war, werden wir seine religiösen Ansichten nur am Rande berücksichtigen. Er selbst war der Meinung, dass Aristoteles ethische Wahrheiten entdeckt hatte, und er lehrte, dass jeder das natürlich gute Leben entdecken kann, unabhängig von jeder religiösen Offenbarung.

Wohin von hier aus?

Wir möchten die menschlichen Handlungen im Licht des guten Lebens untersuchen. Wir wollen sehen, wie das Führen eines guten Lebens mit dem wahrhaft gerechten Leben korrespondiert und nicht mit dem vollkommen ungerechten Leben. Wir müssen mit unserem menschlichen Potenzial beginnen, denn das erfüllte Leben wird ein Leben sein, das unsere menschlichen Fähigkeiten verwirklicht. Untersuchen wir also, wie sich unsere menschlichen Fähigkeiten zu dem verhalten, was richtig und falsch ist. Wir werden damit beginnen, die oft missverstandene Beziehung zwischen unserer Vernunft und unseren Emotionen zu betrachten.

3

Vernunft und Emotionen

Lassen Sie Ihre Wünsche von der Vernunft regiert werden.
Cicero

Wenn es sich gut anfühlt, tun Sie es

Wir alle kennen den Gemeinplatz: „Wenn es sich gut anfühlt, tu es", aber wir würden ihn wahrscheinlich nicht mit Ethik oder Moral in Verbindung bringen. In der Tat scheint er ein Rezept für eine Katastrophe zu sein. Vergewaltigung fühlt sich für Vergewaltiger gut an, Töten fühlt sich für Serienmörder gut an, und andere zu tyrannisieren fühlte sich wahrscheinlich für Hitler und Stalin gut an. Wir wissen aus eigener Erfahrung, dass das, was sich gut anfühlt, nicht immer das Beste ist, weder für uns selbst noch für andere, und was sich jetzt gut anfühlt, fühlt sich später vielleicht nicht mehr gut an. Ein Saufgelage mag sich im Moment gut anfühlen, aber nicht am nächsten Morgen. Es kann sich gut anfühlen, andere herabzusetzen, besonders unsere Feinde, aber wir wollen sicher nicht, dass andere uns herabsetzen. Kurz gesagt, unsere Gefühle sind selten der beste Leitfaden für unser Verhalten. Die Direktive „Wenn es sich gut anfühlt, tu es" ist der Gesang der Rebellion, nicht der Ethik.

Doch heute hat der Grundsatz „Wenn es sich gut anfühlt, tu es" den Anschein von Respekt, denn er wird als Grundlage der Ethik propagiert. Die Dinge werden nicht so krass formuliert, aber die Idee ist die gleiche. Gewöhnlich ist die Rede von einer „Klärung der Werte" oder von „Entscheidungsfindung". Uns wird gesagt, dass wir unsere eigenen Werte finden müssen, und das tun wir, indem wir nach innen schauen. Nach innen schauen, wohin? Auf unsere Gefühle. Kinder und Jugendliche werden gefragt: „Was hältst du davon, Drogen zu nehmen?" „Was denkst du über Selbstbefriedigung?" „Wie denkst du über vorehelichen Sex?" Und so weiter. Offensichtlich müssen wir nicht weiter als bis zu unseren eigenen Gefühlen gehen, um herauszufinden, was richtig oder falsch ist. Während wir von Kindern erwarten, dass sie ihre Mathematik von Lehrern lernen, und von Schülern, dass sie Naturwissenschaften in der Schule lernen, denken wir, dass jeder, ob jung oder alt, nur seine Gefühle oder Wünsche befragen müsse, um die Ethik zu entdecken. So sind wir jetzt bei dem Gemeinplatz „Wenn es sich gut anfühlt, ist es richtig“ angekommen.

Wenn Sie etwas mögen, dann ist es ein Wert für Sie; wenn Sie beliebt sein wollen, dann ist Beliebtheit ein Wert für Sie; wenn Sie reich sein wollen, dann ist Reichtum ein Wert für Sie; wenn Sie eine Familie wollen, dann ist das Familienleben ein Wert für Sie. Klingt gut. Aber etwas läuft schief, wenn wir mit den Hitlers oder Jack the Rippers dieser Welt sprechen: „Ich will andere dominieren, also ist Unterdrückung ein Wert für mich“; oder: „Ich habe Spaß daran, andere zu töten, also ist Mord ein Wert für mich.“

Bei einem Versuch, diese beunruhigenden Schlussfolgerungen zu vermeiden, sagt uns die Werteklärung, dass nicht alle Gefühle gleich viel wert sind. Wir sollten uns nicht von der Angst vor Gruppenzwang leiten lassen, oder von dem Wunsch, unseren Eltern zu gefallen – beides sind Gefühle. Nein, wir müssen unsere wahren Gefühle finden, die Gefühle, die an die Oberfläche kommen, wenn wir die anderen Menschen vergessen, wenn wir nur an uns selbst denken. Wenn wir uns mit uns selbst wohlfühlen, von hohem Selbstwertgefühl erfüllt sind, dann können wir entdecken, was wir wirklich wollen. Das moralische Axiom, zu dem wir letztlich gelangen, lautet: „Wenn es sich bei hohem Selbstwertgefühl gut anfühlt, dann ist es gut.“

Das hört sich alles gut an (ob es sich gut anfühlt oder nicht), aber ergibt es wirklich einen Sinn? Können wir wirklich einige makellose Gefühle entdecken, die sich über den Rest erheben und uns auf den Weg der Wahrheit führen? Es gibt viele Gründe, das Gegenteil anzunehmen. Betrachten wir nur einen dieser Gründe: das Problem der Selbsttäuschung. Als menschliche Wesen haben wir ein Problem mit der Ehrlichkeit, nicht nur anderen gegenüber, sondern auch uns selbst gegenüber. Tatsächlich sind wir in der Regel besser darin, uns selbst zu täuschen, als darin, andere zu täuschen. Lange nachdem alle anderen sehen können, dass das liebeskranke Mädchen benutzt wird, preist sie weiterhin die Tugenden ihres Geliebten. Selbst nachdem der Angeber alle seine Freunde verloren hat, hält er sich immer noch für einen liebenswerten Kerl. Wenn wir unsere wahren Gefühle aufgedeckt haben, wie können wir dann sicher sein, dass wir uns nicht selbst betrogen haben? Vielleicht sind unsere „wahren" Gefühle nur das, was der Gruppenzwang die ganze Zeit von uns verlangt hat. Das scheint in den 1960er Jahren, als die Human-Potential-Bewegung ins Rollen kam, oft der Fall gewesen zu sein. Als das Experimentieren mit Drogen in Mode kam, entdeckten die Menschen plötzlich, dass ihre „wahren" Gefühle danach strebten, mit Drogen zu experimentieren. Wie praktisch, dass ihre „wahren" Gefühle genau mit dem populären Angebot übereinstimmten. Selbst wenn wir also annehmen, dass wir wirklich einige reine Emotionen haben, die uns zur Wahrheit führen können, wäre es eine enorme Aufgabe, sie zu entdecken und sie von den vielen Fälschungen zu unterscheiden.

Wenn wir ehrlich zu uns selbst sind, erkennen wir, dass unsere Gefühle, sogar unsere grundlegendsten Wünsche, nicht alle gut sind. In der Tat sind sie oft ziemlich egoistisch und sogar bösartig. Wir suchen unsere eigene Befriedigung, sogar auf Kosten anderer; wir beneiden andere um ihr Gut und versuchen es ihnen wegzunehmen; wir verherrlichen uns selbst in unserem Selbstwertgefühl und stellen andere immer unter uns. Natürlich sind unsere Emotionen nicht nur schlecht – wir besitzen viel instinktiv Gutes –, aber wir wären dumm, wenn wir unseren Gefühlen als einem Leitfaden für das, was richtig und falsch ist, vertrauen würden. Manche Emotionen sind gut, andere sind böse, und wir können den Unterschied nicht erkennen, wenn wir nur in uns hineinschauen.

Wenn das Wünschen etwas gut macht

Die Werteklärung besagt, dass Dinge gut werden, weil wir sie zunächst einmal wollen. Reichtum ist für jemanden ein Wert, weil er sich wünscht, reich zu sein; zuerst wünscht er sich Geld, dann wird es ein Wert. Thomas denkt das genaue Gegenteil: Etwas ist zuerst gut, und deshalb sollen wir es wollen (I-II, 24, 4, ad 2). Wir sollen Geld nur insofern wollen, als Reichtum gut ist. Wenn zu viele Besitztümer unser Wohlbefinden beeinträchtigen, dann hören sie auf, gut zu sein. Wahrscheinlich kennen wir alle jemanden, der von seinem Besitz besessen ist; auch wenn er mehr Dinge will, sind sie nicht gut für ihn. In ähnlicher Weise kennen wir alle Kinder, die für ihr eigenes Wohlbefinden zu viele Spielsachen haben und trotzdem noch mehr wollen. Folgt bloß daraus, dass sie es wollen, dass Spielzeug für sie einen Wert darstellt? Oder sollten wir lieber sagen, wie wir es manchmal tun, dass diese Kinder, wenn sie wüssten, was gut für sie ist, die Spielzeuge nicht wollen würden? Leider wissen wir, wie unsere

Kinder, oft nicht, was gut für uns ist. Wir nehmen an, dass alles, was wir wollen, gut sei.

Wir können die beiden Ansätze bei jemandem erkennen, der sich entscheiden will, ob er sich ein neues Schnellboot anschaffen möchte. Der Werteklärung folgend sagt er: „Ich will dieses Schnellboot wirklich haben, also ist es ein Wert für mich." Wenn wir Thomas von Aquin folgen, sagt er: „Dieses Schnellboot wäre wirklich zu meinem Vorteil (zur Entspannung), also ist es gut, dass ich es will", oder alternativ: „Dieses Schnellboot würde nur wichtigeren Dingen im Leben im Weg stehen, also sollte ich es nicht wollen."

Bei diesen unterschiedlichen Ansätzen handelt es sich um zwei verschiedene Bewegungen zwischen entgegengesetzten Polen. Die Klärung der Werte beginnt im Inneren, bei unseren Gefühlen, und bewegt sich nach außen. Sie beginnt mit irgendeinem Wunsch und bewegt sich zu dem Gewünschten als einem Wert. Thomas von Aquins Ethik beginnt mit dem Ding draußen, das gut oder böse ist, und bewegt sich auf unsere Emotionen hin; sie beginnt mit dem Guten und Bösen in der Welt und bewegt sich zu dem, was wir wünschen sollen. Während die Werteklärung sagt, dass das Wollen es gut mache, sagt Thomas, dass sein Gut-Sein uns dazu bringen soll, es zu wollen.

Natürlich wollen wir nicht immer die Dinge, die wir eigentlich wollen sollten. Wenn eine Person, die wir kennen, eine Beförderung bekommt, sollten wir uns für sie freuen; aber stattdessen kann es sein, dass wir Neid empfinden. Es kann sein, dass wir uns wünschen, dass sie den neuen Job nicht bekommen hätte; wir können sogar anfangen zu wünschen, dass ihr etwas Schlimmes zustoße. Es geht also nicht darum, dass wir das Gute begehren, sondern darum, dass wir das Gute begehren *sollen*. In der Tat spüren wir alle etwas Widersinniges bei jemandem, der aus Neid beginnt, anderen Böses zu wünschen. Irgendetwas ist in seinem Verlangen nicht in Ordnung; etwas muss in Ordnung gebracht werden.

Weder sind alle unsere Emotionen oder Begierden gut, noch machen sie die Dinge zu etwas Gutem. Vielmehr müssen wir unsere Emotionen in Ordnung bringen, indem wir das suchen, was wirklich gut ist, und das meiden, was wirklich böse ist. Etwas ist falsch an einem Mann, der eine Frau vergewaltigen will. Wir würden nicht sagen, dass die Vergewaltigung für ihn einen Wert darstellt. Vielmehr sagen wir, dass seine Begierden pervertiert sind; sie müssen in Ordnung gebracht werden. Wenn jemand Angehörige bestimmter Minderheitsrassen hasst und sie vom Angesicht der Erde vertilgen möchte, nehmen wir nicht an, dass er bloß andere Werte hat als wir. Vielmehr nehmen wir an, dass sein Hass ein Charakterfehler ist. Er hat den wahren Wert der Dinge verkannt, der darin besteht, dass alle Menschen gleich geschaffen sind, mit einer Würde, die es ausschließt, dass sie wie Objekte behandelt werden. Unsere Wünsche machen keine Werte. Vielmehr sollen die wahren Werte unser Verlangen bestimmen.

Vernünftig sein

Die Vernunft ist der Mittelsmann zwischen dem Guten in der Welt und unseren Emotionen, denn die Vernunft versteht zuerst das Gute oder Böse in der Welt und stellt dann das Gute als ein zu begehrendes Objekt dar. Nehmen wir zum Beispiel an, dass mir eine Bankangestellte im Austausch gegen einen Hundertdollarschein sechs Zwanzigdollarscheine aushändigt, statt der fünf, die sie mir aushändigen sollte. Ich werde vor eine moralische Entscheidung gestellt. Soll ich auf den Fehler hinweisen oder das Geld einstecken? Würde ich mein Gefühl befragen, wie es die Werteklärung empfiehlt, würde ich das Geld gerne einstecken. Mein wahrer Wunsch, so könnte ich mir sagen, ist es, etwas mehr Geld zu haben, und nur die Angst vor Repressalien und Missbilligung treibt mich dazu, das Geld zurückzugeben. Thomas jedoch sagt, ich solle nicht auf meine Gefühle hören. Ich soll die Realität befragen. Unabhängig von meinen Gefühlen besteht die Wahrheit, dass eine der beiden Handlungen gut und die andere böse ist. Wenn ich dastehe und das Geld in der offenen Hand betrachte, weiß ich, was ich tun soll. Woher weiß ich das? Durch meine Vernunft, denn die Vernunft nimmt das wahre Gut und Böse in der Realität wahr.

Aber woher weiß die Vernunft das? Das ist eine schwierige Frage, die wir später behandeln werden. Für den Moment können wir zumindest erkennen, dass wir wissen, dass einige Dinge richtig und andere falsch sind, auch wenn wir nicht verstehen, wie wir wissen, dass sie richtig oder falsch sind. Wir wissen, dass Vergewaltigung und Mord böse sind; wir wissen, dass Rassismus falsch ist; wir wissen, dass es gut ist, einem Freund in Not zu helfen; wir wissen, dass es böse ist, jemandes Ruf durch Verleumdung zu ruinieren; und wir wissen, dass es nur fair ist, die zusätzlichen 20 Dollar zurückzugeben. Die Ethik hat sicherlich ihren Anteil an schwierigen Fragen: Was sollen wir bezüglich der Todesstrafe tun? Wie sollen wir den

Reichtum der Nation gerecht verteilen? Wann kann jemand in großer Not das nehmen, was anderen gehört? Und so weiter. Aber warum wollen wir mit diesen beunruhigenden Fällen beginnen? Lassen Sie uns mit dem beginnen, was wir wissen. Die meisten moralischen Entscheidungen, die wir im Laufe eines Tages treffen, sind ziemlich einfach. Wir wissen, dass wir das Richtige tun, auch wenn wir es am Ende nicht tun. Veruntreuer, die erwischt werden, geben an, dass ein Ethikkurs ihnen nicht geholfen hätte, weil sie bereits wussten, dass es falsch war, das Geld zu nehmen. Für die meisten unserer Entscheidungen brauchen wir keine Kurse auf Hochschulniveau oder Abiturkurse, die uns sagen, was richtig ist. Wir wissen es bereits. Wir wissen es durch unseren Verstand. *Woher* wissen wir das? Das werden wir später sehen. Für den Moment wollen wir uns damit begnügen festzustellen, *dass* wir es wissen.

Lassen Sie uns zur Bank zurückkehren. Ich stehe da, halte das Geld in der Hand und erkenne mit meinem Verstand, dass ich den zusätzlichen Zwanzigdollarschein zurückgeben sollte. Was geht in diesem Moment in meinen Gefühlen vor? Ich könnte mich sehr wohl über das Urteil der Vernunft ärgern, weil ich das zusätzliche Geld begehre. Aber denken Sie daran, dass Thomas sagt, wir sollen das wahre Gut begehren. Was ich mir also wünschen soll, ist, das Geld zurückzugeben. Unglücklicherweise kann ich, da ich nicht so vollkommen bin, weiterhin den Wunsch hegen, es einzusacken. Dennoch soll ich erkennen, dass dieses Verlangen nicht in Ordnung ist; es ist nicht der Weg, wie die Dinge sein sollten. Der Wunsch, das Geld einzustecken, ist kein Wertegenerator, der Unterschlagung irgendwie zu etwas Guten macht; vielmehr steht er im Gegensatz zum wahren Guten, das von der Vernunft erkannt wird.

Wir können nun die Bewegung der Werteklärung und die von Thomas von Aquin vorgeschlagene Gegenbewegung durch die drei Aspekte Welt, Vernunft und Emotionen verständlich machen. Die Werteklärung beginnt in den Emotionen, mit einem Wunsch in unserem Herzen. Sie bewegt sich dann zur Vernunft, denn wir müssen uns unserer Werte oder unserer Wünsche bewusstwerden. Obwohl bei der Werteklärung die Vernunft nicht erwähnt wird, gehen wir davon aus, dass wir uns unserer Wünsche mit dem Verstand, also mit der Vernunft, bewusstwerden. Der letzte Schritt, wenn wir etwas als gut bezeichnen, geht hinaus in die Welt. Zum Beispiel könnte ich die drei Schritte wie folgt durchlaufen: (1) Ich beginne damit, dass ich das Geld einstecken will; (2) ich bin mir dann bewusst, dass ich es will; (3) ich erkläre schließlich, dass es gut ist, das Geld zu nehmen.

Nach Thomas von Aquin ist die Bewegung umgekehrt. Wir beginnen mit der Realität, denn einige Dinge sind wirklich gut und andere wirklich böse. Wir bewegen uns zur Vernunft, die sich des Guten und Bösen in den Dingen bewusst ist. Schließlich präsentiert die Vernunft den Gefühlen das wahre Gute als Objekt des Begehrens, und in der Folge, so ist jedenfalls zu hoffen, begehren wir es. Erstens ist es wahr, dass die Rückgabe des Geldes das Richtige ist; zweitens bin ich mir dieses wahren Gutes bewusst; schließlich wünsche ich mir, das Geld zurückzugeben. Natürlich kann es sein, dass ich in meiner Unvollkommenheit diesen letzten Schritt nicht erreiche, aber wir sollen anerkennen, dass mein irrationales Verlangen, das Geld zu unterschlagen, tatsächlich eine Unvollkommenheit ist und nicht die Quelle meiner Werte.

Die Emotionen oder Wünsche bringen also nicht das Richtige und Falsche hervor, sondern werden als richtig oder falsch, als vernünftig oder unvernünftig beurteilt. Wir wollen nicht etwas, wie es die Werteklärung vorgibt, und dann wird es für uns zu einem Wert. Unsere wahren Emotionen sind nicht immer gut und warten nur darauf, aufgedeckt zu werden. Vielmehr müssen wir unsere Vernunft benutzen, um zu erkennen, welche Emotionen gut und welche böse sind. Die Vernunft nimmt das Gute und das Böse in den Dingen wahr, und so nimmt sie auch das Gute und das Böse in unseren Emotionen wahr. Diese Lehre des Aquinaten spiegelt sich in unserer allgemeinen Intuition wider, dass wir vernünftig sein sollen. Wir ärgern uns oft über andere, wenn sie eine unvernünftige Emotion zeigen, wie z. B. unkontrollierte Angst, blinde Verliebtheit oder selbstgefälligen Stolz. Warum? Weil wir annehmen, dass Emotionen vernünftig sein sollen. Wenn andere die Grenze der Vernunft überschreiten, wollen wir sie auf Linie bringen. Wenn wir doch nur so geschickt wären, unsere eigenen unvernünftigen Emotionen zu entdecken!

Rationalisierung

Während ich das Geld in der Hand halte, gehen mir schnell einige Gedanken durch den Kopf: „Die Bank hat mehr als genug Geld; sie werden es nicht vermissen"; „es war schließlich ihr Fehler, nicht meiner"; „ich hatte in letzter Zeit einige harte Schläge, ich könnte eine kleine Pause gebrauchen"; und so weiter. Was ich tue, ist rationalisieren. Ich denke darüber nach, das Geld zu nehmen, aber ich fühle mich dabei unwohl, also versuche ich, mein Unbehagen mit quasimoralischen Rechtfertigungen zu besänftigen. Die Idee, dass ich den moralischen Urteilen der Vernunft folgen soll, ist so tief in mir verwurzelt, dass ich zumindest den Anschein erwecken möchte, rational zu sein. Ich tue das, worin wir uns alle auszeichnen: Ich betrüge mich selbst.

Wie die Bezeichnung vermuten lässt, hat „Rationalisieren" etwas mit der Vernunft zu tun (von lat. *ratio*, Vernunft), und deshalb müssen wir das Rationalisieren von der Rolle der Vernunft unterscheiden, die wir bereits identifiziert haben, nämlich als das, was das wahre Gut erkennt und es den Wünschen präsentiert. Betrachten wir, was bei meiner Rationalisierung geschieht. Ich beginne damit, dass ich erkenne, dass ich die zusätzlichen 20 Dollar zurückgeben sollte. Dieser Schritt ist notwendig, denn wenn ich nicht erkennen würde, dass das Einstecken des Geldes falsch ist, dann hätte ich keinen Grund, mein Gewissen zu beruhigen. Obwohl ich zunächst erkenne, was ich tun soll, verspüre ich dennoch den Wunsch, das Geld zu unterschlagen, weil ich denke, dass es schön wäre, ein wenig zusätzliches Geld zu haben. Mit anderen Worten, ich folge mit meinem Verlangen nicht dem Urteil der Vernunft. Ich gehe auf eigene Faust los, gegen das wahre Gut, um ein selbst geschaffenes Gut anzustreben. Dennoch fühle ich mich unwohl dabei, meinen Wünschen zu folgen, denn die Vernunft besteht darauf, dass es böse ist, das Geld zu nehmen. Um dieses Unbehagen zu lindern, nehme ich nun die Vernunft in einer anderen Rolle in Anspruch und rechtfertige meine bösen Wünsche. Eine Rationalisierung besteht also aus drei Schritten: (1) Wir beginnen damit, dass wir erkennen, was tatsächlich richtig und was falsch ist. (2) Wir begehren, was falsch ist. (3) Wir denken uns quasimoralische Gründe aus, um unseren bösen Wünschen zu folgen.

Beachten Sie, dass die letzten beiden Schritte des Rationalisierens der Werteklärung überraschend ähnlich sind. Anstatt unsere Emotionen der Vernunft folgen zu lassen, unterwerfen wir unsere Vernunft unseren fehlgeleiteten emotionalen Wünschen. Die Werteklärung sagt: „Ich will es, also ist es gut für mich." Die Rationalisierung sagt: „Ich begehre es, also finde ich einen Weg, dass es gut ist." Genau diese Rollenumkehr, die die Vernunft zum Diener der Emotionen macht, kennzeichnet die Rationalisierung. Die richtige Reihenfolge der Dinge ist nach Thomas, dass die Vernunft das Gute wahrnimmt und dann die Emotionen folgen. Das geistige Haus ist in Unordnung, wenn das Gegenteil der Fall ist. Natürlich ist es oft angebracht, unsere Emotionen zu Rate zu ziehen. Wenn ich Schokoladeneis dem Vanilleeis vorziehe, dann kann ich diesem Wunsch nachkommen. Die Wahl zwischen zwei Eis-sorten hat (normalerweise) keine moralische Bedeutung; da die Vernunft diese Tatsache anerkennt, ist es vollkommen rational, meinen Wünschen in einer solchen Entscheidung zu folgen. Die Vernunft hat immer noch die Kontrolle, denn sie sagt, dass das wahre Gute den Emotionen die Oberhand lässt. Wenn andererseits unsere emotionalen Wünsche dem von der Vernunft wahrgenommenen wahren Gut entgegenstehen, dann dürfen wir uns nicht dem Wunsch unterordnen, sondern der Wunsch soll sich der Vernunft unterordnen.

Der Selbstbetrug der Rationalisierung stellt also unsere Emotionen über unsere Vernunft. Kein Wunder also, dass die Werteklärung so anfällig für Selbstbetrug ist. Auf der Suche nach unseren „wahren" Emotionen folgen wir einfach der Führung durch den Wunsch, der uns zwingend erscheint. Wir benutzen nicht unsere Vernunft, um zwischen unseren Emotionen zu unterscheiden und einige als gut und andere als unangemessen zu beurteilen, denn das würde einen Standard voraussetzen, den die Vernunft entdeckt; dies würde den Primat der Emotionen leugnen.

Wir finden also zwei mögliche Bewegungen bei Thomas von Aquin: die Bewegung der Moral und die Bewegung der Rationalisierung. Die Bewegung der Moral beginnt in der Welt, mit dem wahren Guten in den Dingen; sie geht dann zur Vernunft über, die das Gute und das Böse wahrnimmt. Schließlich verfolgen die Emotionen das Gute, das ihnen die Vernunft präsentiert. Aber weil unsere Emotionen oder Wünsche manchmal ihren eigenen Weg gehen und sich vom Guten der Vernunft entfernen, entsteht auch die Bewegung der Rationalisierung. Diese Bewegung beginnt mit den Emotionen, die einen Wunsch haben (wir werden sehen, dass sie sogar noch früher beginnt, in der Vorstellung). Die Emotionen veranlassen dann die Vernunft, einen Wert zu finden, der mit dem Wunsch übereinstimmt.

Vernunft und Emotionen

Wir haben die ethischen Beziehungen zwischen zwei mentalen Kräften, der Vernunft und den Emotionen, diskutiert. Wir wollen einige Unterscheidungsmerkmale der beiden betrachten. Erstens sollten wir beachten, dass wir das Wort „Emotionen" eher locker verwenden, um jedes gefühlte Verlangen, jede Abneigung, Freude, Trauer usw. zu bezeichnen. Diese Verwendung entspricht Thomas von Aquins Vorstellung von den Leidenschaften der Seele. Leider passt das deutsche Wort „Emotion" bzw. „Gefühl" nicht perfekt zu Thomas' „passion". Wir würden nicht ein Verlangen nach Pizza als Emotion bezeichnen, obwohl es eine Leidenschaft der Seele ist. Dennoch ist „Emotion“ das beste Wort, das wir haben; wir müssen das Wort nicht zu weit dehnen, um das Verlangen nach Pizza einzuschließen. Seien Sie sich nur dessen bewusst, dass das Wort, so wie es in diesem Buch verwendet wird, alle Arten von gefühlten Wünschen einschließt.

Die Vernunft ist ein erkennendes Vermögen, während die Emotionen das sind, was Thomas einen „Appetit“ nennen würde (I, 79; I, 80). Als erkennendes Vermögen nimmt die Vernunft die Welt auf, indem sie wahrnimmt, wie die Dinge sind. Mit unserer Vernunft fällen wir alle möglichen Urteile, von denen die meisten nichts mit Ethik zu tun haben. Zum Beispiel beinhalten wissenschaftliche Urteile über die Natur der Dinge den Gebrauch der Vernunft: Atome, Felder und schwarze Löcher werden alle durch den Gebrauch unserer Vernunft erfasst. Auf einer alltäglicheren Basis hängen unsere Urteile, dass jemand wütend, glücklich oder traurig ist, alle von unserer Vernunft ab, denn wir sehen keine Wut, sondern das Verhalten einer Person, wie z. B. das Schreien, und wir schließen daraus, dass die Person böse ist. Unser Urteil, dass bestimmte Nahrungsmittel gesund und andere ungesund sind, hängt von unserer Vernunft ab. Selbst ein einfaches Urteil wie das, dass Dinge bestehen und weiter existieren, hängt von der Vernunft ab. Wir sind so sehr an unseren Gebrauch der Vernunft im Zusammenspiel mit den Sinnen und der Vorstellungskraft gewöhnt, dass wir die Vernunft kaum von diesen anderen Vermögen trennen. Folglich neigen wir dazu, Tiere zu vermenschlichen und ihnen die gleichen mentalen Urteile zuzuschreiben, die wir selbst haben.

Zu den Dingen, die die Vernunft beurteilt, gehören das Gute und das Böse in der Wirklichkeit. Die Vernunft geht noch weiter und nimmt eine Art aktive Rolle ein, denn sie sucht nach den Mitteln, um das Gute zu erreichen. Nachdem ich zum Beispiel entschieden habe, dass ich das Geld zurückgeben soll, entscheide ich schnell, dass ich dieses Ziel erreichen kann, indem ich zu der Kassiererin sage: „Ich glaube, Sie haben mir einen Zwanziger zu viel gegeben.“ Dieses Beispiel ist recht einfach, aber nehmen wir an, ich habe entschieden, dass ein Hochschulabschluss das Richtige für mich ist. Dann muss ich herausfinden, wie ich den Abschluss erlangen kann. Ich schaue mir verschiedene Hochschulen an, vergleiche ihre Stärken und Schwächen, bewerbe mich und so weiter. In der Tat ist es wahrscheinlich, dass dieses konstruktive Denken über lange Zeiträume hinweg ununterbrochen abläuft.

Im Gegensatz zur Vernunft fällen die Emotionen keine Urteile über die Welt. Sie nehmen die Welt nicht in sich auf, sondern gehen auf sie zu. Wut zum Beispiel ist kein Urteil über jemanden, sondern eine Einstellung zu jemandem, ein Impuls, auf eine bestimmte Weise zu handeln. Wenn Maria auf David wütend ist, dann tut sie mehr, als nur zu urteilen, dass David unfair war (obwohl sie das auch tut); zusätzlich wird sie dazu getrieben, sich David gegenüber auf bestimmte Weise zu verhalten: schreien, einen sarkastischen Kommentar abgeben und so weiter. Es gibt eine ganze Fülle von Emotionen, darunter Wünsche und Abneigungen, Trauer und Freude, Dankbarkeit und Neid, Angst und Mut, Hoffnung und Verzweiflung und vieles mehr.

Im Deutschen gibt es kein gutes Wort, um alle diese emotionalen Impulse abzudecken. Der Einfachheit halber werden wir die Wörter „Wunsch" oder „Verlangen" als Oberbegriffe für alle Emotionen verwenden. Wut ist dann eine bestimmte Art von Verlangen, d. h. einfach ein Handlungsimpuls.

Nach Thomas teilen wir die Emotionen mit den Tieren, während die Vernunft allein beim Menschen zu finden ist (I-II, 24, 1, ad 1). Jeder, der schon einmal Erfahrungen mit höheren Tieren wie Hunden oder Katzen gemacht hat, weiß, dass diese Tiere Freude und Trauer, Lust und Unlust, Angst und Wut empfinden. Aufgrund des Zusammenspiels von Vernunft und Emotionen können einige Emotionen dem Menschen eigentümlich sein, z. B. der Neid, der die Trauer über das Glück eines anderen ist (I-II, 24, 4, ad 3). Aber auch der Neid könnte eine Entsprechung im tierischen Verhalten haben.

Auf der anderen Seite ist die Vernunft nur beim Menschen zu finden. Bestimmte Tiere teilen zwar einige erstaunliche mentale Fähigkeiten mit uns, wie z. B. die Sinne, das Gedächtnis und die Vorstellungskraft, aber wir sollten uns nicht sklavisch den kühnen wissenschaftlichen Verlautbarungen unterwerfen, dass Tiere wie Schimpansen genauso eine Vernunft hätten wie wir. Hier ist nicht der Ort, eine Diskussion über dieses Thema zu führen, aber wir müssen anmerken, dass eine unscheinbare Beobachtung einen dramatischen Unterschied zwischen menschlichem und tierischem Verhalten offenbart. Wir finden keine Tiere, die Mathematik betreiben, Technik verwenden, Musik komponieren, Kunstwerke schaffen, das Weltall erforschen und so weiter. Wenn wir also Tiere finden, die ziemlich erstaunliche Dinge tun, dürfen wir nicht vorschnell zu dem Schluss kommen, dass sie Vernunft haben, nur eben einen kleineren Teil als wir. Vielmehr müssen wir anerkennen, dass sie einige mentale Fähigkeiten haben; aber die Kluft zwischen tierischem und menschlichem Verhalten weist auf etwas völlig Neues hin: das Licht der Vernunft.

Schließlich müssen wir die Beziehung zwischen der Vernunft und den Emotionen beachten. Indem sie ein Objekt der Begierde präsentiert, kann die Vernunft die Gefühle zum wahren Gut hin ausrichten (I, 81, 3). Thomas von Aquin lehrt, dass wir etwas nicht begehren können, wenn wir es nicht zuerst erkennen (I-II, 27, 2). Man kann keine Pizza begehren, wenn man sich nicht zuerst die Idee von Pizza ins Gedächtnis ruft, und sei sie noch so vage. Man kann sich nicht in jemanden verlieben, wenn man nicht etwas über ihn oder sie weiß. Darüber hinaus reicht es nicht aus, nur die chemischen Fakten über Pizza zu kennen, um ein Verlangen zu erzeugen; man muss eine Vorstellung davon haben, dass eine Pizza gut ist, vom Geschmack her oder von den Nährstoffen oder in ähnlicher Weise.

Wie wir bei der Betrachtung der Rationalisierung gesehen haben, findet auch die entgegengesetzte Art der Bewegung statt: Die Emotionen können der Vernunft suggerieren, dass ein Objekt gut sei. Ich urteile, dass ein neuer roter Sportwagen gut ist, nur weil meine Wünsche mich zu diesem Urteil hinreißen. Wie wir sehen werden, spielen diese verschiedenen Bewegungen der Emotionen und der Vernunft eine große Rolle im moralischen Leben.

Welche Bewegung führt zur wahren menschlichen Erfüllung? Diejenige, die mit der Vernunft, mit menschlichem Verstand und Urteilsvermögen beginnt. „Wenn es sich gut anfühlt, tu es", ist ein schlechter Ratschlag für Glück. Menschliche Erfüllung ist viel mehr, als sich im Moment gut zu fühlen, denn unsere Emotionen sind oft fehlgeleitet. Menschen haben Monate, Jahre und ganze Lebenszeiten damit verbracht, widersinnige oder verdrehte Wünsche zu befriedigen; sie haben ihr menschliches Vernunftvermögen mit Racheplänen oder der zerstörerischen Erfüllung von Neid verschwendet. Selbst wenn wir nach unseren „tiefsten" Emotionen, unseren vermeintlich wahren und natürlichen Gefühlen suchen, tappen wir ohne Verstand im Dunkeln. Wenn wir unsere Emotionen nicht mit Hilfe der Vernunft beurteilen, neigen wir dazu, dasjenige Verlangen, das uns im Moment am dringlichsten erscheint, zum „natürlichen" zu erheben, was sehr oft zu unserem Untergang führen wird.

Anstatt die Vernunft in den Dienst der Gefühle zu stellen, sollten wir versuchen, etwas rational zu begehren; wir sollten versuchen, unsere

Gefühle zu vermenschlichen. Wahre menschliche Erfüllung bedeutet, wahre menschliche Wünsche zu haben, nicht bloß tierische Triebe. Wir sind mehr als instinktive Wesen; wir können mit Voraussicht und Verstand handeln. Warum sollten wir unser menschliches Vermögen der Vernunft auf das Niveau eines Sklaven herablassen und den blinden Impulsen unserer Leidenschaften folgen? Sollten wir nicht vielmehr unsere Emotionen auf die Ebene der Vernunft heben und sie mit Einsicht lenken und leiten? Können wir als rationale Wesen auf andere Weise zufrieden sein? Können wir nur durch die Befriedigung unserer Triebe zufrieden sein?

4

Gewissen und Wahl

Jedes Gewissensurteil ist verpflichtend, sei es richtig oder falsch, sei es über Dinge, die an sich böse oder moralisch indifferent sind.
Thomas von Aquin

Was immer Sie glauben

Haben Sie jemals den Satz gehört: „In der Ethik kommt es nur darauf an, dass Sie das tun, was Sie für richtig halten"? Oder: „Folge einfach deiner Überzeugung"? Das scheint ein guter Rat zu sein. Leider wird der Keim der Wahrheit, der in diesen Sprüchen steckt, allzu oft zu einer Leugnung jeglicher Moral verzerrt. Wenn alles, was zählt, darin besteht, dass wir das tun, was wir tun zu sollen glauben, warum müssen wir uns dann die Mühe machen, Ethik zu studieren oder darüber nachzudenken, was andere Menschen glauben? Warum sollten wir unsere Aufmerksamkeit auf die „wahren" Güter „da draußen" richten, wenn wir nur unsere eigenen inneren Überzeugungen zu Rate ziehen müssen?

In der Tat, wie können wir von einem objektiven Gut in der Realität sprechen, wenn die Überzeugungen einer Person von denen einer anderen abweichen? Theresa glaubt, dass Lügen falsch ist; Martin denkt, dass es eine gute Sache ist. Beide tun das Richtige, solange sie nur ihrem Gewissen folgen. Was sollen wir also über die Moral der Lüge sagen? Ist sie richtig oder falsch? Nun, das hängt davon ab, was Sie glauben. Für Martin ist sie richtig, für Theresa falsch. Die objektiven Güter in der Welt verschwinden; alles, was bleibt, ist das, was für Theresa gut erscheint und was für Martin gut erscheint. Wenn wir also diese beiden Aussagen akzeptieren, dann wird offensichtlich alle Moral relativ zu den besonderen Überzeugungen eines jeden Menschen.

Aber das Problem mit diesen beiden Aussagen ist, dass sie zu weit gefasst sind. *Alles, was zählt*, ist, dass Sie das tun, was Sie glauben. Folgen Sie einfach Ihrem Gewissen. Wenn wir die Begriffe „alles, was zählt“ und „nur“ entfernen und die Anweisungen „Tu, was du glaubst“ und „Folge deinem Gewissen“ übrig bleiben, dann kann Thomas von Aquin diesen Aussagen zustimmen; sie enthalten ein Element der Wahrheit, aber sie sind nicht die ganze Wahrheit.

Freiwillig und unfreiwillig

Angenommen, Sie werden Zeuge, wie ein Mann ein kleines Mädchen erschießt. Sie werden entsetzt sein. Aber dann stellt sich heraus, dass er hypnotisiert wurde und glaubte, dass das Mädchen ein wilder Bär sei, der ihn angriff. Es stellt sich heraus, dass er nur sein eigenes Leben retten wollte. Er tat das, was er irrtümlich für richtig hielt; also sollte er nicht für seine Handlung verurteilt werden. Dieses Beispiel scheint die obigen Behauptungen zu bestätigen: Der Mann tut nichts moralisch Falsches, da er das tut, was er für richtig hält. Dieses Beispiel kann aber auch die Grundlage dafür sein, dass man erkennt, was an diesen Aussagen falsch ist.

In welchem Sinne hat der Mann das Mädchen getötet? Sicherlich war die körperliche Handlung, die er ausführte, ein Akt der Tötung eines kleinen Mädchens. Andererseits hat er sich nicht wirklich dafür entschieden, ein Mädchen zu töten. Was er wollte, war, einen Bären zu töten. Das Töten des Mädchens geschah tatsächlich gegen seinen Willen, denn hätte er gewusst, dass es ein Mädchen war, hätte er nicht geschossen.

Unsere Handlungen können gegen unseren Willen oder unfreiwillig sein, und zwar auf zwei Arten: entweder durch Zwang oder durch Unwissenheit (I-II, 6, 5 & 8). In diesem Beispiel geht es um den zweiten Fall, denn der Mann ist sich nicht bewusst, dass er ein Mädchen tötet. Die Polizei, die Sie gegen Ihren Willen ins Gefängnis schleppt, ist ein Beispiel für das Erste, denn Sie gehen gegen Ihren Willen ins Gefängnis. Beide haben ein gemeinsames Merkmal: Die Handlung entspringt nicht dem Willen der Person, sondern steht im Gegensatz zu ihm (I-II, 6, 5). Ins Gefängnis geschleppt zu werden, ist dem entgegengesetzt, was man eigentlich will, während das Töten des kleinen Mädchens dem entgegengesetzt ist, was der Mann gewollt hätte, wenn er gewusst hätte, was er tat. Freiwillige Handlungen hingegen stimmen mit dem Willen einer Person überein und ergeben sich aus ihm (I-II, 6, 1). Es ist klar, dass Ihre Handlung, ins Gefängnis zu gehen, von der Polizei ausgeht und nicht von Ihrem eigenen Willen. In ähnlicher Weise entspringt die Tat, das kleine Mädchen zu töten, nicht dem Willen des Mannes, sondern steht im Gegensatz zu ihm. Was seinem Willen entspringt, ist die Tat, einen Bären zu töten.

Angenommen, Sie wurden nicht ins Gefängnis geschleppt, sondern mit Schlägen bedroht, wenn Sie sich nicht fügen. Sie gehen immer noch ins Gefängnis: *gegen Ihren Willen* (so würden wir sagen). Dennoch sagt Thomas von Aquin, dass es nicht gegen Ihren Willen oder unfreiwillig im vollen Sinne geschieht (I-II, 6, 6); es ist nur in gewisser Hinsicht freiwillig, denn in diesem Fall wollen Sie ja ins Gefängnis gehen, um einer Schlägerei zu entgehen. Warum sagen wir dann, dass es gegen Ihren Willen ist? Weil wir unterscheiden müssen zwischen dem, was generell gegen Ihren Willen ist, und dem, was hier und jetzt gegen Ihren Willen ist. Im Allgemeinen wollen Sie nicht ins Gefängnis gehen, aber unter den besonderen Umständen hier und jetzt wollen Sie doch ins Gefängnis gehen, und sei es nur, um Schmerzen und Verletzungen zu vermeiden. Die Handlung ist also freiwillig, kann aber in gewisser Hinsicht als „gegen Ihren Willen" geschehend bezeichnet werden.

Unwissenheit verursacht Unwillkürlichkeit, denn jeder Willensakt setzt die Kenntnis dessen voraus, was getan werden soll. Bevor Sie sich entscheiden, ein Auto zu kaufen, müssen Sie wissen, was es bedeutet, ein Auto zu kaufen; bevor Sie sich eine Ausbildung wünschen können, müssen Sie wissen, was eine Ausbildung ist. Wenn das erforderliche Wissen fehlt, können wir Handlungen gegen unseren Willen ausführen.

Die Sache ist jedoch nicht so einfach, denn Thomas unterscheidet zwischen drei Arten von Unwissenheit, oder drei Arten, wie sich Unwissenheit auf eine Willenshandlung beziehen kann: gleichzeitig (zusammen mit ihr), folgend (darauffolgend) und vorhergehend (I-II, 6, 8). Unwissenheit ist in der folgenden Situation *mit einem* Willensakt verbunden. Pat ist auf der Jagd und sieht ein Reh durch die Bäume. Er zielt und schießt, aber ohne dass Pat davon wüsste, hat sich sein ärgster Feind, Dan, in der Ferne hinter dem Hirsch versteckt, so dass, als der Hirsch wegspringt, Dan anstatt des Hirsches stirbt. Als Pat einen Schrei hört, geht er der Sache nach und entdeckt, dass Dan gerade seinen letzten Atemzug getan hat. Er lächelt zufrieden und geht weg. Dieses Unwissen entspricht Pats Willen, weil die Handlung, die er in Unwissenheit ausgeführt hat, nämlich seinen schlimmsten Feind zu töten, mit seinem Willen übereinstimmt. Er hätte es auch getan, wenn er es gewusst hätte. Diese Art von Unwissenheit führt nicht zu einer unfreiwilligen Handlung, die gegen jemandes Willen ist, sondern zu einer nichtfreiwilligen Handlung. Sie entspringt nicht seinem Willen, aber sie ist auch nicht gegen seinen Willen.

Die zweite Art von Unwissenheit, die konsequente Unwissenheit, folgt auf einen Willensakt und kann daher als *freiwillige* Unwissenheit bezeichnet werden, Unwissenheit, die in gewisser Weise gewählt ist. Nehmen wir zum Beispiel an, Pat weiß, dass ein anderer Jäger irgendwo im Wald ist, aber er ist sich nicht sicher, wo. Als er eine Bewegung zwischen den Bäumen sieht, schießt er schnell, ohne sich die Mühe zu machen, zu prüfen, ob es ein Reh oder ein Mensch ist, denn er will seine Chance nicht verpassen. Er schießt in Unkenntnis seines Ziels, aber genau diese Unkenntnis ist etwas, das er wollte oder zumindest nicht beseitigen wollte.

Diese *freiwillige* Unwissenheit ist oftmals eher indirekt; wir wollen wissen, oder zumindest sind wir nicht gegen das Wissen, aber wir wollen es nicht unbedingt wissen (I-II, 6, 8; I-II, 76, 4). Wir ziehen etwas anderes vor, als uns zu informieren. Nehmen wir an, ein Arzt hat eine Patientin mit einem ungewöhnlichen Leiden und verbringt seinen Nachmittag damit, sich über ihre Symptome zu informieren. Dann kommt ein Freund vorbei und bittet darum, mit ihm etwas trinken zu gehen. Obwohl der Arzt weiß, dass er mehr über die Krankheit herausfinden sollte, beschließt er, eine Pause einzulegen und etwas zu trinken. Er verbringt den ganzen Nachmittag und Abend mit seinem Freund und kommt nicht mehr zu seinem Studium zurück. Als er am nächsten Tag seine Patientin sieht, ist er nicht in der Lage, sie zu behandeln. Seine Unwissenheit folgt auf einen Willensakt, denn er hat sich entschieden, nicht dem Fall nachzugehen. Dennoch *wollte* er nicht unwissend sein; er wollte eher eine gute Zeit mit seinem Freund verbringen, anstatt sein Wissen zu erweitern. Solche Unwissenheit ist als *indirekt* freiwillig zu bezeichnen (I-II, 6, 8; I-II, 76, 3). Wenn jemand dagegen tatsächlich unwissend sein will, dann ist seine Unwissenheit direkt freiwillig, z. B. wenn jemand sich entscheidet, eine Gesetzesbestimmung nicht in Erfahrung zu bringen, weil er das Gesetz nicht befolgen will.

Angenommen, der Arzt behandelt den Patienten falsch. Geschieht seine Falschbehandlung nach seinem Willen oder gegen seinen Willen? In gewissem Sinne, sagt Thomas, ist sie gegen seinen Willen, denn der Arzt will den Patienten sicher nicht schlecht behandeln. In einem anderen Sinne ist sie jedoch freiwillig, denn sein Wunsch, seinen Patienten gut zu behandeln, war nicht stark genug; als er gezwungen war, zwischen dem Sich-Informieren und dem Trinken mit seinem Freund zu wählen, zog er letzteres vor. Letztlich, so Thomas, ist eine Handlung, die in konsequenter Unwissenheit ausgeführt wird, als freiwillig zu bezeichnen; sie ist nur in gewisser Hinsicht unfreiwillig.

Schließlich geht die vorhergehende Unwissenheit dem Willensakt voraus. Hier ist jemand unwissend über das, was er nicht zu wissen braucht, oder über das, worüber er keine Gelegenheit hatte, sich zu informieren. Handlungen, die aus dieser Unwissenheit folgen, sind tatsächlich unfreiwillig. Der Mann, der hypnotisiert wurde, hatte keine Möglichkeit festzustellen, dass der Bär in Wirklichkeit ein Mädchen war, also tötet er das Mädchen gegen seinen Willen.[1] Ein Jäger, der alles tut, was er kann, um herauszufinden, ob sich ein anderer Mensch in der Nähe seines Ziels befindet, und trotzdem jemanden erschießt, hat dies gegen seinen Willen getan.

Schuld und Unfreiwilligkeit

Was hat diese Diskussion mit unserem Martin zu tun, der bereit ist, zu lügen, und mit Theresa, die nicht lügen will? Jeder folgt seinem Gewissen; jeder tut, was er für richtig hält. Also scheint es, dass Lügen für Martin richtig, für Theresa aber falsch ist. In ähnlicher Weise tötet der Mann das Mädchen in dem Glauben, dass er lediglich einen Bären tötet, also hält er die Tat für richtig.

Bedenken Sie aber, dass wir niemanden für etwas tadeln, was unwillentlich geschieht (I-II, 21, 2 & 3). Wenn Sie im Gefängnis drei Tage lang nichts zu essen bekommen, würden wir Ihnen nicht vorwerfen, dass Sie Ihre Gesundheit vernachlässigen, denn das Nicht-Essen geschieht gegen Ihren Willen. Ebenso wenig tadeln wir den Mann, der hypnotisiert ist (natürlich unter der Annahme, dass die Hypnose selbst nicht etwas war, das er sich ausgesucht hat), denn als er eine böse Tat begeht – er tötet ein kleines Mädchen –, weiß er nicht, dass er dies tut. Da seine Tat unfreiwillig ist, machen wir ihn nicht dafür verantwortlich. Diese Idee, Schuld nur für das

[1] Obwohl Thomas von Aquin in I-II, 6, 8 nur die Unwissenheit über das, was man nicht zu wissen verpflichtet ist, erwähnt, spricht er in I-II, 76, 3 auch von einer unüberwindlichen Unwissenheit.

zuzuweisen, was freiwillig ist, scheint auch hinter der Idee einer Unzurechnungsfähigkeit zu stehen. Nehmen wir an, jemand begeht ein Tötungsdelikt und plädiert dann auf Unzurechnungsfähigkeit. Er behauptet nicht, dass seine Tötungshandlung gut war; er erkennt ihre Schlechtigkeit an. Vielmehr argumentiert er, dass er für das Böse, das er getan hat, nicht verantwortlich gemacht werden sollte. Warum? Weil er (zumindest vorübergehend) unzurechnungsfähig war und daher nicht wirklich entscheiden konnte, wodurch seine Handlung unfreiwillig wurde.

Diese Idee, die Schuld für böse Taten zurückzuweisen, erlaubt es uns, zwischen objektivem Unrecht und subjektiver Schuld zu unterscheiden.[2] Eine Handlung kann objektiv falsch sein, wirklich böse von der Natur der Sache, und dennoch kann jemand subjektiv nicht schuld sein, wenn er die Handlung unfreiwillig ausführt. Wir können also nicht wirklich davon sprechen, dass etwas für ihn richtig oder falsch ist, basierend auf seinem Glauben. Wir können vielmehr sagen, dass es in der Natur der Sache liegt, dass das Töten von kleinen Mädchen schlicht falsch ist, und dennoch darf manchmal eine Person nicht für das Töten verantwortlich gemacht werden. Wir könnten sagen, dass es für ihn subjektiv richtig ist, solange wir verstehen, dass sich die Richtigkeit nicht auf die Handlung selbst bezieht, sondern auf die Verantwortung desjenigen, der sie ausführt.

Mit dem Beispiel der Lüge verhält es sich ein wenig anders, denn Martin lügt freiwillig. Er weiß ganz genau, dass er lügt, und niemand zwingt ihn zu dieser Lüge. Wenn wir jedoch zugestehen, dass Lügen falsch ist, so dass Martin sich in seinem Glauben irrt, stellen wir fest, dass Martin etwas unfreiwillig tut (unter der Voraussetzung, dass seine Unwissenheit über die Wahrheit seinem Willen vorausgeht): Martin lügt freiwillig, aber er tut das Böse unfreiwillig. Er ist sich völlig bewusst, dass er lügt, also ist der Akt des Lügens freiwillig. Ihm ist jedoch nicht bewusst, dass er Böses tut (denn er glaubt, dass Lügen gut sei). Da Unwissenheit im Vorfeld zu

[2] Der Begriff des objektiven Fehlverhaltens im Gegensatz zur subjektiven Schuld ist nicht des Aquinaten Art zu sprechen. Eine präzisere thomistische Art, die Unterscheidung zu treffen, besteht darin, zwischen dem Übel einer Handlung, die an sich betrachtet wird, und der Verwirklichung dieser Handlung im Konkreten zu unterscheiden. Diese Darstellung wird in Kapitel 10 gegeben. Die gegenwärtige Darstellung kann jedoch aus Thomas' Diskussion über ein irrendes Gewissen abgeleitet werden, in der er zwischen dem Guten und dem Bösen der an sich betrachteten Handlung und dem Guten und dem Bösen, wie es die Vernunft versteht, unterscheidet (I-II, 19, 5).

unfreiwilligen Handlungen führt, tut Martin, der das Böse seiner Handlung ignoriert, unfreiwillig Böses.

Wir können also noch einmal unterscheiden zwischen dem, was objektiv richtig ist, und dem, was subjektiv zu tadeln ist (I-II, 19, 5 & 6). Nach Thomas ist die Lüge von Natur aus eine böse Handlung; objektiv gesehen ist das Sagen der Wahrheit gut und das Lügen böse. In Anbetracht von Martins Unwissenheit sollten wir ihm aber nicht vorwerfen, dass er lügt, denn er weiß nicht, dass es böse ist. Wenn wir in der Weise sprechen müssen, dass das Lügen *für ihn* richtig ist, dann sollten wir sagen, dass das Lügen an sich böse ist, aber für Martin, der tut, was er für richtig hält, subjektiv in Ordnung.

Müssen wir also sagen, was zu Beginn dieses Kapitels angedeutet wurde? Folgt, weil Theresa glaubt, dass Lügen falsch ist, und Martin glaubt, dass es richtig ist, daraus, dass es keine objektive Wahrheit in dieser Angelegenheit gibt? Ganz und gar nicht. Theresa hat Recht mit ihrer Überzeugung, und Martin hat Unrecht mit seiner. Trotzdem können wir Martin nicht vorwerfen, dass er lügt, und in diesem Sinne können wir sagen, dass Lügen für ihn richtig ist. Es ist jedoch objektiv nicht richtig für ihn; vielmehr sollte er nicht subjektiv für das Lügen getadelt werden, da er von vornherein keine Ahnung vom wahren Übel des Lügens hat.

Gewissen

Dennoch bleiben die beiden Sprüche „Folge nur deinem Gewissen“ und „Alles, was zählt, ist, dass du das tust, was du für richtig hältst“ unangetastet. Lügen mag objektiv falsch sein, aber Martin sollte trotzdem seinem Gewissen folgen. In der Tat scheint das objektiv Richtige oder Falsche keinen Einfluss auf sein Verhalten zu haben, denn egal, was wirklich richtig ist, er sollte einfach tun, was er glaubt. Wenn es um praktische Entscheidungen geht, ist alles, was zählt, subjektive Schuld; die objektive Richtigkeit oder Falschheit ist irrelevant. So scheint es. Aber ist es wirklich so? Wie wir sehen werden, ist noch etwas anderes vonnöten, als dass wir nur unserem Gewissen folgen; darüber hinaus müssen wir unser Gewissen auch informieren.

Unser Gewissen ist unser Urteil darüber, was richtig und was falsch ist. Wir sagen: „Theresas Gewissen sagt, dass sie nicht lügen soll“, oder „Martins Gewissen sagt, dass er lügen soll.“ In beiden Fällen bezieht sich das

„Gewissen“ auf ein Urteil darüber, ob Lügen moralisch gut oder böse ist. Natürlich beurteilen wir neben dem Lügen auch andere Handlungen. Unser Gewissen umfasst Urteile über Töten, Stehlen, Abtreibung, sexuelle Aktivitäten und so weiter. Aber Gewissen bedeutet noch mehr, denn wir können zwei Arten von Urteilen über richtig und falsch fällen. Wir können die allgemeinen Urteile fällen, die wir bisher besprochen haben, wie z. B. „Abtreibung ist böse“ oder „Den Bedürftigen zu helfen ist gut“. Aber wir fällen auch konkrete Urteile darüber, was wir hier und jetzt tun sollen. In diesem Moment soll ich dieser Person helfen. Ich soll mein Kind nicht abtreiben. Und so weiter. Beide Arten von Urteilen – die allgemeinen Regeln und die konkreten Entscheidungen – können als Gewissen bezeichnet werden. Wir sagen: „Mein Gewissen sagt, dass ich nicht stehlen soll“, aber wir sagen auch: „Mein Gewissen sagt, dass ich dieses Geld für wohltätige Zwecke spenden soll“. Von diesen beiden Varianten bevorzugt Thomas von Aquin den letzteren Gebrauch, bei dem sich das Gewissen auf unsere konkreten Urteile bezieht, aber er räumt ein, dass wir den Begriff manchmal verwenden, um uns auf allgemeinere Urteile zu beziehen (I, 79, 13). Unser moderner deutscher Sprachgebrauch ist lockerer. Wir wenden „Gewissen“ genauso leicht auf das eine wie auf das andere Urteil an.

Unser Gewissen ist also unser Urteil darüber, was moralisch richtig und falsch ist, entweder allgemein oder im Hier und Jetzt. Wir müssen auch verstehen, was ein fehlerhaftes oder falsch informiertes Gewissen ist, ein Gewissen, das ein falsches Urteil fällt (I-II, 19, 5). Martins Gewissen ist falsch informiert, denn er urteilt fälschlicherweise, dass Lügen in Ordnung sei. Jemand, der denkt, dass Sklaverei in Ordnung sei, hat ebenfalls ein falsches Gewissen. Sein Urteil stimmt nicht mit der Realität überein, die darin besteht, dass Sklaverei böse ist. Jemand, der urteilt, dass er bestimmte Minderheiten töten dürfe, nur weil sie Minderheiten sind, hat ebenfalls ein falsches Gewissen. Was er für gut hält, ist in Wirklichkeit böse. Wann immer das Urteil eines Menschen dem wahren Guten oder Bösen in den Dingen entgegensteht, hat der betreffende Mensch ein falsches Gewissen.

Wir können verstehen, was an dem Satz „Folge einfach deinem Gewissen“ unzureichend ist, indem wir zwei interessante Fragen zu einem falsch informierten Gewissen untersuchen: Erstens: „Sind wir moralisch verpflichtet, einem irrigen Gewissen zu folgen?“ (I-II, 19, 5). Zweitens: „Sind wir schuldig, wenn wir einem falsch informierten Gewissen folgen?“ (I-II, 19, 6)

Wenn unser Gewissen richtig informiert ist, dann ist es unproblematisch zu sagen, dass wir verpflichtet sind, ihm zu folgen. Aber was ist, wenn unser Gewissen falsch informiert ist? Nehmen wir an, Roger ist ein junger Mann, der auf einer Plantage im Süden der USA vor dem Bürgerkrieg aufwächst, und sein Gewissen sagt ihm, dass er Sklaven halten solle, denn das wurde ihm von klein auf gesagt und er hat nie daran gezweifelt. Was soll er tun? Soll er seinem Gewissen folgen, auch wenn das dazu führt, dass er durch die Sklavenhaltung Böses tut? Oder soll er gegen sein Gewissen handeln, damit er das Richtige tut?

Thomas antwortet, dass Roger seinem Gewissen folgen soll, denn wir sind verpflichtet, unserem Gewissen zu folgen. Wenn Roger gegen sein Gewissen handelt, kann es passieren, dass er das Richtige tut – nämlich die Sklaven zu befreien –, aber er würde nicht wissen, dass es richtig ist, denn die Idee eines irrigen Gewissens setzt voraus, dass wir uns unseres Irrtums nicht bewusst sind. Wenn Roger wüsste, dass er ein falsch informiertes Gewissen hat, dann würde er wissen, dass Sklaverei böse ist, und wenn er wüsste, dass Sklaverei böse ist, dann wäre sein Gewissen richtig informiert. Jemand mit einem falsch informierten Gewissen erkennt also seinen eigenen Irrtum nicht. Er mag vielleicht ahnen, dass er nicht alles weiß, was er wissen sollte; wie wir sehen werden, kann er zu einem früheren Zeitpunkt gewusst haben, dass sein Wissen unzureichend ist, obwohl er selbst dann seinen genauen Irrtum nicht gekannt hätte.

Thomas von Aquin sagt, dass wir unserem Gewissen folgen müssen, weil unser Gewissen unser einziger Kontakt zur Moral ist. Selbst wenn es fehlerhaft ist, ist es unser einziger Anhalt für das, was richtig und falsch ist. Unser Gewissen zu verwerfen, bedeutet also, die Moral zu verwerfen. Es bedeutet, zu sagen, dass wir uns nicht darum kümmern, das zu tun, was gut ist. Wenn Roger sein irrendes Gewissen zurückweist, lehnt er ab, was er für richtig hält. Er sagt: „Zum Teufel damit, das Richtige zu tun!"

Was ist mit der zweiten Frage? Entschuldigt uns ein falsch informiertes Gewissen, wenn wir Unrecht tun? Wenn Roger seiner Überzeugung folgt und sich Sklaven hält, sollen wir ihn dann entschuldigen, obwohl er etwas getan hat, das objektiv falsch ist? Sollen wir ihn dafür tadeln, dass er tat, was er für richtig hielt?

Die Antwort auf diese Frage ist nicht einfach zu finden. Entschuldigt ein fehlerhaftes Gewissen? Manchmal ja und manchmal nein. Es hängt alles davon ab, welche Art von falschem Gewissen man hat. Erinnern Sie sich daran, dass Unwissenheit entweder eine Folge oder eine Voraussetzung sein kann (wir werden die begleitende Unwissenheit für die aktuelle Diskussion ignorieren); sie kann entweder auf eine Willenshandlung folgen oder einer Willenshandlung vorausgehen. In ähnlicher Weise kann ein falsches Gewissen entweder auf einen Willensakt folgen und somit eine freiwillige Fehlinformation sein, oder es kann einem Willensakt vorausgehen und somit eine unfreiwillige Fehlinformation sein.

Jemand hat ein freiwillig falsches Gewissen, wenn er eine angemessene Chance hatte, seinen Irrtum zu korrigieren, aber er hat die Gelegenheit nicht genutzt. Nehmen wir zum Beispiel an, dass einige Sklavereigegner in der nahegelegenen Stadt zu Besuch sind. Roger überlegt, ob er hingehen soll, um zu hören, was sie zu sagen haben, aber dann ändert er seine Meinung; er möchte lieber Schach spielen. Beachten Sie, dass er die Gelegenheit hatte, sein Gewissen richtig zu informieren, aber er hat sie verstreichen lassen. Sein Gewissen ist tatsächlich falsch informiert, aber er ist selbst schuld an dieser Fehlinformation. Sein Gewissen ist also absichtlich falsch informiert.

Ein absichtlich falsch informiertes Gewissen entschuldigt nicht. Wenn Roger weiterhin Sklaven hält, dann sollten wir ihn nicht für sein Fehlverhalten entschuldigen. Warum? Weil er sich freiwillig in einen Zustand der Unkenntnis begeben hat. Er ist wie der Arzt, der es vorzieht, zu trinken, anstatt sich über den Zustand seines Patienten zu informieren. Der Fehler, den er macht, ist freiwillig und tadelnswert, weil seine Unwissenheit die Folge seiner Entscheidung ist, trinken zu gehen. In ähnlicher Weise ist Rogers Unwissenheit über die Sklaverei die Folge seiner Entscheidung, Schach zu spielen, anstatt herauszufinden, was richtig oder falsch ist.

Im Gegensatz dazu entschuldigt ein unfreiwillig falsch informiertes Gewissen. Jemand hat ein unfreiwillig falsch informiertes Gewissen, wenn er keine vernünftige Chance hatte, seinen Irrtum zu korrigieren. Er bleibt in dem, was Thomas unüberwindliche Unwissenheit nennt – einer Unwissenheit, die nicht überwunden werden kann (I-II, 76, 2). Im Extremfall hat die betreffende Person überhaupt keine Möglichkeit, die Wahrheit zu entdecken. Roger wächst in einem so behüteten Leben auf, dass niemals angedeutet wird, dass Sklaverei falsch sein könnte. In einem weniger extremen Fall bietet sich zwar eine Gelegenheit, aber es ist keine angemessene Gelegenheit. Die Person könnte es herausfinden, aber andere Verpflichtungen hindern sie daran. Roger zum Beispiel überlegt, die Sklavereigegner zu besuchen, aber am vereinbarten Tag wird seine Mutter krank und er muss sie pflegen. Er hat zwar die Möglichkeit, aber sein Handeln ist nicht vernünftig, denn die Verpflichtung, seine Mutter zu pflegen, sollte Vorrang haben. Wir sind vielleicht sensibler für solche Dinge, als es Thomas von Aquin und seine Zeit waren. Dennoch spricht Thomas von der Unkenntnis dessen, was man nicht zu wissen verpflichtet ist. Er sagt zwar, dass jeder verpflichtet ist, die universellen moralischen Normen zu kennen (z. B. dass Sklaverei falsch ist), aber es kann vorkommen, dass diese Verpflichtung nicht erfüllt werden kann, vielleicht wegen wichtigerer Verpflichtungen wie z. B. der Sorge für die Mutter.

Es ist unnötig zu sagen, dass es keine leichte Aufgabe ist, festzustellen, ob ein bestimmtes falsches Gewissen freiwillig oder unfreiwillig ist. Die Realität ist nicht so einfach, wie ich sie oben dargestellt habe. Der Zustand des Gewissens von jemandem ist ein Urteil, das man besser Gott überlässt, denn wir wissen nicht, was in den Gedanken anderer Menschen vorgeht.

Im Gegensatz zu einem freiwillig irrenden Gewissen entschuldigt ein unfreiwillig irrendes Gewissen (I-II, 76, 4). Der Mensch ist für seine Unwissenheit nicht verantwortlich, also soll er auch nicht schuld sein. Er ist wie ein Arzt, der alles getan hat, was er konnte, um die Natur der Krankheit zu entdecken, aber dennoch in seinem Urteil irrte. Wir würden ihn nicht für seinen Fehler tadeln, denn sein Irrtum war nicht freiwillig.

Die beiden Arten von falschem Gewissen können mit zwei Arten verglichen werden, wie Personen unter Drogen gesetzt werden können. Die erste Person entscheidet sich, die Drogen selbst zu nehmen, zum Zwecke des Nervenkitzels, und während sie in ihrem Stupor ist, tötet sie jemanden. Zu behaupten, sie sei verwirrt gewesen, ist keine Verteidigung, denn sie hat sich freiwillig in diesen Zustand der Verwirrung begeben. Sie wusste, dass sie in ihrem Drogenrausch etwas Schreckliches tun könnte. In ähnlicher Weise hat sich jemand, der ein freiwillig falsches Gewissen hat, selbst in einen Zustand der Unwissenheit gebracht, also ist es keine Entschuldigung zu sagen, er habe nicht gewusst, dass es falsch war.

Die zweite Person hingegen betäubt sich nicht selbst, sondern wird von anderen betäubt, die ihr eine Pille ins Getränk geschüttet haben. Wenn sie schließlich in ihrem Rausch jemanden tötet, dann könnte sie durchaus beweisen, dass sie verwirrt war und nicht wusste, was sie tat. Für sie war die Tötung tatsächlich unfreiwillig; die Verwirrung ging ihrem Willensakt voraus. Im Gegensatz dazu tötet derjenige, der sich unter Drogen setzt, freiwillig (obwohl die Tötung in gewisser Hinsicht unfreiwillig war), weil die Verwirrung eine Folge seines Willensaktes war. Ein unfreiwillig fehlgeleitetes Gewissen ist wie eine Fremdbetäubung. Es entschuldigt, denn der Zustand der Unkenntnis ist in keiner Weise gewählt.

Der Mensch mit einem absichtlich falsch informierten Gewissen befindet sich in einem unglücklichen Zustand. Wenn er seinem Gewissen nicht folgt, dann hat er Unrecht getan, denn wir alle sind verpflichtet, unserem Gewissen zu folgen, wenn wir die Moral nicht aufgeben wollen. Andererseits tut er, wenn er seinem Gewissen folgt, auch Unrecht, denn er ist nicht entschuldigt für das Böse, das er tut. Er ist verdammt, wenn er es tut, und verdammt, wenn er es nicht tut. Aus dieser misslichen Lage kann er sich nur befreien, indem er das tut, was er von Anfang an hätte tun sollen: sein Gewissen informieren (I-II, 19, 6, ad 3).

Wir alle müssen genau das tun – unser Gewissen informieren –, damit wir nicht im selben Boot sitzen wie die zuvor beschriebene Person. Der Spruch „Folgen Sie einfach Ihrem Gewissen" reicht nicht aus. Zusätzlich müssen wir unser Gewissen richtig informieren. Es ist keine Ausrede zu sagen: „Ich bin nur meinem Gewissen gefolgt", wenn ich mir nicht vorher die Mühe gemacht habe, mich zu vergewissern, dass mein Gewissen richtig gebildet ist. In unserer Gesellschaft sind wir ziemlich selbstzufrieden mit unserem Gewissen. Wir denken, dass es in Ordnung sei und wir uns nicht darum kümmern müssen. Wir würden uns lieber hinsetzen und eine Fernsehsitcom anschauen, als uns die Mühe zu machen, über Ethik nachzudenken; wir sind nicht besser dran als Roger, der Schachspielen bevorzugt. Thomas zufolge sollen wir uns tatsächlich damit beschäftigen, unser Gewissen zu informieren. Wenn wir das nicht tun, dann sind wir in der unangenehmen Lage, nichts Gutes tun zu können; wir sind verdammt, wenn wir es tun, und wir sind verdammt, wenn wir es nicht tun.

Ja, wir sollen unserem Gewissen folgen. Ja, wir sollen das tun, von dem wir glauben, dass es richtig ist. Aber das ist nicht alles. Wir müssen auch unser Gewissen bilden. Wir müssen danach streben, das Richtige zu glauben. Wir müssen danach streben, das wahre Gut und Böse in der Realität zu erkennen. Nur so kann unser Gewissen in der Wahrheit gegründet sein; nur so können wir das erlangen, was in der Natur der Dinge selbst gut ist. Wir sollen nicht durch eine Art von selbstgefälliger Hypnose, die uns zu bösen Taten verleitet, durch unser Leben gehen. Wir sollen den Irrtum der Hypnose zugunsten der Wahrheit der Realität zurückweisen.

Gewissen und das gute Leben

Was sagen uns freiwillige und unfreiwillige Handlungen, informierte und falsch informierte Gewissen über ein menschlich erfülltes Leben? Vielleicht nur das, was offenkundig ist. Unsere menschliche Erfüllung wird nicht durch einen physischen Prozess, sondern durch freiwillige Handlungen erreicht. Ein guter Verdauungstrakt mag zu einem guten Leben beitragen, aber der Akt der guten Verdauung selbst ist kein menschlich erfüllender Akt. Würden wir unser Leben im Schlafwandel verbringen, stehen und sitzen, essen und trinken und sogar sprechen, aber die ganze Zeit im tiefsten Schlummer, würden wir kaum ein gutes Leben führen. Die rein körperlichen Vorgänge des Stehens, Gehens, Essens und Sprechens machen nicht das menschlich Gute aus. Diese Tätigkeiten müssen menschlich sein, das heißt, sie müssen freiwillig und willentlich erfolgen. Was uns zufällig passiert, ganz unabhängig von unseren Entscheidungen, mag oft zu unserem Glück beitragen, aber ein Leben des Glücks ohne bewusste und freiwillige Aktivität wäre leer. Der Bereich der Ethik deckt sich mit den freiwilligen Handlungen, gerade weil die menschliche Erfüllung nur durch unsere Handlungen verwirklicht werden kann.

Ein Teil des freiwilligen Handelns, so haben wir gesehen, beinhaltet Wissen, denn Unwissenheit schadet der Freiwilligkeit. Das gute Leben erfordert also, dass wir wissen, was wir tun. Wir sollen nicht in Unwissenheit verharren und blindlings etwas tun, was in Wirklichkeit unserem Wohlbefinden schaden könnte. Es wäre eine Tragödie, wenn wir lügen oder Menschen als Sklaven missbrauchen würden, nur weil wir nicht wissen, dass diese Aktivitäten dem glücklichen Leben entgegenstehen. Das gute Leben verlangt also, dass wir uns informieren, dass wir die Wahrheit darüber zu erkennen suchen, was gut und was böse ist. Es reicht nicht aus, dass wir tun, was wir für richtig halten – wir müssen auch richtig denken. Wir müssen das Gute erkennen, denn nur dann können wir es tun.

5

Lieben und Wählen

Diejenigen, die Vernunft haben, haben die Freiheit zu wollen oder nicht zu wollen, obwohl diese Freiheit nicht bei allen gleich ist. Die menschlichen Seelen sind freier, wenn sie in der Betrachtung des Geistes Gottes verharren; sie sind weniger frei, wenn sie zum Körperlichen herabsteigen, und noch weniger frei, wenn sie ganz gefangen sind in irdischem Fleisch und Blut.
Anicius Manlius Severinus Boethius

Deterministischer Behaviorismus

Der Wille spielt eine zentrale Rolle im moralischen Leben, und doch leugnen viele Menschen, dass wir einen Willen haben. Sie sagen, dass wir nur komplizierte Tiere seien, deren Emotionen in geringerem Ausmaß angeboren und in höherem Ausmaß erlernt seien als bei anderen Tieren. Gleichwohl, so fahren diese Menschen fort, sind die Emotionen angeboren und erlernt. Wir haben keine Wahl, durch die wir unsere Emotionen beeinflussen können; wir haben keine Freiheit, mit der wir über unsere Gene und unsere Umwelt hinausgehen können. Wir sind durch unsere Vererbung und unsere Erziehung festgelegt und determiniert. Was wir uns wünschen, müssen wir begehren; was wir tun, müssen wir tun. Das sind die Behauptungen der deterministischen Behavioristen, die auf verschiedene Faktoren, die unser Verhalten beeinflussen, hinweisen. Das Aufwachsen in einer Familie mit Alkoholismus trainiert ein Kind, sich auf eine bestimmte Art und Weise zu verhalten;

das Aufwachsen in Armut trainiert ein Kind, sich auf eine andere Art und Weise zu verhalten; und das Aufwachsen in Reichtum auf noch eine andere Weise. Diese Kinder und die Erwachsenen, die sie dann werden, müssen so handeln, wie sie handeln. Ihre emotionalen Dispositionen sind festgelegt, nicht durch ihre eigenen Entscheidungen, sondern durch die Kräfte, die auf sie eingewirkt haben.

Aus Protest gegen diese Ansicht weisen einige Denker, darunter Thomas von Aquin, darauf hin, dass es ohne einen Willen und ohne eine Wahlmöglichkeit keine freien Handlungen gibt, und dass, wenn Handlungen nicht frei sind, eine Person keine Verantwortung für sie übernehmen kann. Man kann eine Person weder loben noch tadeln. Darüber hinaus macht es keinen Sinn, ihr zu sagen, was sie tun soll, denn ihr Verhalten ist ohnehin determiniert. Letztlich hat auch die Moral selbst keinen Sinn, denn wenn wir nicht frei wählen können, dann können wir weder Gutes noch Böses tun (De Malo 6).

Deterministische Behavioristen antworten darauf mit der Behauptung, dass Moral nur ein weiterer Einfluss der Umwelt sei, der genutzt werden könne, um das Verhalten anderer Menschen zu steuern. Wenn man einer Person sage, dass sie die Wahrheit sagen „solle", könne man sie tatsächlich dazu bringen, die Wahrheit zu sagen. Verhaltensforscher argumentieren weiter, dass Belohnungen und Bestrafungen auch ohne Freiheit Sinn machten, denn auch sie seien Werkzeuge, um Menschen zu kontrollieren. Wir ermahnen ein Kind, etwas mit anderen zu teilen, weil wir es dazu bringen wollen, in Zukunft zu teilen. Wir bestrafen jemanden für einen Diebstahl, weil wir hoffen, ihn oder andere zu beeinflussen, damit er in Zukunft nicht mehr stiehlt.

In dieser eher düsteren Weltsicht ist Moral nichts anderes als Manipulation. Natürlich schlagen einige Behavioristen hochmütig vor, dass wir unsere Manipulation dazu nutzen sollten, eine Welt des Überflusses und des Glücks zu schaffen. Aber warum sich die Mühe machen? Warum sollen wir nicht dem Trend der Menschheitsgeschichte folgen und versuchen, eine Welt zu schaffen, in der wir auf Kosten anderer reich und mächtig sind, wenn wir es nur wollen? Behavioristen können nicht sagen, dass wir das nicht „sollen“, denn wir erkennen diesen Trick (Moral) als eine Form ihrer eigenen Manipulation.

Wir werden uns nicht bei diesem Argument aufhalten. Stattdessen wenden wir uns Thomas zu, der meint, dass wir als Menschen tatsächlich aufgrund unseres Willens frei sind – ein Vermögen, das sich entweder von den Emotionen oder der Vernunft unterscheidet.

Ein Vermögen, zu wählen

Vielleicht können wir nicht wirklich beweisen, dass eine bestimmte Handlung frei ist. Wenn ich behaupte, dass ich mich frei entschieden habe, den zusätzlichen Zwanzigdollarschein zurückzugeben, wird der Determinist darauf bestehen, dass es meine Vererbung oder meine Umgebung gewesen sei, die meine Dispositionen so festgelegt habe, dass ich dazu bestimmt gewesen sei, den Schein zurückzugeben. Solange wir nicht jeden kausalen Faktor, der an meiner Wahl beteiligt ist, erkennen können – ein Kunststück, das dem menschlichen Verstand unmöglich und sehr weit von unserem heutigen Wissen entfernt ist –, können wir nicht mit absoluter Sicherheit sagen, dass eine bestimmte menschliche Handlung frei oder determiniert ist.

Thomas von Aquin dachte, dass wir ganz allgemein zeigen können, dass wir als menschliche Wesen die Fähigkeit zu freien Handlungen haben. Da wir Vernunft haben und verschiedene Wege zur Erreichung unserer Ziele erkennen können, folgt daraus, dass wir in unseren Handlungen nicht immer determiniert sind. Wir werden uns jedoch nicht mit diesem recht schwierigen Argument aufhalten. Vielmehr werden wir einige Hinweise auf unsere Freiheit geben, von denen der erste die allgemeine Erfahrung ist. Wir alle machen täglich die Erfahrung, dass wir Entscheidungen treffen, Entscheidungen, die von uns selbst bestimmt werden. Wir wissen sozusagen aus erster Hand, dass wir selbst bestimmen, was wir tun werden; wir alle wissen, dass wir auch anders hätten handeln können. Diese allgemeine Erfahrung gibt uns eine angemessene Definition von Freiheit. Wir sind frei, wenn wir selbst eine Handlungsweise bestimmen können. Unser Handeln wird weder durch etwas außerhalb von uns selbst bestimmt, wie z. B. Vererbung oder Umwelt, noch ist es rein zufällig oder unverursacht. Vielmehr bestimmen wir selbst, was wir tun werden.

Ein zweiter Hinweis ergibt sich aus der Beobachtung des menschlichen Verhaltens und dem Vergleich mit dem Verhalten von Tieren. Wenn wir Tiere in freier Wildbahn (und nicht in Gefangenschaft) beobachten, dann sehen wir, dass sie sehr festen Verhaltensmustern folgen. Natürlich entdecken wir eine größere Variabilität des Verhaltens, je höher wir im Tierreich aufsteigen. Schlangen zeigen eine größere Vielfalt in ihrem Verhalten als Würmer, und Schimpansen zeigen mehr Verhaltensmöglichkeiten als Schlangen. Die Variabilität des Verhaltens ist jedoch selbst bei den höchsten Tieren innerhalb der Grenzen eines bestimmten Verhaltensmusters begrenzt. Wenn wir jedoch zum Menschen kommen, finden wir eine Art Explosion der Variabilität. Natürlich sind wir nicht frei von Mustern. Aber die Vielfalt innerhalb menschlicher Kulturen und zwischen menschlichen Kulturen übersteigt bei weitem alles, was im Tierreich zu finden ist. Diese Vielfalt ist freilich kein Beweis für Freiheit – sie könnte lediglich durch eine größere Komplexität entstanden sein –, aber sie ist ein Hinweis auf Freiheit. Freiheit dient als eine Art beste Erklärung für die Variabilität des menschlichen Verhaltens.

Ein letzter Hinweis ergibt sich aus der engen Verbindung zwischen Freiheit und Moral. Ohne Freiheit hat die Moral keinen Sinn. Menschen zu ermahnen, zu loben, zu tadeln und so weiter wird sinnlos, wenn wir determiniert sind (I, 83, 1; De Malo 6). Wir können natürlich Ermahnungen und Moral in eine Art Manipulation verwandeln, wie es die Behavioristen wollen, aber dann haben wir ihren ursprünglichen Sinn pervertiert. Wir alle wissen, dass wir jemanden belohnen, weil er es verdient, und er verdient es nur, wenn er frei ist; wir bestrafen jemanden, weil er es verdient hat, was nicht der Fall wäre, wenn er gezwungen wäre, sich so zu verhalten, wie er es getan hat; wir sagen den Leuten, was sie tun sollen, nur weil wir wissen, dass sie frei sind, zu tun, was sie wollen.

Jemand könnte protestieren und einwenden, dass wir unmöglich frei sein könnten, da wir auf vorhersehbare Weise handelten. Jeder von uns habe bestimmte gewohnheitsmäßige Verhaltensmuster, die entweder angeboren seien oder sich im Laufe des Lebens entwickelt hätten und die uns eher zu einem bestimmten Verhalten und nicht zu einem anderen geneigt machten. Ein Alkoholiker z. B. neige dazu, einen weiteren Drink zu nehmen, da er eine starke Veranlagung zum Alkohol entwickelt habe. Ein Abstinenzler werde wahrscheinlich ein angebotenes alkoholisches Getränk ablehnen, da dies seiner Gewohnheit entspreche. Ebenso werde ein reizbarer Mensch vorhersehbar toben, wenn man ihn belästige, und man wisse, dass ein schüchterner Mensch rot werde, wenn er vor einer Gruppe von Menschen stehe.

Der obige Einwand entspringt jedoch einem Missverständnis des freien Willens. Er setzt voraus, dass Freiheit Indifferenz ist, während sie in Wirklichkeit Indetermination ist. Mit Indifferenz meinen wir, dass es jemandem gleichgültig ist, ob er zwei oder mehr Optionen hat. Ich bin indifferent in Bezug auf den Kauf eines silbernen oder eines weißen Autos, weil es mir gleichgültig ist, welches ich bekomme. Mit Indetermination meinen wir hingegen, dass jemand nicht gezwungen ist, auf eine bestimmte Weise zu handeln. Ich bin nicht determiniert, das silberne Auto zu wählen, weil meine Vererbung und mein Umfeld meine Entscheidung nicht erzwingen; ich selbst muss die endgültige Entscheidung treffen.

Der Fehler besteht in der Annahme, dass Unbestimmtheit dasselbe sei wie Indifferenz, dass ich in meiner Wahl nicht unbestimmt sein könne, wenn ich nicht auch indifferent sei. Dann würde eine Gewohnheit des Willens die Freiheit ausschließen, denn eine Gewohnheit impliziert das Gegenteil von Indifferenz: eine starke Neigung in die eine Richtung statt in eine andere. Wenn ich die Gewohnheit habe, mich für Schokoladeneis zu entscheiden, dann bin ich weit davon entfernt, indifferent zu sein; mir ist das Schokoladeneis sehr wichtig. Aber, so wird argumentiert, wenn ich nicht indifferent bin, dann bin ich in meiner Wahl bestimmt und nicht frei.

Glücklicherweise gibt es keinen guten Grund für die Annahme, dass eine starke Neigung eine Entscheidung erforderlich mache. Ich bin vielleicht stark geneigt, das Eis zu essen, aber ich kann etwas anderes entscheiden und entsprechend handeln; ich kann immer anders wählen, obwohl eine Gewohnheit die gegenteilige Wahl schwieriger macht. Wenn man die Gewohnheit hat, seinen sexuellen Begierden nachzugeben, dann wird es sehr schwierig sein, sich dagegen zu entscheiden, und je stärker die Gewohnheit ist, desto schwieriger wird die gegenteilige Entscheidung. Aber es wird nie unmöglich. Die individuelle Freiheit bleibt unangetastet.

Ein spirituelles Vermögen

Wie auch immer die Argumente der einen oder anderen Seite lauten mögen, Thomas war auf jeden Fall der Meinung, dass wir frei sind und dass der Sitz dieser Freiheit im Willen liegt, mit dem wir entscheiden. Der Wille unterscheidet sich von den Emotionen, die in der Tat fixiert und determiniert wären, wenn wir nicht frei wären (durch unsere Vernunft und unseren Willen), die Dinge in einem anderen Licht zu betrachten. Während wir die Emotionen mit den Tieren gemeinsam haben, sind sowohl Vernunft als auch Wille nur beim Menschen zu finden. Sie sind eher geistige als leibliche Vermögen (I-II, 17, 7). Sie erheben uns über die materielle Welt und geben uns eine Tiefe, die bei keinem anderen physischen Wesen zu finden ist.

Die körperliche Natur der Emotionen zeigt sich besser in einem anderen Wort, das wir den Emotionen manchmal geben, nämlich Gefühle, denn Emotionen sind tatsächlich etwas, das wir fühlen. Da sie körperliche Begierden sind, beinhalten sie eine körperliche Veränderung (I-II, 22, 3). Wenn wir Angst haben, spannen wir uns an und unser Herz schlägt schneller; wenn wir uns schämen, fließt das Blut in unser Gesicht; wenn wir sexuell erregt sind, verändert sich unser Körper entsprechend. Diese körperlichen Veränderungen werden uns auf einer sensiblen Ebene bewusst, und so „fühlen“ wir unsere Emotionen. Ein Junge, der vernarrt ist, spürt eine Veränderung in seinem Inneren, wenn das Mädchen, für das er schwärmt, den Raum betritt. Wenn wir glücklich sind, fühlen wir uns anders, als wenn wir traurig sind. Emotionen sind also, obwohl sie mentale Vermögen sind, mit dem Körper verbunden und werden Gefühle genannt.

Der Wille ist etwas anderes. Er ist überhaupt nicht leiblich, sondern rein geistig (I-II, 22, 3). Sein Akt bringt keine entsprechende körperliche Veränderung mit sich, und folglich können wir uns des Willens auf einer sinnlichen Ebene nicht bewusst werden. Natürlich sind wir uns des Willens bewusst. Aber wir fühlen unsere Entscheidungen nicht so, wie wir unsere Emotionen fühlen. Ich bin mir bewusst, dass ich mich entschieden habe, das angebotene Dessert abzulehnen, aber mein Bewusstsein ist viel intellektueller und bezieht eher die Vernunft als die Sinne mit ein. Unglücklicherweise neigen wir aufgrund dieser etwas ungreifbaren Natur des Willens dazu, ihn zu ignorieren. Wir verweilen bei unseren Emotionen, die nach unserer Aufmerksamkeit schreien. Am Ende befriedigen wir die Bedürfnisse des Körpers, während wir die Bedürfnisse der Seele vergessen.

Der Vermögen, zu lieben

Diese Vergesslichkeit ist schädlicher, als wir meinen, denn der Wille ist viel mehr als ein Vermögen, zu wählen; er ist im Grunde ein liebendes und begehrendes Vermögen. Ich entscheide mich, den Genuss von Eiscreme abzulehnen, weil ich zunächst durch meinen Willen ein anderes Gut begehrt habe, zum Beispiel das Gut, Gewicht zu verlieren. Jede Wahl setzt ein gewisses Verlangen voraus, und wenn es der Wille ist, der wählt, dann ist es auch der Wille, der begehrt. Natürlich kann ich auch mit meinen Emotionen begehren. Ich kann mich emotional für mein Erscheinungsbild schämen; ich kann emotional die Anerkennung begehren, die ich mir von einer schlankeren Figur verspreche. Aber wenn ich wählen soll, dann muss das Verlangen über diese Emotionen hinausgehen; ich muss auch mit meinem Willen wünschen, Gewicht zu verlieren.

Wir sind geneigt, solchen Wünschen gegenüber skeptisch zu sein. Schließlich spüren wir sie nicht. Wir sind uns unserer Scham durchaus bewusst, die Sehnsucht nach Beliebtheit ist spürbar, aber die Sehnsucht des Willens ist nicht spürbar. Warum sollte man also annehmen, dass es solche Wünsche gibt? Können die Emotionen nicht alles, was wir tun, erklären, wie es die Behavioristen gerne hätten?

Nein, das können sie nicht. Manche unserer Verhaltensweisen zeigen eine Liebe und ein Verlangen, das tiefer liegt als die Emotionen. Betrachten Sie zum Beispiel das Verhalten von guten Männern und Frauen. Mutter Teresa kümmerte sich um die Kranken und Sterbenden, auch wenn ihre Emotionen dagegen schrien. Pater Damian de Veuster, der sogenannte Leprapriester, verbrachte die letzten Jahre seines Lebens mit den Leprakranken auf Molokai. Seine Tätigkeit war oft gefühlsmäßig abstoßend. Er versorgte die offenen leprakranken Wunden und ertrug den Gestank der Verwesung. Das war nichts für seine Gefühle, und doch hielt er durch. Er liebte mit einer tieferen als einer rein emotionalen Liebe.

Wir müssen nicht zu den Heiligen gehen, um diese Liebe zu finden – obwohl sie bei ihnen deutlicher zum Ausdruck kommt –, denn auch in unserem eigenen Leben können wir die Liebe des Willens in Aktion sehen. Jede wahre Freundschaft geht über bloß emotionale Bindung hinaus. In der Tat wissen wir alle, dass Freundschaft gerade dann auf die Probe gestellt wird, wenn die Gefühle in den Hintergrund treten. In Zeiten der Prüfung, wenn wir gefühlsmäßig unseren Freund verlassen wollen, halten wir trotzdem durch. Und wie? Mit einer Liebe des Willens. Die Ehe ist ein besonders deutliches Beispiel für diese Freundesliebe, denn das Ehepaar muss durch alle emotionalen Erschütterungen hindurch durchhalten. Das anfänglich warme Gefühl der romantischen Liebe kann oft der Irritation, dem Ärger und sogar dem Ekel weichen. Eine gute Ehe wird jedoch über diese stürmischen Emotionen hinweggehen. Natürlich bleibt jede Ehe hinter dem Ideal zurück, aber die meisten Ehen erfüllen einen Teil des Ideals, in dem wir die Liebe, die am Werk ist, erkennen können, die Liebe, die tiefer ist, als es die Emotionen sind. Eine Ehe, die nur auf dem Gefühl der Romantik beruht, ist zum Scheitern verurteilt.

Die Wünsche des Willens stehen natürlich nicht immer im Gegensatz zu den Emotionen. Innerhalb der Ehe sind die willentlichen Wünsche und die Emotionen oft in Harmonie. Der Punkt, an dem die Aufmerksamkeit auf den Gegensatz gelenkt wird, ist der Hinweis auf die Notwendigkeit eines Verlangens jenseits der Emotionen. Wir sind nicht nur fühlende Wesen; wir sind Tiere mit tieferen Sehnsüchten als bloßen Emotionen. Leider neigen wir dazu, diese wichtigeren Sehnsüchte zu vernachlässigen. Die Drängeleien der Emotionen sind ständig vor unserem mentalen Auge und stellen eine Forderung nach der anderen, und wir laufen umher, um sie zu befriedigen, und vergessen dabei die Sehnsüchte des Willens. Mit der Zeit passt sich unser Wille an und gibt sein höheres Streben zugunsten der kleinlichen Befriedigungen der Gefühle auf. Doch selbst in dieser Degeneration meldet sich die Sehnsucht des Willens zurück. Warum müssen wir immer den Fernseher laufen lassen oder Musik abspielen? Warum müssen wir uns immer beschäftigen und können nie einen Augenblick in der Stille ausruhen? Weil wir die Stille der Einsamkeit nicht ertragen können, in der sich die wahre Leere unseres Lebens offenbart. Wir bevorzugen den Lärm, um zu vergessen, wie trostlos unser Leben wirklich ist. Die tiefe Unzufriedenheit, die in unserem Willen wohnt, darf keine Gelegenheit bekommen, sich zu zeigen.

Wahre menschliche Erfüllung verlangt, dass wir danach streben, mehr als unsere vorübergehenden Wünsche zu befriedigen. Wir sollten nicht dem Verlangen folgen, das im Moment am dringlichsten erscheint, denn die Emotionen können dringlicher erscheinen, nur weil sie gefühlt werden. Wir sollten vielmehr versuchen, unsere tiefsten Sehnsüchte zu befriedigen, die Sehnsüchte unseres Willens, wo wir wahre Liebe und wahre Freude finden. Befriedigung finden wir nicht nur in körperlichem Vergnügen. Wir genießen gute Romane, liebevolle Momente mit Freunden und die Freude, einen schwierigen Gedanken zu verstehen. Die dauerhaftere Befriedigung findet sich im Willen, nicht in der emotionalen Befriedigung. Als menschliche Wesen sind wir viel mehr als fühlende Wesen. Wir können erkennen und verstehen; wir können mit einer geistigen Liebe lieben und uns an den Gütern des Geistes erfreuen. Glück wird nicht einfach in der Befriedigung unserer verschiedenen emotionalen Wünsche gefunden, wie immer sie auch geartet sein mögen. Unsere menschliche Beschaffenheit verhindert ein solches relatives Glück, das sich von Mensch zu Mensch unterscheidet, je nachdem, welche Wünsche er oder sie haben mag. Was wir sind – geistige Wesen mit geistigen Fähigkeiten und Bedürfnissen –, beeinflusst das, was uns erfüllt. Rein emotionale Befriedigung kann das menschliche Herz nicht ausfüllen. Das ist die Weisheit hinter John Stuart Mills Aussage, dass „es besser ist, ein Mensch zu sein, der unzufrieden ist, als ein Schwein, das zufrieden ist; besser, Sokrates zu sein, der unzufrieden ist, als ein Narr, der zufrieden ist". Nicht irgendetwas kann unsere menschlichen Fähigkeiten ausfüllen. Nur ein menschliches Leben, ein Leben des vernünftigen Verlangens, wird uns wirklich zufriedenstellen.

Wille, Vernunft und Emotionen

Wir haben nun drei Akteure im moralischen Leben: den Willen, die Vernunft und die Emotionen. Wir haben gesehen, dass die Emotionen der Vernunft folgen sollten, aber dass die Vernunft manchmal von den Emotionen geleitet wird. Lassen Sie uns nun betrachten, wie der Wille in das Bild passt. Der Wille ist wie die Emotionen eher eine liebendes oder begehrendes als ein erkennendes Vermögen. Während die Vernunft die Welt in sich aufnimmt, gehen der Wille und die Emotionen hinaus in die Welt (I, 81, 1). Der Wille ist auch wie die Gefühle, denn wir können nichts in unserem Willen begehren, wenn wir es nicht zuerst als gut erkannt haben (I-II, 27, 2). Der Wille ist jedoch noch enger an die Vernunft gebunden als die Gefühle, denn die Gefühle können nicht nur durch das Urteil der Vernunft, sondern auch durch irgendeine angenehme Vorstellung geleitet werden (I, 81, 3, ad 2). Jemand kann z. B. allein durch ein Bild sexuell erregt werden, ohne dass ein Vernunfturteil dazwischengeschaltet ist. Deshalb entstehen unsere Emotionen spontan, auch gegen die Vernunft. Dagegen kann der Wille nicht ohne die Vernunft zum Begehren angeregt werden; die Sinne oder die Einbildungskraft allein genügen nicht (I, 80, 2), denn der Wille ist das Verlangen der Vernunft, so wie die Gefühle das Verlangen der Sinne sind. Daraus folgt, dass wir nichts mit unserem Willen begehren können, wenn wir es nicht zuerst mit unserer Vernunft als gut begreifen (I-II, 8, 1).

Da die Vernunft die wahre Natur der Dinge begreift, einschließlich der Natur des Guten, begehrt das darauffolgende Verlangen, der Wille, das Gute gerade deshalb, weil es gut ist. Die Emotionen, die auf die Wahrnehmung der Imagination folgen, begehren diese oder jene Art von Gut, wie zum Beispiel gut schmeckendes Essen oder einen guten Ruf. Im Gegensatz dazu begehrt der Wille das Gute selbst oder das vollkommen Gute. Mit unserem Willen begehren wir das Gute und suchen dann nach einer bestimmten guten Sache, in der das Gute verwirklicht ist. Alles, was wir begehren, wird unter der Formalität des Guten begehrt.

Natürlich wählen die Menschen das Böse, und sogar in einer Weise, dass sie das Böse erzeugen, aber sie tun es nur insofern, als sie es als gut empfinden (De Malo 1, 3). Jemand mag seine Mutter ermorden, um sie zu beerben. Er hat das Böse des Mordes gewollt und gewählt, aber nur, weil er es für gut hielt; das heißt, er dachte, es würde ihn reich machen. Jemand anderes mag Ehebruch begehen, was ein Übel ist, aber er begehrt es nur insofern, als er dachte, es wäre gut für das Vergnügen.

Dieses letzte Beispiel hilft uns, die Beziehung zwischen dem Willen und den Emotionen zu verstehen. Denn zu den von der Vernunft wahrgenommenen Gütern gehört die Befriedigung der Gefühle (I-II, 9, 2). Die Befriedigung meiner Sehnsucht nach Schokoladeneis ist eine Art von Gut, wenn auch ein ziemlich geringes. Eine Emotion kann also etwas als gut erscheinen lassen, auch wenn dieselbe Sache in Abwesenheit der Emotion überhaupt nicht gut erscheint. Meinen Freund Bob zur Rede zu stellen erscheint mir normalerweise nicht gut, aber gestern hat er mich beleidigt, und die daraus resultierende Wut lässt die Konfrontation mit Bob verlockend erscheinen. Warum? Weil sie den Drang der Wut befriedigt.

Der Wille wird also durch die Befriedigung der Emotionen als mögliches Objekt des Begehrens und der Wahl angetrieben. Dennoch zwingen die Emotionen den Willen nicht zum Handeln (I-II, 77, 7).[1] Sie verwandeln einen ansonsten uninteressanten Gegenstand zu etwas Anziehendem, vielleicht sehr Anziehendem, aber sie bestimmen nicht den Willen. Wenn ein verheirateter Mann von einer anderen Frau sexuell erregt wird, dann wird der Ehebruch reizvoll, aber er wird nicht notwendig. Das Gefühl der sexuellen Erregung zwingt den Willen nicht in irgendeiner Weise; es zieht ihn lediglich an. Manchmal hört man, dass ein Mann an einem „point of no return" angekommen sei, was bedeutet, dass er sexuell so erregt ist, dass er nicht mehr umkehren kann. Aber natürlich kann er das, und wenn es ein Erdbeben gäbe, würde er sicher umkehren. Es braucht nicht so etwas Dramatisches wie ein Erdbeben zu sein. Alles, was er braucht, ist Willensstärke, denn er ist nicht daran gebunden, das zu wählen, wozu ihn seine Gefühle führen.

Letztlich hat der Wille das Sagen, denn wir tun, was wir wählen, und wir wählen mit unserem Willen. Die Emotionen können uns auf die eine oder andere Weise beeinflussen, aber das letzte Wort liegt bei unserer Wahl (I, 81, 3). Wir sind nicht, wie die Behavioristen vermuten, bloße Geschöpfe eines gesteuerten Impulses; wir sind rationale Wesen mit rationalem Verlangen. Ein großer Teil des moralischen Lebens besteht darin, den Emotionen mit ihrer verlockenden Präsentation von scheinbaren Gütern zu widerstehen. Wir müssen das wahre Gut mit unserer Vernunft erkennen und es mit unserem Willen lieben. Auf dem Weg dorthin müssen wir vielleicht die Unzufriedenheit unserer Emotionen ertragen. Wir müssen die Willensstärke haben, an unserer wahren menschlichen Erfüllung festzuhalten und die Begierden der Emotionen zu ignorieren, die nicht das wahre Gut, sondern nur ihre eigene Befriedigung suchen. Mit der Zeit werden ihre Proteste nachlassen, und ein geordneter Friede wird in uns herrschen. Wir müssen uns daran erinnern, dass die Emotionen unabhängiger von dem sind, was wir sind – sie entstehen spontan, sogar gegen unsere Wünsche –, als der Wille, der unsere tiefsten Sehnsüchte ausdrückt. Wie schade also, dass wir leicht das Gegenteil annehmen, nämlich, dass

---

[1] Das Individuum wird nur im Fall der Unzurechnungsfähigkeit von seinen Emotionen bestimmt, aber in diesem Fall sagt Thomas nicht, dass der Wille gezwungen wird, sondern, dass es keinen Willensakt gibt (I-II, 77, 7).

wir das seien, was wir fühlen. Vielmehr sind wir vor allem das, was wir tun, und wir tun, was wir wählen, mit unserem Willen. Natürlich ist der Wille nicht nur irgendein Vermögen in uns; er ist, was wir sind. Wir sind es, die wählen; wir sind es, die denken, und wir sind es, die fühlen (I, 77, 1, ad 4). Von diesen dreien, wollen, denken und fühlen, drücken wir uns am meisten durch unseren Willen aus (I, 48, 6). Daher ist es nicht nur unser Wille, der wählt; wir sind es, die wählen.

6

Das Richtige tun und das Richtige wünschen

Ich halte den für tapferer, der seine Begierden überwindet, als den, der seine Feinde besiegt; denn der schwerste Sieg ist der über sich selbst.
Aristoteles

Das Richtige tun

Wir haben noch nicht herausgefunden, ob ich die zwanzig Dollar an mich genommen oder zurückgegeben habe. Erinnern Sie sich, dass die Kassiererin mir zwanzig Dollar zu viel gab; mit meinem Verstand urteilte ich, dass es fair sei, das überzählige Geld zurückzugeben, aber in meinen Gefühlen sehnte ich mich danach, es zu behalten, so dass ich anfing zu rationalisieren. Was tue ich schließlich? Stopfe ich die Scheine in meine Tasche oder widerstehe ich der Versuchung? Am Ende, so könnte jemand denken, kommt es nur darauf an, dass ich das Richtige tue. Egal, wie sehr ich versucht bin, das Geld zu nehmen, egal, wie sehr ich mich mit Rationalisierungen aufhalte, es spielt keine Rolle, solange ich die Versuchung zurückweise und das Geld zurückgebe. Das ist die Quintessenz des moralischen Lebens: das Richtige zu tun; denn man kann nicht von uns erwarten, dass wir immer das Richtige wollen, aber wir sind alle aufgefordert, das Richtige zu tun.

Dieser Ansatz ist zwar richtig, umfasst aber nicht die gesamte Wahrheit. Das moralische Leben ist farbenfroher, als diese düstere Bilanz vermuten lässt. Und doch ist der Leitsatz „Tu das Richtige“ eine in unserer Kultur weit verbreitete Ansicht, die von einem großen Moralphilosophen namens Immanuel Kant vertreten wurde, der von 1724 bis 1804 in Königsberg lebte. Er war ein brillanter systematischer Philosoph, der ein kompliziertes Weltbild entwickelte, das sich wie ein Puzzle zusammenfügte, und er gilt als Begründer einer Moraltheorie, die den Namen „Deontologie“ trägt. Er hatte viel über Moral zu sagen, und vieles davon war sehr gut. Wir werden später noch mehr von ihm hören, aber für den Moment wollen wir uns nur auf seine zentrale Lehre konzentrieren: „Tue das Richtige.“

Kant und Thomas von Aquin teilten einige gemeinsame Auffassungen. Wie Thomas erkannte Kant die Rolle der Vernunft bei der Erkenntnis der Wahrheiten der Moral an, aber er wies der Vernunft eine aktivere Rolle zu. Während für Thomas die Vernunft die Güter entdeckt, die es dort draußen gibt, konstruiert die Vernunft für Kant richtig und falsch. Auch teilten Thomas von Aquin und Kant eine ähnliche Haltung gegenüber dem verderblichen Einfluss ungeordneter Emotionen, die Kant als Neigungen bezeichnete. Beide Denker waren der Meinung, dass es größtenteils die Emotionen sind, die uns in die Irre führen und uns dazu bringen, das zu wählen, was böse ist. Kant mag eine pessimistischere Haltung gegenüber den Neigungen eingenommen haben als Thomas. Für Thomas von Aquin sind die Emotionen so etwas wie eine bunte Mischung, manchmal gut und manchmal böse, aber für Kant sind die Neigungen fast immer schlecht. Selbst wenn sie uns dazu bringen, eine gute Tat zu vollbringen, wie z. B. jemandem in Not zu helfen, tun sie das auf egoistische Weise, denn wir helfen der Person am Ende nur zu unserer eigenen Zufriedenheit. Nach Kant ist die einzige gute Neigung die Achtung vor dem Gesetz, das heißt die Neigung, das Richtige zu tun, weil es das Richtige ist. Neigungen sind immer von der Vernunft getrennt. Im Gegensatz dazu können für Thomas von Aquin die Emotionen durch die Vernunft informiert werden.

Um diese irrenden Neigungen zu bekämpfen, führt Kant den Willen ein, mit dem wir uns entscheiden können, das Richtige zu tun, auch gegen unsere emotionalen Wünsche. Wenn sonst nichts anderes, so ist der Wille unsere Macht, zu wählen, unsere Handlungsweise zu bestimmen. Soll ich das zusätzliche Geld zurückgeben? Das liegt an mir; es ist meine Wahl. Da ich mit meinem Willen entscheide, ist der Wille wie das Herz und der Nerv dessen, was ich bin; ich kann alle möglichen turbulenten Emotionen in mir haben, aber mein wahres Ich ist das, was ich mit meinem Willen wähle (I, 48, 6).

Ein guter Wille ist also von primärer Bedeutung für das moralische Leben. Er ist die Grundlage der kantischen Ethik, und der Wille hat sicherlich auch eine herausragende Bedeutung in Thomas' Ethik. Für Kant wird der Begriff des guten Willens durch unsere Maxime, „das Richtige zu tun", zusammengefasst. Unabhängig von unseren Versuchungen, unabhängig von unseren Rationalisierungen ist es wichtig, dass wir das Richtige tun. Wir tun das Richtige, indem wir wählen, und wir wählen mit unserem Willen. Daher ist alles, was zählt, dass wir einen guten Willen haben.

Oder ist da noch mehr? Vielleicht sollen wir nicht nur richtig wählen – wir sollen auch richtig wünschen. Ich soll nicht nur entscheiden, das Geld zurückzugeben. Ich soll es auch zurückgeben wollen.

Selbstbeherrschung und Kontrollverlust

Betrachten Sie eine andere Situation. Ich habe beschlossen, dass ich zehn Pfund abnehmen muss und dass ich dies durch eine strenge Diät erreichen soll. Nun bietet mir ein Freund eine große Portion Eiscreme mit Erdbeeren und Schokoladensirup an. Der Freund ist nicht beleidigt, wenn ich ablehne, aber andererseits ist es mein Lieblingsdessert. Was soll ich tun? Meine Vernunft beharrt darauf, dass das Dessert unnötig ist und im Gegensatz zur notwendigen Diät steht. Mein Verlangen schreit nach Befriedigung und sehnt sich danach, das Eis zu kosten. Wie lässt sich dieser innere Kampf lösen? Wir alle wissen, dass er so oder so gelöst werden kann, und dass es an mir liegt, was ich tue. Ich kann mich entscheiden, mich auf die Seite der Vernunft oder auf die Seite meiner Begierden zu stellen.

Beachten Sie, wie ich jede Entscheidung im Nachhinein beschreiben kann. Wenn ich mich entscheide, das Dessert zu essen (sagen wir aus Geselligkeit), dann werde ich wahrscheinlich an diesem Abend nach Hause gehen und mich dafür verurteilen, dass ich „die Kontrolle verloren habe". „Warum bin ich immer so schwach?", könnte ich zu mir sagen. Wenn ich hingegen das Dessert ablehne, werde ich mich selbst beglückwünschen: „Ich habe mich beherrscht" und „ich habe Willensstärke gezeigt".

Wie der Philosoph Platon schon vor langer Zeit bemerkte, ist diese Art zu sprechen ziemlich merkwürdig. Warum sollte ich sagen, dass ich die Kontrolle verloren habe, wenn ich selbst es war, der die Entscheidung getroffen hat, das Eis zu essen? Wenn ich die Kontrolle verloren habe, wer hatte dann die Kontrolle? Hat sich mein Körper ohne meine Zustimmung bewegt und das Eis verzehrt, während ich aus einem mentalen Gefängnis heraus protestiert habe? Nein, natürlich nicht. Ich war es, der das Eis aß, und ich hatte von Anfang bis Ende die Kontrolle.

Dennoch behauptet Platon, dass in dieser Redeweise eine gewisse Wahrheit zu finden ist, denn die Vernunft verliert die Kontrolle. Wenn ich mich auf die Seite meiner Gefühle stelle, dann entthrone ich die Vernunft von ihrem Sitz der Kontrolle. Natürlich ist auch das Gegenteil wahr: Wenn ich mich auf die Seite der Vernunft stelle, dann nehme ich meinen Emotionen die Kontrolle weg. In jedem Fall gebe ich die Kontrolle an eine der sich bekriegenden Fraktionen in mir ab. Das stimmt, aber Platon besteht darauf, dass wir sagen: „ich habe die Kontrolle verloren", weil wir uns mehr mit unserer Vernunft als mit unseren Emotionen identifizieren. Die Vernunft ist der höhere Teil, sagt er, denn die Vernunft ist ein geistiger Teil, der nur im Menschen zu finden ist, während die Emotionen sich auch bei den Tieren finden (II-II, 155, 1, ad 2).

Und stimmen nicht alle außer den Freizügigsten von uns zu? Wir assoziieren viel mehr mit den beständigen Urteilen unserer Vernunft als mit den flüchtigen und unbeständigen Sehnsüchten unserer Emotionen. Ich sage, dass „ich die Kontrolle verloren habe", weil ich mich eher als einen Menschen sehe, der beschlossen hat, eine Diät zu machen, als jemanden, der im Moment zufällig Lust auf Eiscreme hat. Die Sprache der Selbstbeherrschung und des Kontrollverlustes bestätigt also Thomas' Idee, dass unsere Emotionen mit der Vernunft übereinstimmen sollen, denn die Vernunft nimmt die wahren Werte wahr, und ohne die Vernunft sind unsere Gefühle blind. Das gute Leben findet sich in Visionen und im Verstehen, nicht in blinden Gefühlen.

Das Richtige begehren

Kehren wir zur Bank zurück, wo ein ähnlicher Kampf in mir tobt. Die Vernunft hat geurteilt, dass ich das Geld zurückgeben soll; meine Gefühle wollen es behalten. Was soll ich tun? Wieder einmal kann ich mich entweder auf die Seite der Vernunft oder auf die Seite meiner Gefühle stellen. Wieder einmal wird meine Wahl, die ich durch meinen Willen getroffen habe, mein Handeln bestimmen. Und wieder bin ich schwach, wenn ich meinen Gefühlen nachgebe, aber stark, wenn ich mich mit dem Verstand entscheide. Nehmen wir nun an, dass ich das Richtige tue: Obwohl die Verlockung groß war, widerstehe ich ihr und gebe das Geld zurück.

Ich habe mich an den kantischen Standard gehalten. Ich habe das Richtige getan, unabhängig von meinen Neigungen. Ich bin sicherlich zu beglückwünschen, aber hätte ich es besser machen können? Nicht nach der kantischen Ethik. Nichts ist besser, als das zu tun, was das Gesetz der Vernunft mir vorschreibt; indem ich der Neigung widerstehe, weiß ich am deutlichsten, dass ich diesen Maßstab eingehalten habe. Aber an diesem Punkt trennen sich die Wege von Kant und Thomas. Thomas von Aquin würde zugeben, dass ich das Wesentliche getan habe; ich habe, wie Kant sagen würde, meine Pflicht getan. Dennoch habe ich sie nicht so gut getan, wie ich es hätte tun können, denn es wäre besser gewesen, wenn ich mich nie danach gesehnt hätte, das Geld zu behalten. Es wäre besser gewesen, wenn ich überhaupt nicht gezögert hätte, wenn ich sowohl mit meinem Willen als auch mit meinem Gefühl gewünscht hätte, das Geld zurückzugeben, so dass ich es eifrig und nicht mit einem Hauch von Reue zurückgegeben hätte. Mit anderen Worten: Für Thomas von Aquin ist Willensstärke eine gute Sache, aber nicht die Vollkommenheit, die wir anstreben sollen. Wir sollen nicht nur danach streben, gut zu wählen, sondern auch danach, gut zu begehren (I-II, 24, 3; II-II, 155, 4).

An dieser Stelle wird es eine Vielzahl von Protesten geben. Unsere Emotionen sind einfach vorgegeben. Wir haben keine Kontrolle über sie. Sie entstehen spontan, unabhängig aus unseren Entscheidungen. Deshalb sollten wir nicht danach beurteilt werden, wie wir uns fühlen, sondern danach, wie wir handeln. Wenn jemand zufällig gute Gefühle hat, dann hat er einfach Glück. Die meisten von uns sind eben nicht so glücklich. Wir wollen das Geld nehmen, das Eis essen und viele andere Dinge tun, die wir nicht tun sollen. Trotzdem sollten wir für diese Wünsche nicht verantwortlich gemacht werden. Sie sind einfach so, weil wir so gemacht sind. Was moralisch zählt, sind die Entscheidungen, die wir treffen, nicht die Wünsche, die wir zufällig haben. Thomas, so der Vorwurf, stellt ein unmögliches Ideal auf, denn wir können nicht immer Gutes begehren. In der Tat drängt er uns zu einem aussichtslosen Kampf, einem Krieg gegen Emotionen, gegen die wir nichts tun können – einem Kampf, den wir einfach lernen sollten zu akzeptieren. Andernfalls werden wir uns wahrscheinlich in ein Elend mit geringem Selbstwertgefühl und Selbstverurteilung stürzen.

Thomas hat in der Tat einen Nerv berührt, etwas, das unserer Kultur am Herzen liegt. Aber lassen Sie mich hinzufügen, dass das, was er berührt, unsere anerzogene Mittelmäßigkeit ist. Wir haben in der Tat gelernt, unsere Unvollkommenheiten zu „akzeptieren“, so sehr, dass wir sie fast als Vollkommenheiten betrachten. Wir sind ganz zufrieden mit uns selbst, so wie wir sind. Kaum eine wirkliche Akzeptanz, wenn man darüber nachdenkt, denn Akzeptanz impliziert etwas Unangenehmes, das zu ertragen ist. Wenn Sie in der Lotterie eine Million Dollar gewinnen, werden wir Sie wahrscheinlich nicht sagen hören: „Ich muss lernen, es zu akzeptieren.“ Die Aussage scheint unpassend, denn Ihre Aussichten sind in keiner Weise unangenehm. Leider haben wir uns allzu oft mit unseren Unvollkommenheiten abgefunden; so schlimm sind sie ja nicht.

Diese ganze Kontroverse hängt von der Kontrolle ab, die wir über unsere Emotionen haben, denn wenn wir keine Kontrolle über unsere Emotionen haben, dann müssen wir sie so akzeptieren, wie wir das Wetter akzeptieren. Wenn wir jedoch ein gewisses Maß an Kontrolle haben, dann können wir unsere Emotionen selbst in die Hand nehmen und sie in die richtige Bahn lenken. Wir können immer noch unsere Unvollkommenheit als etwas akzeptieren, das wir nie ganz überwinden werden; aber wir müssen nicht tatenlos zusehen. Ein Mensch, der sich mit Mathematik schwertut, muss nicht hinnehmen, dass er nichts tun kann. Er wird vielleicht nie ein Genie in Mathe sein, aber er kann trotzdem etwas lernen. Wir sind zermürbt von Menschen, die ihr Leben schwarzmalen und dann Trübsal blasen und darauf beharren, dass man nichts tun könne. Doch wenn es um moralische Unvollkommenheiten in unserem Gefühlsleben geht, nehmen wir eine ähnliche Haltung ein und behaupten, dass unsere Emotionen eine brutale Tatsache seien, mit der man sich abfinden müsse wie mit dem Wetter.

Aber sind sie das? Nicht gemäß einer langen moralischen Tradition vor Kant (I, 81, 3; I-II, 17, 7). In dieser Tradition werden unsere Emotionen als geschmeidig angesehen, sowohl im Moment als auch auf lange Sicht. Natürlich können wir unsere Emotionen nicht einfach ein- und ausschalten, so wie wir einen Lichtschalter umlegen; außerdem entstehen unsere Emotionen oft ganz spontan, unabhängig von jeder unmittelbaren Entscheidung, die wir treffen. Ich werde nicht wütend, weil ich mich hinsetze und beschließe: „Jetzt ist der richtige Zeitpunkt, um wütend zu sein.“ Vielmehr ärgert mich eine Situation und die Wut entsteht unabhängig von meinem Willen. Wenn ich einmal wütend bin, kann ich nicht einfach entscheiden, es nicht zu sein.

Trotzdem kann ich etwas dagegen tun. Denken Sie an den Rat von Thomas Jefferson: „Wenn Sie wütend sind, zählen Sie bis zehn, bevor Sie sprechen.

Wenn Sie sehr wütend sin, zählen Sie bis hundert.“ Ist das nicht etwas, das Sie gegen Ihre Wut tun? Und manchmal funktioniert es; manchmal beruhigt es Sie genug, um ein wenig kühler zu denken. Natürlich funktioniert es nicht immer, aber trotzdem können wir ein gewisses Maß an Kontrolle über unsere Emotionen ausüben.

Die Kontrolle, die Thomas empfiehlt, ist die rationale Kontrolle. Erinnern Sie sich, dass die Vernunft das wahre Gut in der Realität wahrnimmt, und denken Sie daran, dass die Emotionen auf das wahre Gut, das die Vernunft wahrnimmt, reagieren können. Thomas empfiehlt daher, dass wir über das Objekt der Begierde in einem anderen Licht nachdenken, im Licht der Vernunft (De Veritate 25, 4). Wenn ich wütend bin, weil die Person vor mir zu langsam fährt, dann kontrolliere ich meinen Ärger, indem ich das ‚Vergehen‘ – zu langsam zu fahren – im Licht der Vernunft betrachte. Ich kann zugeben, dass dieses ‚Vergehen‘ im Großen und Ganzen bedeutungslos ist, dass es mich nicht allzu sehr stört und dass ich selbst kein perfekter Fahrer bin. Diese Überlegungen werden meine Wut wahrscheinlich vermindern, wenn nicht gar beseitigen. Ich habe also ein gewisses Maß an Kontrolle über meine Emotionen bewiesen.

Die Emotionen fallen nicht vollständig unter die Kontrolle der Vernunft, weil sie ganz spontan auf die Repräsentationen der Imagination reagieren (I, 81, 3; I-II, 17, 7). Beim Anblick sexueller Bilder werden die Emotionen eines Menschen allein durch den Reiz in der Fantasie geweckt. In der Tat reagieren die Emotionen bei Tieren nur auf die Imagination, aber unsere menschlichen Emotionen reagieren auch auf die Überlegungen der Vernunft. Rationalisierungen, die versuchen, die Vernunft dazu zu bringen, das, was wir uns wünschen, mit unseren Gefühlen zu rechtfertigen, lassen die Emotionen der Imagination folgen und versuchen, die Vernunft der Imagination zu unterwerfen. Die rationale Kontrolle versucht, die Emotionen zu lenken, indem sie die Imagination mit der Vernunft formt.

Dieser Ansatz wird nicht immer funktionieren: Manchmal wollen sich unsere Emotionen einfach nicht dem Urteil der Vernunft unterwerfen. Sie sind zu stark und die Vorstellung der Imagination ist zu lebendig, um den Überlegungen der Vernunft nachzugeben. Dann sitzen wir in der Tat im kantischen Boot. Wir müssen unsere Emotionen ignorieren und das Richtige tun. Manchmal, wenn unsere Begierden sehr stark sind, z. B. bei bestimmten sexuellen Begierden, ist es das Beste, zu fliehen. Lassen Sie sich nicht auf einen Kampf mit diesen heftigen Emotionen ein, sondern drehen

Sie sich um und laufen Sie weg, denn der mutige Mensch erkennt, wenn er seinem Gegner begegnet.

Ein bisschen Freud

Diese Selbstkontrolle unterscheidet sich von dem, was wir heute Verdrängung nennen, was überhaupt nichts mit Kontrolle zu tun hat, sondern eine Art Verleugnung ist. Betrachten wir noch einmal den Fall mit der Eiscreme. Nehmen wir an, ich löse den Konflikt zwischen der Vernunft und den Emotionen auf die folgende Weise: „Obwohl ich das Eis will, werde ich aufhören, es zu begehren; das Eis mag gut schmecken, aber ich werde es nicht begehren." Diese Art des Denkens könnte in so etwas wie Verdrängung abgleiten. Thomas empfiehlt diese Zwangskontrolle über unsere Emotionen nicht; stattdessen schlägt er vor, dass wir unsere Emotionen von dem anziehen lasen, was wirklich gut ist. Anstatt mir dieses Vergnügen, das ich als gut anerkenne, zu versagen, soll ich erkennen, dass es in mancher Hinsicht gut, in einer anderen Hinsicht aber schlecht ist. Anstatt das Gute des Vergnügens einfach abzulehnen, soll ich mich auf das Gute der Selbstbeherrschung oder das Gute meiner Ernährung konzentrieren. In ähnlicher Weise soll ich mich in der Bank nicht selbst belügen und sagen: „Ich bin nicht die Art von Mensch, die das Geld anderer Leute will, also werde ich das Richtige tun und das Geld zurückgeben." Ich soll zugeben, dass ich die Art von Mensch bin, die das Geld anderer Leute will, aber ich soll mich auf andere Dinge konzentrieren, die ich auch will, wie zum Beispiel gut und aufrichtig zu sein. Dann handelt es sich um eine wahre Akzeptanz meiner Emotion. Ich habe meine Schwäche anerkannt, aber auch meine Fähigkeit, meine Emotionen zu kontrollieren.

Wir alle wissen, dass die Unterdrückung unserer Emotionen nur dazu führt, dass sie mit Wucht zurückkehren. Sie werden so fordernd, dass sie ihren Willen bekommen müssen. Weder Vernunft noch Verdrängung können sich ihnen dann noch länger in den Weg stellen. Zwanghafte Persönlichkeiten haben sich oft in einen Teufelskreis aus Verdrängung und Loslassen hineingearbeitet. Aus diesem Grund empfehlen Psychologen manchmal, sich den Emotionen einfach hinzugeben, mit dem Strom zu schwimmen. Dieser Ansatz hat durchaus seine Berechtigung, aber nicht, wenn sich unsere Emotionen der Vernunft widersetzen. Wenn ein Mann ständig das Verlangen hat, Ehebruch zu begehen, ist es für ihn kein guter Ratschlag, seinem Verlangen einfach zu folgen; aber er sollte sein Verlangen auch nicht unterdrücken. Statt eines dieser beiden Extreme sollte er seine Gefühle mit Vernunft kontrollieren. Eine solche Kontrolle wird den gegenteiligen Effekt der Unterdrückung haben; sie wird die Emotion nicht verschlimmern, sondern sie langsam auf Linie bringen. Nach Jahren der rationalen Steuerung wird das, was einmal ein häufiges Verlangen war, verblassen und durch eine neue Emotion ersetzt werden.

Auf lange Sicht

Diese Veränderung der emotionalen Dispositionen ist nichts anderes als die Entwicklung von Gewohnheiten. Wir alle kennen Gewohnheiten, von denen viele ganz trivial sind, z. B. das Betätigen des Lichtschalters, wenn wir einen Raum verlassen. Wir haben Gewohnheiten des Sprechens, Gewohnheiten des Gehens und gewohnheitsmäßige Gesichtsausdrücke, aber Thomas befasst sich mit Gewohnheiten des Denkens und Begehrens, Gewohnheiten der Vernunft, des Willens und der Gefühle (I-II, 49).

Wir erkennen solche Gewohnheiten bei Menschen, wenn wir ihren Charakter beschreiben. Wir sagen, Peter ist hitzköpfig, was bedeutet, dass er häufig wütend wird; Maria ist großzügig, was bedeutet, dass sie gewohnheitsmäßig etwas von sich gibt; Mike ist ehrlich, was sich auf seine Gewohnheit bezieht, die Wahrheit zu sagen; Hilary ist arrogant, was bedeutet, dass sie gewohnheitsmäßig ihre eigenen guten Eigenschaften überschätzt und andere herabsetzt. Kurz gesagt, wann immer wir den Charakter eines anderen beschreiben, beschreiben wir seine Gewohnheiten im Denken und Wünschen.

Eine Gewohnheit ist eine starke Veranlagung, sich auf eine bestimmte Weise zu verhalten (I- II, 49, 3). Die Gewohnheit des Zorns ist eine Veranlagung, leicht zornig zu werden; die Gewohnheit der Angst ist eine starke Veranlagung, ängstlich zu sein; und so weiter. Eine Gewohnheit bedeutet nicht, dass wir entschlossen sind, uns auf eine bestimmte Art und Weise zu verhalten, aber es ist sicherlich einfacher, auf diese Art und Weise zu handeln. Ein wütender Mensch wird nicht *unbedingt* wütend, aber es ist seine spontane Reaktion, wenn er sich gekränkt fühlt. Auch bedeutet eine Gewohnheit nicht, dass wir unsere Emotionen nicht kontrollieren können. Sogar ein wütender Mensch kann seine Wut durch rationale Kontrolle abschwächen oder beseitigen.

Wir alle wissen, dass schlechte Gewohnheiten schwer zu überwinden sind. Umgekehrt gilt aber auch: Gute Gewohnheiten sind schwer abzulegen.

Wir überwinden unsere schlechten Gewohnheiten mit großer Anstrengung, indem wir immer wieder gegen sie handeln (I-II, 51, 2). Menschen, die mit dem Rauchen aufhören wollen (was eigentlich mehr als eine Gewohnheit ist: es ist eine Sucht; im strengen Sinne – und das Wort „Sucht" wird oft locker verwendet, um sich auf eine sehr starke Gewohnheit zu beziehen – beinhaltet eine Sucht eine Abhängigkeit von einer äußeren Chemikalie, wie z. B. Nikotin), müssen sich wiederholt vom Rauchen fernhalten. Mit der Zeit wird der Widerstand leichter und leichter werden. Und warum? Weil die alte Gewohnheit schwächer wird und sich eine neue – sich das Rauchen zu verweigern – bildet. Ähnlich kann eine wütende Person relativ ruhig werden, indem sie ihre Wut wiederholt kontrolliert. Mit der Zeit wird die Wut nachlassen und immer leichter zu kontrollieren sein.

Wir können unsere Gewohnheiten nicht einfach durch Willenskraft ändern, so als ob wir einen Neujahrsvorsatz fassen würden: „Ab dem 1. Januar werde ich ein geduldiger Mensch sein." Das wird nicht funktionieren, und eine solche Einstellung führt wahrscheinlich eher zu Verdrängung als zu rationaler Kontrolle. Vielmehr ist die Änderung unserer emotionalen Gewohnheiten ein langfristiger Plan. Es wird Jahre dauern, ja, ein ganzes Leben lang, um unsere alten Gewohnheiten durch neue zu ersetzen. Dennoch ist eine Veränderung möglich. Neue Gewohnheiten entwickeln sich durch wiederholtes Verhalten.

Gewohnheiten sind ein bisschen wie ein Pfad durch ein Feld mit hohem Gras. Es ist am einfachsten, den Pfad zu nehmen, obwohl es auch möglich ist, einen anderen Weg einzuschlagen. In ähnlicher Weise ist es einfach, unseren Gewohnheiten zu folgen, aber wir sind nicht entschlossen, dies zu tun. Wenn wir wiederholt einen anderen Weg nehmen, werden wir feststellen, dass das Gras niedergetrampelt wird, so dass der neue Weg etwas einfacher zu beschreiten ist. Bei weiterer Benutzung wird das Gras abgeflacht, und es wird noch einfacher. Schließlich stirbt das Gras ab und wir haben einen ganz neuen Weg. In der Zwischenzeit ist der alte Weg, da er inzwischen mit Gras überwuchert ist, nicht mehr der einfache Weg, den wir gehen können. In ähnlicher Weise können wir mit unserem Verhalten einen neuen Weg einschlagen. Wenn wir wütend sind, können wir unsere Wut kontrollieren; wenn wir geizig sind, können wir großzügig hergeben. Mit der Zeit wird das neue Verhalten immer einfacher, bis es zur dominanten Gewohnheit wird – unserer zweiten Natur – und die ursprüngliche Gewohnheit das schwierigere Verhalten ist.

Obwohl Gewohnheiten der Emotionen unser gegenwärtiges Anliegen sind, dürfen wir nicht annehmen, dass sie die bedeutenden Gewohnheiten erschöpfen. Auch die Vernunft und der Wille haben Gewohnheiten. Der Wille ist eine liebende und begehrende Kraft, so dass wir mit ihm mehr oder weniger zu verschiedenen Gütern geneigt sein können, je nach den Dispositionen, die wir entwickelt haben. Ein Mensch mag in seinem Willen die Gewohnheit haben, Vergnügen zu begehren, als ob es ein Gut wäre; ein anderer mag die Gewohnheit haben, Wissen als ein Gut zu begehren. In der Ehe kann die Treue zum Ehepartner eine Gewohnheit sein, ebenso wie die tiefere Liebe, über die wir bereits gesprochen haben. Da wir mit unserem Willen entscheiden, sind die Gewohnheiten unseres Willens wichtiger als die Gewohnheiten unserer Gefühle. Aus einer Gewohnheit der Emotionen kann ich spontan wütend werden, aber solange ich keine Wahl bezüglich des Ärgers getroffen habe, habe ich noch keine freiwillige Handlung vollzogen und bin nicht für den Ärger verantwortlich zu machen. Wenn ich dagegen aus einer Gewohnheit des Willens heraus meinem Ärger Luft mache oder bei meinem Ärger verweile, dann habe ich den Bereich der moralischen Schuld betreten.

Auch die Vernunft kann in ihrem Denken zu einer Gewohnheit werden. Da die Vernunft aber keine begehrende Kraft ist, führen ihre Gewohnheiten nicht so leicht zur Tätigkeit; sie verleihen die Fähigkeit, zu handeln, aber nicht unbedingt die Ausübung (I-II, 56, 3). Zum Beispiel kann man sagen, dass ein Mathematiker eine mathematische Gewohnheit hat, was bedeutet, dass er die Fähigkeit hat, über Mathematik nachzudenken. Ob er sich entscheidet, diese Fähigkeit zu nutzen, hängt von seinem Willen ab.

Unser Inneres verändern

Thomas spricht tatsächlich von zwei Möglichkeiten, wie wir unsere Emotionen kontrollieren können, entweder durch die Vernunft oder durch den Willen (I, 81, 3). Die Kontrolle der Vernunft modifiziert, wie wir gesehen haben, die Emotion selbst. Was ist aber mit der Kontrolle des Willens? Es stellt sich heraus, dass die Kontrolle des Willens nichts anderes ist als das, was wir Selbstbeherrschung genannt haben. Sie bedeutet, sich auf der Seite der Vernunft gegen die Emotionen zu entscheiden. Kurz gesagt, es handelt sich in der Tat um eine Kontrolle nicht unserer Emotionen, sondern unserer Handlungen. Zumindest, sagt Thomas von Aquin, müssen wir nicht aus unseren Emotionen heraus handeln. Die rationale

Kontrolle mag versagen; wir können die Emotion selbst vielleicht nicht erfolgreich modifizieren. Dennoch sind wir nicht unsere Gefühle. Wir müssen uns nicht unseren Leidenschaften hingeben. Wir können die Zügel der Kontrolle in der Hand behalten.

Auch diese Kontrolle des Willens, die die Emotion intakt lässt, kann uns helfen, unsere emotionalen Gewohnheiten zu ändern. Zumindest verhindert eine solche Kontrolle, dass sich unsere Emotionen verstärken. Jahrelang haben viele Psychologen empfohlen, dass wir unseren Emotionen nachgeben sollten, um sie abzukühlen. Wir sollten zum Beispiel unserem Ärger Luft machen, denn dann würden wir uns beruhigen. Dieser schlechte Ratschlag hat sich als unwirksam erwiesen. Kurzfristig befriedigt das Nachgeben tatsächlich die Emotion. Langfristig aber nährt es nur die Gewohnheit. Wir dürfen einem Vielfraß nicht raten, zu essen, damit er sein Verlangen beruhigen kann; obwohl es sofort befriedigt wird, wird das Verlangen nur noch verstärkt. Wir dürfen ein verwöhntes Kind nicht verwöhnen, damit sein Wutanfall nachlässt; seine Wut wird, nachdem sie triumphiert hat, zu einem späteren Zeitpunkt nur verdoppelt zurückkehren.

Die Kontrolle des Willens über die Emotionen nährt also zumindest die Emotionen nicht; sie verhindert, dass die emotionale Gewohnheit mit der Zeit zunimmt. Realistisch betrachtet wird die Gewohnheit dadurch wahrscheinlich etwas abgeschwächt. Die Gewohnheit, die nie gefüttert wird, wird anfangen dahinzusiechen und zu verkümmern. Letztlich hilft die Kontrolle des Willens, die eine Kontrolle unserer Handlungen ist, der Kontrolle der Vernunft, die die wahre Kontrolle über die Emotionen ist. Beides zusammen wird neue Gewohnheiten formen. Alte Begierden werden nachlassen; neue Begierden werden genährt werden. Durch Anstrengung können wir ändern, wer wir sind. Aus einer wütenden Verfassung heraus können wir ruhig werden; aus einer ängstlichen heraus können wir mutig werden. Unsere Emotionen sind nicht in Stein gemeißelt, sondern können durch unsere eigenen Anstrengungen geformt werden.

Antworten auf die Einwände

Betrachten wir also die Einwände gegen die Position des Aquinaten, die bereits angesprochen wurden. Wir können drei Einwände unterscheiden: (1) Wir sollten nicht für unsere Emotionen verantwortlich gemacht werden, denn sie sind außerhalb unserer Kontrolle; (2) jemand mit guten

Gefühlen hat nur Glück und ist deshalb nicht dafür zu beglückwünschen; (3) Thomas stellt ein unhaltbares Ideal auf, das uns nur zu einem aussichtslosen Kampf führt, während wir stattdessen lernen sollten, unsere Gefühle zu akzeptieren. Wir werden auf jeden Einwand der Reihe nach eingehen.

Erstens: Unsere Emotionen entziehen sich nicht völlig unserer Kontrolle. Sie sind keine bloßen Tatsachen, sondern können – in Grenzen – im gegenwärtigen Moment und auf lange Sicht durch die Entwicklung von Gewohnheiten kontrolliert werden. Unsere Emotionen entstehen oft spontan, unabhängig von unseren Entscheidungen, und solche unwillkürlichen Wünsche sind nicht tadelnswert. Wenn ich mit einem Ärgernis konfrontiert werde, reagiere ich vielleicht spontan mit Wut; dieser anfängliche Wutausbruch mag jenseits von Schuld sein, da er nicht freiwillig ist (obwohl er, wenn meine Angewohnheit, wütend zu sein, selbst meine Schuld ist – etwas, das ich bewusst entwickelt habe –, sogar teilweise schuldhaft sein kann). Es kommt darauf an, was ich mit dieser Wut mache. Gebe ich ihr nach? Nähre ich sie und vergrößere ich sie, auch wenn sie unvernünftig ist? Oder versuche ich, sie vernünftig zu lenken?

Zweitens kann in unseren emotionalen Dispositionen ein gewisses Maß an moralischem Glück liegen, ob gut oder schlecht. Zu einem großen Teil sind unsere emotionalen Dispositionen angeboren (I-II, 51, 1). Manche Menschen werden ängstlicher geboren, andere fröhlicher, andere wütender und so weiter. Zu dieser ursprünglichen Veranlagung kommt der Einfluss unserer Erziehung, die unsere Emotionen stark in die eine oder andere Richtung lenken kann. Wenn wir in einem Haushalt aufwachsen, in dem Missbrauch an der Tagesordnung ist, entwickeln wir wahrscheinlich ganz andere Dispositionen, als wenn wir in einer liebevollen Umgebung aufwachsen. Sofern diese emotionalen Dispositionen nicht freiwillig sind, haben wir keine Schuld an ihnen. Dennoch dürfen wir nicht vergessen, dass uns unsere Veranlagungen nicht gänzlich aufgezwungen werden. Die Wahl spielt eine Rolle, denn sobald eine Emotion auftaucht, entscheiden wir uns, auf die eine oder andere Weise darauf zu reagieren. Thomas von Aquin mag die Rolle des Willens bei der Bildung von Gewohnheiten eher betonen als wir, die wir uns des Einflusses von Natur und Umwelt stets bewusst sind; dennoch sollten wir die Stellung des Willens anerkennen.

Wenn wir schließlich sagen, dass wir nicht nur richtig wählen, sondern auch richtig begehren sollen, meinen wir damit, dass wir gute Gewohnheiten des Begehrens entwickeln sollen. Wir sprechen von einem Ideal, das wir anstreben sollen, nicht von einem Zustand, der bereits erreicht sein muss. Eine wahre Akzeptanz unserer Emotionen wird unsere gegenwärtigen schlechten Gewohnheiten anerkennen – unsere Kleinlichkeit, unsere Begierden, unseren Neid und so weiter –; sie wird aber auch versuchen, diese Gewohnheiten zu ändern. Eine wahre Akzeptanz wird anerkennen, dass diese Veranlagungen uns für eine lange Zeit begleiten werden, denn sie verschwinden im Allgemeinen nicht in einem Monat, in einem Jahr oder gar in zehn Jahren. Aber sie nehmen ab, und mit der Zeit werden sie durch neue Gewohnheiten ersetzt. Thomas belastet uns nicht mit einem unrealistischen Ideal. Er stellt uns ein Ideal vor Augen, das in der Tat herausfordernd ist; aber eine wahre Akzeptanz unserer Unvollkommenheit stellt sich der Herausforderung und schreitet voran.

Vernünftige Emotionen

Kant hat Recht. Wir sollen das Richtige tun. Aber wir sollen auch richtig begehren. Nicht nur der Wille, sondern auch die Emotionen sind Teil des moralischen Lebens, denn das Glück liegt in einem wohlgeordneten Leben. Wenn der Mensch sich dadurch auszeichnet, dass er die Wahrheit verstehen kann, einschließlich der Wahrheit von Gut und Böse, dann sollen die Emotionen selbst auf die Ebene der Vernunft gehoben werden. Solange unsere Emotionen mit unserem gesunden Urteilsvermögen, mit unseren tieferen Wünschen und unseren durchdachten Plänen in Konflikt geraten, wird es uns an Frieden und Harmonie mangeln; unser Fokus und unsere Energie werden vom letztendlichen Ziel unseres Lebens abgelenkt, und unser Glück wird getrübt sein. Natürlich wäre es töricht zu leugnen, dass ein Großteil des moralischen Lebens darin besteht, einfach voranzuschreiten und trotz unserer Gefühle das Richtige zu tun. Während wir wissen, was richtig ist, begehren wir oft, was falsch ist. Ein großer Teil des Kampfes besteht darin, zu erkennen, dass diese fehlgeleiteten Wünsche nicht unser wahres Selbst sind; sie sind lediglich vorübergehende Emotionen, nicht die solide Grundlage der Vernunft und des Willens. Kant hat Recht. Der Wille ist der wichtigste Teil des moralischen Lebens. Aber er ist nicht der einzige Teil. Indem wir uns immer wieder für das Richtige entscheiden, festigen wir nicht nur unseren Willensentschluss, sondern verändern auch allmählich unsere Emotionen, so dass sie beginnen, von der Vernunft geprägt zu werden.

7

Tugend und Emotionen

Jeder kann wütend werden – das ist einfach. Aber auf die richtige Person und mit dem richtigen Maß und zur richtigen Zeit und zum richtigen Zweck wütend sein, und in der richtige Weise – das liegt nicht in jedermanns Macht und ist nicht einfach.
Aristoteles

Wissen ist nicht Tun

Die Ethik wird manchmal dargestellt als eine Reihe komplizierter und schwieriger Entscheidungen, für die wir uns ausgefeilte mentale Techniken aneignen müssen. Wir werden gefragt: „Ist die Todesstrafe gerechtfertigt?" „Sollten wir Euthanasie legalisieren?" „Ist Abtreibung moralisch falsch?" „Sollten wir Pornographie zensieren?" Zu diesen und anderen brisanten Themen werden widersprüchliche Ansichten präsentiert. Außerdem werden wir gebeten, zu bestimmten Fällen Stellung zu nehmen. Soll Clare ihren Chef verpfeifen, der an einigen Stellen gespart und gegen Gesetze verstoßen hat, auch wenn sie dadurch wahrscheinlich ihren Job verlieren wird? Soll man Michael an seinem Kehlkopfkrebs sterben lassen, oder soll er eine tödliche Injektion verabreicht bekommen? Und so weiter. Am Ende bleibt der Eindruck, dass Ethik vor allem ein intellektuelles Unterfangen ist, bei dem man stundenlang geistige Gymnastik der anspruchsvollsten Art betreiben muss. Wenn wir nur das Durcheinander der widersprüchlichen Werte in Ordnung bringen können, dann haben wir unsere Ethik erledigt. Man gelangt zu einer Entscheidung und eine Wahl wird getroffen.

Ich möchte diese Fragen nicht verniedlichen, so als ob sie unbedeutend wären. Sie haben ihren Platz. Aber bestenfalls sind sie nur die Hälfte der Geschichte. Sie lassen einen Großteil des ethischen Lebens aus, denn wenn die Entscheidung gefällt wird, ist die Wahl noch nicht getroffen. Und sie wird auch nicht notwendigerweise getroffen werden. Nachdem Anna entschieden hat, dass sie kein Geld von ihrem Arbeitgeber veruntreuen darf, muss sie noch ihre Wahl treffen. Sie könnte sich sehr wohl dafür entscheiden, weiterzumachen und das Geld zu veruntreuen. Zu wissen, dass Unterschlagung falsch ist, ist nur die halbe Miete. Man muss noch wählen, was richtig ist. In der Tat ist das Wissen der einfache Teil; die Wahl ist die Herausforderung. Die meisten Veruntreuer berichten, dass sie wussten, dass sie etwas Falsches taten, aber sie haben es trotzdem getan.

Indem sie sich auf widersprüchliche Meinungen konzentriert, neigt die zeitgenössische Ethik dazu, die Rolle unserer affektiven Anteile, sowohl unseres Willens als auch unserer Emotionen, zu verschleiern. Sie scheint zu sagen, dass wir uns nur um das Sortieren von unterschiedlichen Werten kümmern müssen. Wir brauchen uns nicht, so heißt es, um die Wahl oder das Wollen zu kümmern; dies werde sich von selbst ergeben. Leider ergibt es sich aber nicht von selbst. Wenn ich beschlossen habe, dass ich die zwanzig Euro, die mir am Bankschalter zu viel ausgezahlt wurden, zurückgeben muss, gebe ich sie nicht automatisch zurück. Ich könnte sie durchaus einstecken, zumal ich sie gerne haben möchte. Herauszufinden, was ich tun soll, ist nicht das Schwierige. Es zu tun ist schwierig. Und das Tun folgt auf die Wahl, die von Emotionen beeinflusst wird. Die wahre Herausforderung des moralischen Lebens liegt also in unserem Verlangen, nicht in unseren Gedanken. Wir müssen nicht so sehr unsere mentale Gymnastik stärken, sondern vielmehr unsere Neigung zum Guten. Wir müssen die Gewohnheit entwickeln, das Gute zu wünschen und zu wählen.

Eine vollständige Geschichte der Ethik muss also eine Darstellung des guten Wünschens enthalten. Diese Darstellung findet sich in Thomas von Aquins Erörterung der Tugenden, denn wir begehren das Gute durch die Tugenden. Wir verwenden das Wort „Begehren" im weiten Sinne, so dass es die ganze Bandbreite unserer unterschiedlichen Handlungsimpulse umfasst. In diesem Sinne ist sogar der Zorn ein Begehren. Wie wir sehen werden, können wir die Emotion des Zorns für die richtige Sache, auf die richtige Weise und zur richtigen Zeit haben.

Wir haben alle gehört, dass Geduld eine Tugend ist, aber viele andere Tugenden sind nicht so bekannt, zum Beispiel Großzügigkeit, Mut, Mäßigung, Gerechtigkeit, Ehrlichkeit und Demut. Was meinen wir, wenn wir sagen, dass Geduld oder Großzügigkeit oder Ehrlichkeit eine Tugend ist? Sicherlich versuchen wir, etwas Gutes über Geduld zu sagen; wir empfehlen sie anderen. Eine Tugend muss also etwas Gutes sein, aber das gilt auch für Geld und Schönheit, und das sind keine Tugenden, denn weder Geld noch Schönheit sagen etwas darüber aus, wie sich ein Mensch verhält. Wenn jemand dagegen geduldig ist, dann wissen wir, dass er nicht reizbar ist. Ebenso klammert sich ein großzügiger Mensch nicht an seinen Besitz, sondern gibt ihn freiwillig her; ein ehrlicher Mensch spricht die Wahrheit; ein mutiger Mensch stellt sich den Gefahren; im Allgemeinen weisen alle Tugenden auf ein Verhalten hin, zu dem eine Person neigt, denn im Gegensatz zu Geld oder Schönheit ist die Tugend eine Charaktereigenschaft. Da sie eine gute Charaktereigenschaft ist, veranlasst sie einen Menschen zu guten Handlungen (I-II, 55). Das Gegenteil der Tugend ist das Laster, eine schlechte Charaktereigenschaft, wie Reizbarkeit, Habgier, Zügellosigkeit, Völlerei, Hochmut und Feigheit.

Mäßigung

Die Mäßigung ist ein guter Gegenstand, um mit dem Verständnis der Tugenden zu beginnen. Mäßigung oder Abstinenz ist eine Tugend, die das emotionale Verlangen nach körperlichen Freuden (und die Abneigung gegen körperliche Schmerzen) betrifft. Sie betrifft insbesondere die Vergnügungen von Sex und Essen, denn dies sind die beiden größten leiblichen Genüsse. Andere Genüsse, sagt Thomas von Aquin, stellen keine ausreichende Versuchung dar, um eine Tugend zu bilden (II-II, 141, 3 & 4). Ein Mensch mit Mäßigung kontrolliert seine Begierden nach Vergnügungen, anstatt sich von diesen Begierden beherrschen zu lassen. Er wird jene Vergnügungen begehren, die angemessen sind, und jene meiden, die unangemessen sind. Ein verheirateter Mann kann zum Beispiel sehr wohl sexuelle Beziehungen mit seiner Gemahlin begehren, aber er wird den Gedanken an sexuelle Beziehungen mit einer anderen Frau abstoßend finden. Ein maßvoller Mensch wird die Nahrungsmittel begehren, die die Vernunft empfiehlt, aber nicht die, die die Vernunft für unangemessen erklärt.

Was ist die Mäßigung außer Selbstbeherrschung? Sie erinnern sich, dass mein Freund mich mit Eiscreme in Versuchung geführt hat. Mit meiner Vernunft habe ich geurteilt, dass ich mich der Eiscreme enthalten sollte, aber mit meinen Gefühlen sehne ich mich danach, sie zu essen. Nehmen wir an, ich widerstehe am Ende der Versuchung und schlage meinem Freund eine alternative Freizeitgestaltung vor. Habe ich maßvoll gehandelt? Es scheint so. Ich habe mein Verlangen nach Vergnügen gebändigt und mich nicht von ihm überwältigen lassen. Wie Kant sagen würde, habe ich das Richtige getan; ich habe dem Sog der Neigung widerstanden und mich autonom entschieden, der Vernunft zu folgen. Thomas würde zustimmen, doch er würde hinzufügen, dass ich nicht die Tugend der Mäßigung besitze. Ich habe richtig gehandelt, aber ich habe noch nicht die Tugend erlangt (II-II, 155, 1).

Tugend und Selbstbeherrschung

Warum nicht? Woran fehlt es mir? Ich habe richtig gewählt, aber ich habe schlecht begehrt. Obwohl ich mich entschieden habe, das Eis nicht zu essen, wollte ich es trotzdem essen. Der gemäßigte Mensch würde nicht nur gut wählen, er würde auch gut begehren. Nicht nur sein Wille folgt der Vernunft, sondern auch seine Gefühle. Bei dem obigen Szenario würde Thomas sagen, dass ich selbstbeherrscht, aber nicht gemäßigt bin. Ich habe einen inneren Konflikt zwischen der Vernunft, die mir sagt, dass ich das Eis nicht essen soll, und den Emotionen, durch die ich das Eis essen will. Ich löse diesen Konflikt durch meine Wahl, und da ich mich auf die Seite der Vernunft und nicht auf die der Emotionen stelle, sagt man, ich sei selbstbeherrscht. Wenn ich mich auf die Seite der Emotionen stelle, dann habe ich die Kontrolle verloren, und man sagt, ich sei willensschwach oder jemand, der die Kontrolle verliert (II-II, 155; II-II, 156).

Wie unterscheidet sich ein maßvoller Mensch von einem selbstbeherrschten Menschen? Ihm fehlt sogar noch der innere Konflikt. Die Vernunft sagt, dass er das Eis nicht essen soll, und seine Gefühle folgen der

Vernunft. Seine Emotionen sind durch vergangene Entscheidungen so daran gewöhnt worden, dass sie sich bereitwillig dem Urteil der Vernunft unterwerfen (II-II, 155, 1). Wenn wir also sagen, dass der gemäßigte Mensch seine Begierden kontrolliert, dann meinen wir das wirklich. Er kontrolliert nicht nur seine Handlungen; er kontrolliert die Wünsche selbst. Er folgt der Vernunft nicht nur bei seinen Entscheidungen, sondern auch bei seinen Emotionen. Wie wir im letzten Kapitel gesehen haben, geschieht diese Art der Unterwerfung der Emotionen nicht über Nacht; sie entwickelt sich durch wiederholte Kontrolle der Emotionen. Ein Mensch ist zunächst selbstbeherrscht, und erst mit der Zeit wird er maßvoll.

Weil die selbstbeherrschte Person ihren Konflikt durch eine Wahl löst, liegt die Selbstbeherrschung im Willen (II-II, 155, 3). Sie ist eine Disposition des Willens, sich auf die Seite der Vernunft zu stellen, auch gegen das Drängen der Gefühle. Im Gegensatz dazu liegt die Mäßigung nicht nur im Willen. Sie impliziert eine Gewohnheit, der Vernunft zu folgen, die in den Gefühlen selbst liegt (I-II, 60, 2; I-II, 61, 2; I-II, 56, 4). Die Gefühle des Mäßigen sind eher geneigt, dem Urteil der Vernunft zu folgen, als den unabhängigen Regungen der Fantasie (II-II, 155, 3, ad 1).

Was ist besser: Selbstbeherrschung oder Mäßigung? Eine gängige Ansicht ist, dass Selbstbeherrschung besser sei als Mäßigung. Schließlich hat die selbstbeherrschte Person ihrer Versuchung widerstanden. Sie hat eine Schlacht geschlagen und gewonnen. Im Gegensatz dazu ist die maßvolle Person einfach ihren Wünschen gefolgt, die von Anfang an gut waren. Was soll daran ein Verdienst sein?

Eine ganze Menge! Das Verdienst besteht darin, diese Gewohnheit entwickelt zu haben, das Gute zu begehren. Der gemäßigte Mensch hat nicht nur Glück, so als ob seine Emotionen von Natur aus oder durch eine gottgegebene Gabe gut geordnet sind. Vielmehr ist er durch seine eigenen Entscheidungen mäßig geworden; seine Emotionen haben sich langsam in Einklang gebracht, so dass sie nun bereitwillig der Vernunft folgen. Selbst abgesehen von diesem Verdienst – selbst wenn Mäßigung ein Geschenk Gottes wäre (Thomas selbst mag ein solches Geschenk erhalten haben) –, würde Thomas darauf bestehen, dass Mäßigung besser ist als Selbstkontrolle (I-II, 24, 3). Der mäßige Mensch wendet keine Energie auf, um seinen irrigen Begierden zu widerstehen. Er zögert nicht; er wählt einfach das Gute, weil seine Veranlagung ihn dazu führt. Sein Zustand ist also der vollkommenere (I-II, 24, 3; II-II, 155, 4).

Sünde und Unvollkommenheit

Die meisten von uns haben diese Vollkommenheit nicht erreicht; daraus folgt nicht, dass wir immer sündigen, denn Unvollkommenheit ist nicht dasselbe wie Sünde. Wenn ein verheirateter Mann sich zu einer anderen Frau hingezogen fühlt, dann ist er nicht vollkommen, denn seine Gefühle stimmen nicht mit dem Urteil der Vernunft überein, das besagt, dass er nur seine Frau begehren soll. Trotzdem sündigt er nicht. Ein fehlgeleitetes Begehren ist nicht unbedingt eine freiwillige Sünde, denn wir geben gerne zu, dass unsere Gefühle spontan entstehen, unabhängig von unseren Entscheidungen. Dieser verheiratete Mann mag also noch nicht gesündigt haben. Das bloße Vorhandensein seines ungeordneten Verlangens macht noch keine Sünde aus. Es kommt darauf an, was er mit diesem Verlangen macht. Trödelt er damit, oder spielt er sogar damit, ermutigt er das Begehren, beginnt er zu fantasieren, oder versäumt er es zumindest, es zu kontrollieren? Widersteht er der Versuchung andererseits? Versucht er, an andere Dinge zu denken, und versucht er, sein Verlangen mit der Vernunft in Einklang zu bringen? Nur wenn er den ersten Ansatz wählt, sündigt er freiwillig (I-II, 24, 1; I-II, 74, 3). Der zweite Ansatz beinhaltet eine Unvollkommenheit, aber keine Sünde. In der Tat ist die Unvollkommenheit mit dem Guten vermischt: Die Unvollkommenheit ist in den Gefühlen, aber das Gute ist in der Willensstärke, die die Gefühle korrigiert.

Ein verheirateter Mann (oder eine verheiratete Frau) muss also nicht nur verstehen, dass er (oder sie) treu sein soll, sondern sich auch dafür entscheiden, treu zu sein. Er muss Selbstbeherrschung entwickeln, so dass er sich auf die Seite der Vernunft und nicht auf die Seite der Gefühle stellen kann. Besser noch, er muss die Tugend der Mäßigung entwickeln, so dass sogar seine Gefühle der Vernunft folgen. Dann wird er die Schlacht wirklich gewonnen haben. Die intellektuelle Entscheidung zu treffen, treu zu sein, ist der einfache Teil. Tatsächlich treu zu bleiben, ist der wahre Kampf des moralischen Lebens.

Was ist ein Laster?

Wir wollen hier auch den Zustand betrachten, der der Tugend entgegengesetzt ist, nämlich das Laster. Thomas von Aquin folgt Aristoteles, wenn er sagt, dass eine Tugend immer ein Mittleres zwischen zwei Lastern ist, denn wir können entweder durch ein zu starkes oder durch ein zu geringes Verlangen vom Guten abkommen (I-II, 64, 1). In Bezug auf die körperliche Lust ist es ein fast universelles menschliches Versagen, Vergnügungen zu sehr zu begehren. Wenn wir also an ein Laster denken, das der Mäßigung entgegensteht, denken wir an die Völlerei (zu großes Verlangen nach den Freuden der Nahrung) oder an die Lust (zu großes Verlangen nach den Freuden der Sexualität). Wir ignorieren das, was Thomas als Unempfindlichkeit bezeichnet (zu wenig Lust an den Genüssen haben), weil wir nicht viele Menschen in diesem Zustand kennen.

Doch bedenken Sie, dass ein verheirateter Mann auf zwei Arten an gemäßigtem Verlangen scheitern kann. Er kann eine andere Frau begehren, und dann begehrt er im Übermaß, oder er kann aus einer puritanischen Haltung heraus seine eigene Frau nicht genug begehren, und dann versagt er oder zeigt ein Fehlverhalten. Das Mittel der Tugend wird diese beiden Fehler korrigieren. Mäßigung bedeutet also nicht die Abwesenheit von Verlangen, sondern das Vorhandensein von angemessenem Verlangen. Mäßigung beflügelt das Verlangen und zügelt es zugleich.

So wie die Selbstbeherrschung ein Zustand auf dem halben Weg zur Tugend ist, so ist der Kontrollverlust ein Zustand auf dem halben Weg zum Laster (II-II, 156, 3). Die selbstbeherrschte Person und die Person, die die Kontrolle verliert, haben viel gemeinsam (II-II, 155, 3). Ihre Vernunft urteilt richtig über das, was zu tun ist; ihre Emotionen begehren dennoch das, was falsch ist. Beide haben also einen inneren Konflikt zwischen Vernunft und Begehren. Die beiden unterscheiden sich im Willen, in der Art und Weise, wie sie den Konflikt lösen. Während der selbstbeherrschte Mensch sich für die Seite der Vernunft entscheidet, entscheidet sich der willensschwache Mensch für die Seite der Gefühle.

Überraschenderweise haben auch die tugendhafte und die lasterhafte Person – womit ich eine Person meine, die Laster hat – viel gemeinsam. Das deutsche Wort „lasterhaft“ wurde entwertet, indem es sich vor allem auf jemanden bezieht, der grausam ist, aber ich verwende es in seiner ursprünglichen Bedeutung, als das Gegenteil von tugendhaft. So wie eine tugendhafte Person jemand mit Tugenden ist, so ist eine lasterhafte Person jemand mit Lastern. Auf jeden Fall haben die beiden viel gemeinsam. Denn im Gegensatz zu Selbstbeherrschung und Willensschwäche gibt es bei Tugend und Laster keinen inneren Konflikt zwischen Vernunft und Gefühlen. Bei der tugendhaften Person urteilt die Vernunft und die Emotionen folgen. Im lasterhaften Menschen begehren die Emotionen und die Vernunft folgt. Die Vernunft kapituliert gewohnheitsmäßig vor der Sehnsucht der Emotionen, denn der lasterhafte Mensch hat sich so sehr an seine bösen Begierden gewöhnt, dass er beginnt, das Böse als gut zu empfinden (II-II, 156, 3). Der willensschwache Mensch behält noch sein Urteilsvermögen; er wählt entgegen seinem Urteilsvermögen aus Schwäche und nicht aus Gewohnheit. Der Lasterhafte aber wählt aus Gewohnheit, so dass ihm seine bösen Wünsche jetzt gut erscheinen. Ihn kennzeichnet die schuldhafte Unwissenheit über das wahre Gute, die wir in Kapitel 4 besprochen haben. Er hat sein Urteilsvermögen aufgegeben, das ihm sagt, er solle das Gute verfolgen. Er mag wissen, was in Wirklichkeit gut ist, aber er will es nicht mehr verfolgen. Beide, Tugend und Laster, drücken also eine Einheit des Ziels aus. Darüber hinaus könnten sie jedoch nicht unterschiedlicher sein. Die Tugend stellt sich auf die Seite des wahren, von der Vernunft wahrgenommenen Guten, das Laster auf die Seite des falschen, von den Gefühlen gewünschten Guten.

Das Spektrum des Charakters

Wenn wir uns den moralischen Charakter als ein Kontinuum vorstellen, das vom Extrem des Bösen bis zum entgegengesetzten Extrem der Vollkommenheit reicht, dann finden wir innerhalb dieses Kontinuums eine vierfache Unterteilung.[1] Am Ende des extrem Bösen haben wir den

---

[1] Eine vollständige Auflistung mag mehr als diese vier umfassen, wie z. B. Bestialität oder starke Laster und reine Laster, aber diese vereinfachte Einteilung ist für unsere Zwecke ausreichend.

lasterhaften Menschen, bei dem die Vernunft und der Wille gewohnheitsmäßig den irrenden Begierden der Leidenschaften folgen. Als Nächstes haben wir den willensschwachen Menschen, der noch das richtige Urteil über Gut und Böse hat, aber dem Urteil oft nicht folgt, weil er sich auf die Seite seiner Begierden stellt. Als Nächstes haben wir den selbstbeherrschten Menschen, der irrige Begierden hat, ihnen aber widersteht. Schließlich haben wir den tugendhaften Menschen, der sowohl bei seinen Entscheidungen als auch bei seinen Wünschen der Vernunft folgt. Dieses Charakterspektrum ist jedoch ein Kontinuum, so dass wir nicht davon ausgehen dürfen, dass die Einteilungen sauber und präzise sind. Jemand kann mehr oder weniger willensschwach sein, mehr oder weniger bösartig und so weiter. In der Tat können wir nie wirklich sagen, dass jemand die Tugend erlangt hat. Tugend ist ein Ideal, das wir nach und nach erreichen. Wir können immer besser werden, indem wir unsere Neigung zum Guten weiter stärken.

Wir haben gesehen, wie diese vierfache Einteilung auf die Tugend der Mäßigung angewandt wird, aber sie könnte auch auf viele andere Tugenden zutreffen. Thomas zögert, die Begriffe „willensschwach" oder „selbstbeherrscht" auf Bereiche jenseits des Verlangens nach Vergnügen anzuwenden, aber die Ideen können übertragen werden (II-II, 155, 2, ad 1). In Bezug auf den Zorn kann jemand zum Beispiel in einem Zustand sein, der der Selbstbeherrschung ähnelt, indem er entgegen der Vernunft zornig wird, aber im Einklang mit der Vernunft wählt (II-II, 156, 4). In Bezug auf den Mut kann jemand „willensschwach" sein, denn wenn die Vernunft ihm sagt, er solle sich einer Gefahr stellen, dreht er sich um und läuft davon, überwältigt von seinem Gefühl der Angst.

Die meisten von uns befinden sich irgendwo in der Mittelzone. Wir sind weder besonders böse noch besonders gut. Wir sind willensschwach oder selbstbeherrscht, aber noch nicht lasterhaft oder tugendhaft. Dennoch dürfen wir uns mit diesem Zustand nicht abfinden. Das moralische Leben ist größtenteils ein Leben, in dem wir unsere Begierden in Ordnung bringen. Es ist ein lebenslanges Projekt, das nie ganz erreicht wird, aber ungemein lohnend ist. Soll eine verheiratete Frau zufrieden sein, weil sie keinen Ehebruch begeht, obwohl sie in Versuchung gerät, es zu tun? Nein.

Sie soll die schlechten Begierden selbst ausrotten. Sie soll sich täglich dafür entscheiden, ihre Begierden zu kontrollieren. Mit der Zeit wird die Kontrolle leichter und leichter werden, bis sie zur zweiten Natur wird. Die Veränderung wird nicht über Nacht erfolgen, und sie wird auch nicht durch Zurücklehnen und Abwarten kommen, aber wenn sie stattgefunden hat, wird die Frau ihren Mann auf edlere Weise lieben und eher das wählen, was richtig ist. Dann wird sie eine wahre Treue zu ihrem Mann haben, denn sie wird nicht einmal mehr in Erwägung ziehen, untreu zu sein. Sie wird wahren Seelenfrieden haben, weil sie ihre irrenden Begierden gestillt hat.

Einige andere Tugenden

Mäßigung ist nicht die einzige Tugend, die die Regulierung unseres Gefühlslebens betrifft. Unseren verschiedenen Emotionen entsprechen unterschiedliche Tugenden. Während Mäßigung das rechte Verlangen in Bezug auf körperliche Freuden ist, ist Mut das rechte Verlangen in Bezug auf Furcht und Wagemut. In ähnlicher Weise ist Geduld das rechte Verlangen in Bezug auf Mühsal, und Großzügigkeit ist das rechte Verlangen in Bezug auf Reichtum. Jedes bestimmte Gut, das die Gefühle begehren, wird nach Thomas von Aquin durch eine bestimmte Tugend geregelt (II-II, 114, 1). Wie wir sehen werden, betreffen noch andere Tugenden mehr die Vernunft und den Willen als die Emotionen, aber an dieser Stelle wollen wir einige Tugenden der Emotionen betrachten.

Der Mut oder die Tapferkeit beziehen sich auf Gefahren, insbesondere auf die Gefahr des Todes, sie beziehen sich auf die Emotionen der Kühnheit und der Angst (II-II, 124, 3 & 4). Ein mutiger Mensch trotzt der Gefahr zum Wohle der Allgemeinheit, aber er fürchtet auch die Gefahr, wenn es darum geht, sich ihr zu stellen (II-II, 125, 1). Ein Räuber, der der Gefahr trotzt, die sich daraus ergibt, dass er eine Bank ausrauben will, ist also nicht mutig. Er trotzt einer Gefahr, aber nicht um des wahren Gutes willen. Er stellt sich dem Tod oder dem Gefängnis, damit er die böse Handlung des Bankraubs ausführen kann (II-II, 125, 2, ad 2).

Der Mut ist das Mittlere zwischen seinen beiden entgegengesetzten Lastern, der Feigheit und der Tollkühnheit (II-II, 125, 2; II-II, 127, 2).[2] Wenn wir sagen, dass jemand nicht mutig ist, denken wir am ehesten an den Feigling, der sich vor etwas fürchtet, wovor er sich nicht fürchten sollte, und vor Gefahren davonläuft, denen er sich stellen sollte. Wir denken gewöhnlich nicht an einen tollkühnen Menschen, wenn er den Anschein von Mut erweckt. Ein tollkühner Mensch wagt auch dann, wenn er es nicht sollte. Die Redewendung „Ich fordere dich heraus ..." soll den Mut einer Person prüfen, aber häufiger prüft sie nur, wie töricht sie ist. Sich jeder Gefahr zu stellen, macht nicht mutig, sondern töricht, denn nicht jede Gefahr ist es wert, sich ihr zu stellen. Jeder Mensch soll sich daher selbst prüfen, ob er eher zur Furcht oder zur Unbesonnenheit neigt, und dann soll er beginnen, seine Gefühle in die entgegengesetzte Richtung zu lenken, damit er sich dadurch dem Mittelmaß der Tugend nähert. Natürlich scheitern die meisten von uns eher an der Feigheit als an der Tollkühnheit – daher könnte man die Feigheit als die „natürliche" Tendenz des Menschen bezeichnen.

Großzügigkeit ist die Tugend, die das emotionale Verlangen nach Reichtum betrifft, sei es in Form von Geld oder in Form von Besitz (II-II, 117, 3, besonders ad 3). Das gegenteilige Laster, das einem sofort in den Sinn kommt, ist die Habgier, denn ein Habgieriger klammert sich an seine Besitztümer, will sie nicht mit anderen teilen und strebt danach, immer mehr zu besitzen, so als ob diese Dinge ihn glücklich machen würden (II-II, 118, 3). Ein großzügiger Mensch hingegen wird nicht an seinen Besitztümern hängen, sondern sie bereitwillig loslassen, wenn das Bedürfnis entsteht (II-II, 117, 4). Er wird nicht nach mehr und mehr streben, sondern nur nach dem, was notwendig ist, um seinen Lebensstandard zu erhalten. Er wird nicht annehmen, dass Geld ihn glücklich macht, sondern er wird erkennen, dass Geld lediglich nützlich ist. Der Habgier gegenüber steht aber ein anderes Laster, nämlich eine Art Verschwendungssucht oder Unmäßigkeit im Umgang mit Geld (II-II, 119, 1). Ein verschwenderischer

[2] Thomas Aquin nennt genaugenommen drei Laster, die der Tapferkeit entgegengesetzt sind: nicht nur die Feigheit und die Tollkühnheit, sondern auch die Furchtlosigkeit (II-II, 126 &127). Die beiden letztgenannten sind offensichtlich eng miteinander verwandt, so dass ich sie zu einem einzigen Laster zusammengefasst habe.

Mensch geht so locker mit seinem Geld um, dass er es nicht festhalten kann. Infolgedessen kann er nie seine Rechnungen bezahlen und wird schließlich bankrott sein. Wie ein habgieriger Mensch strebt auch ein verschwenderischer Mensch nach mehr Besitz als nötig. Anders als ein gieriger Mensch klammert er sich nicht an diesen neu erworbenen Besitz, sondern geht verschwenderisch damit um. In der modernen Gesellschaft scheinen wir unter beiden Lastern schwer zu leiden. Die Eskalation der individuellen Verschuldung entsteht sowohl aus dem Wunsch, viele Dinge zu besitzen, als auch aus einem lockeren Umgang mit Geld, der jemanden daran hindert, seine Angelegenheiten angemessen zu regeln.

Welches dieser beiden Laster, Verschwendungssucht oder Habgier, ist das Übermaß des Verlangens, und welches der beiden ist der Mangel? Wir nehmen zumeist an, dass Habgier eine Art übermäßiges Verlangen nach Besitz ist. Und so ist es auch. Dennoch stellt Thomas sie auf die Seite des Mangels. Und warum? Weil die größte Herausforderung der Großzügigkeit darin besteht, unseren Besitz mit anderen zu teilen. Während Großzügigkeit auch den Wunsch bedeutet, Besitz zu erwerben, ist diese Tugend selbst durch den anspruchsvolleren Aspekt des Teilens unseres Besitzes definiert. Aus diesem Grund ist die Habgier ein Defekt. Als ein Verlangen, Besitz zu erwerben, ist sie exzessiv; als Verlangen, Besitz zu teilen, ist sie fehlerhaft. Verschwendungssucht hingegen ist ein exzessives Teilen.

Die Tugend der Geduld bezieht sich auf Schwierigkeiten, sie konzentriert sich also auf das Gefühl des Leids (II-II, 136, 1). Unser restriktiver Gebrauch des Wortes „Geduld", der den Begriff fast ausschließlich für die Härten des Wartens reserviert, ist ein Hinweis darauf, was wir für wichtig halten. Thomas hingegen verwendet „Geduld", um das richtige Aushalten jedes Leidens zu erfassen. Ein geduldiger Mensch zeichnet sich dadurch aus, dass er Nöte gut erträgt, denn er gibt nicht dem übermäßigen Kummer nach. Er stachelt sich selbst zur Hoffnung an, dass er sein Leiden überwinden kann. Neben dem übermäßigen Kummer, der seinen schlimmsten Ausdruck im Selbstmitleid findet, gibt es das gegenteilige Laster, eine Art Unempfindlichkeit gegenüber dem eigenen Unglück. Jemand, der nicht über den Tod eines geliebten Menschen trauert, ist nicht geduldig, denn er versagt angesichts der angemessenen Trauer.

Eng verwandt mit der Geduld ist die Regulierung des Ärgers, denn das Leid weicht oft dem Ärger. In der Tat nehmen wir einen ungeduldigen Menschen als jemanden wahr, der leicht zornig wird. Thomas von Aquin hingegen ordnet die Regulierung des Zorns der Tugend der Sanftmut zu (II-II, 157). Das deutsche Wort „Sanftmut" wird heute kaum noch verwendet, außer in Bezug auf die Glückseligkeiten, so dass das Wort „Geduld" für beide Tugenden passt, zumindest wenn der Ärger gering ist, was wir als Irritation bezeichnen würden. Der Zorn, den Thomas im Sinn hat, geht jedoch weit über die Gereiztheit hinaus und betrifft die Verhängung von Strafen; man könnte ihn nicht nur als Zorn, sondern als Rachsucht bezeichnen. Der Sanftmütige reguliert diesen Zorn so, dass er in seinen Strafen nicht übermäßig ist. Andererseits macht er auch nicht den Fehler, sich von großen Übeln aus der Ruhe bringen zu lassen, die er wiedergutmachen muss (II-II, 158, 2). Ein sanftmütiger Mensch wird nicht in die Luft gehen, wenn jemand ihn beim Autofahren schneidet, aber er wird vielleicht wütend, wenn sein Angestellter dabei erwischt wird, wie er seine Hand in die Kasse steckt. Angesichts der menschlichen Natur ist unser Zorn jedoch meist unangebracht. Wenn wir an der Tugend der Geduld arbeiten wollen, müssen wir wahrscheinlich unseren Zorn eher zügeln als ihn fördern. Dennoch zeigt unsere Gesellschaft eine tiefe Apathie gegenüber einigen bedeutenden Übeln, wie Abtreibung und Pornographie.

Demut ist eine der am meisten missverstandenen Tugenden.[3] Die Menschen nehmen an, dass ein demütiger Mensch sich immer selbst herabwürdige, auf seine eigenen Fehler hinweise und seine Verdienste herabsetze. Aber ein solches Verhalten entspringt eher einer falschen als einer wahren Demut – die wahre Demut setzt sich nicht selbst herab, sondern ist ehrlich zu sich selbst (II-II, 161, 1, ad 2). Ein demütiger Mensch wird zu

---

[3] Wieder einmal habe ich Thomas von Aquin vereinfacht. In Bezug auf das Erreichen von Vortrefflichkeit denkt Thomas, dass es zwei Bewegungen gibt, eine zu ihr hin (da sie eine gute Sache ist), die andere von ihr weg (da sie schwierig ist), und er hat eine Tugend, mit zwei entsprechenden Lastern, für jedes dieser Gefühle (II-II, 161, 1). Die Tugend, die unsere Bewegung weg von hohen Dingen regelt, ist die Großmut (II-II, 129), eine von Aristoteles übernommene Tugend, die für den modernen Verstand kaum den Anschein einer Tugend hat. Die Tugend, die unsere Bewegung hin zu hohen Dingen mäßigt, ist die Demut (II-II, 161), die ich hier für beide Tugenden verwendet habe. Der Gedanke dabei ist, dass wir nicht nur darauf achten müssen, unseren Stolz zu zügeln, sondern auch darauf, uns zu großen Dingen anzuspornen.

Recht dafür gelobt, dass er seine eigenen Fehler erkennt – etwas, worin die meisten von uns nicht sehr gut sind –, aber er erkennt auch seine Stärken (II-II, 132, 2, ad 1). Ein demütiger Mensch kennt sich selbst und seine Stellung in der Welt. Er versucht nicht, sich höher zu erheben, als er sollte, aber er senkt sich auch nicht tiefer, als er ist. Die meisten von uns haben jedoch kein Problem mit dem Letzteren; das Erstere stellt einen ständigen Kampf dar. Folglich ist der demütige Mensch für das bekannt, was ihm am meisten eigen ist, nämlich das Erkennen seiner eigenen Fehler und Grenzen.

Tugend	*Bezüglich welchen Gegenstandes*	*Bezüglich welcher Emotion*	*Laster der Unmäßigkeit*	*Laster des Mangels*
Maßhalten oder Abstinenz	Körperliche Vergnügen	Wünsche	Unmäßigkeit	ohne Namen
Mut	Gefahr	Tapferkeit und Furcht	Tollkühnheit	Feigheit
Großzügigkeit	Reichtum	Wunsch, zu geben oder zu teilen	Verschwendungssucht	Geiz
Geduld	Mühsale	Leiden	Selbstmitleid	ohne Namen
Geduld oder Sanftmut	selbstverschuldetes Unrecht	Wut	Wut oder Ungeduld	ohne Namen
Demut	Vorzüglichkeit oder Leistung	Hoffnung auf Vorzüglichkeit	Stolz	Kleinheit der Seele oder falsche Demut

Demut, sagt Thomas, ist eine Tugend, die unser Streben nach großen Dingen betrifft (II-II, 129, 1 & 2; II-II, 131, 2; II-II, 132, 2). Sie liegt in der Mitte zwischen dem, was uns zu hoch erhebt, und dem, was uns zu tief erniedrigt. Außerdem hält sich der demütige Mensch weder mit seinen guten Seiten noch mit seinen Schwächen auf. Er kennt seine Stärken, er kennt seine Schwächen, und so macht er weiter mit dem Leben, denn er denkt nicht ständig an sich selbst. Folglich nimmt er die Stärken anderer Menschen leicht wahr. Im Gegensatz dazu bringt eine falsche Demut eine äußere Show der Demut zum Ausdruck, während sich die Person innerlich nach Aufmerksamkeit und Anerkennung ihrer Verdienste sehnt. Sie erniedrigt sich selbst nur in der Hoffnung, dass andere ihr widersprechen und ihre Stärken loben (II-II, 161, 1, ad 2). Sie empfindet Reue für ihre

Fehler nur, weil sie sich einbildet, vollkommen zu sein. Außerdem ist eine solche Person nur mit sich selbst beschäftigt und erkennt selten das Gute in anderen Personen.

Diese bescheidene Auswahl an Tugenden hilft uns zu erkennen, dass das moralische Leben größtenteils darin besteht, unseren emotionalen Haushalt in Ordnung zu bringen, unsere Emotionen zu beherrschen und unsere Gefühle auszurichten und die ungeordneten Begierden aufzugeben. Diese Aufgabe ist nicht leicht, aber ihre Bewältigung ist mit Vorteilen versehen. Jeden Tag unseres Lebens sollten wir an ein oder zwei Tugenden arbeiten. Wir sollten erkennen, wann unsere irrigen Emotionen auftauchen, und wir sollten sie unter die Führung der Vernunft bringen. Mit Beharrlichkeit werden unsere Wünsche bereitwillig der Führung der Vernunft folgen.

Tugend und Wahrnehmung

Je mehr unsere Wünsche im Einklang mit dem wahren, von der Vernunft erfassten Guten stehen, desto sicherer und beständiger wird unsere Wahrnehmung des Guten sein. Als wir über Rationalisierungen sprachen, haben wir gesehen, wie irrige Wünsche unsere Sicht auf das wahrhaft Gute trüben können. Weil wir das Falsche begehren, versuchen wir das Böse so zu verkleiden, als wäre es gut. Aber wenn unsere Emotionen trainiert wurden und der Führung der Vernunft folgen, dann werden Rationalisierungen immer seltener, denn wenn wir das wahre Gut erkannt haben, werden wir es auch begehren. Unsere Emotionen werden sich nicht gegen die Vernunft stellen, sondern sie unterstützen.

Wir haben auch gesehen, dass die Emotionen unser Urteil darüber beeinflussen, was gut ist, denn die Vernunft nimmt die Befriedigung der Emotionen als eine Art von Gut wahr. Wenn ich über Bob verärgert bin, und zwar nur dann, wenn ich auf ihn wütend bin, scheint es gut zu sein, ihn anzuschreien. Unsere Emotionen in den Tugenden zu formen, ist also nicht nur wichtig, damit wir dem einmal gefällten Urteil der Vernunft folgen, sondern damit unser Verstand überhaupt erst richtig urteilt; denn gut geordnete emotionale Wünsche werden das Urteil der Vernunft verstärken, aber ungeordnete Wünsche, die sich dem Urteil der Vernunft widersetzen, werden zu einem gegenteiligen Urteil führen. Wenn mir die Bankangestellte zum Beispiel einen Zwanziger zu viel gibt, sagt meine Vernunft, dass ich das Geld zurückgeben muss, aber meine Emotionen können dieses Urteil auf eine von zwei Arten beeinflussen. Wenn ich großzügig bin und mein Wunsch nach materiellem Besitz dem Urteil der Vernunft folgt, dann werde ich nicht nur urteilen, dass ich den Zwanziger zurückgeben muss; ich werde auch den Wunsch haben, ihn zurückzugeben. Mein ursprüngliches Urteil wird durch meinen Wunsch gestärkt, denn die Rückgabe der zwanzig Dollar hat die zusätzliche gute Eigenschaft, meinen Wunsch zu befriedigen. Wenn ich aber gierig bin, dann werde ich entgegen der Vernunft die zu viel ausgezahlten zwanzig Dollar nehmen wollen. Dieses irrige Verlangen wird ein gegenteiliges Urteil erzeugen. Während ich urteile, dass die Rückgabe des Geldes gut ist, werde ich auch urteilen, dass die Befriedigung meines gierigen Verlangens gut sei, so dass es jetzt gut erscheint, das Geld zu nehmen.

Thomas von Aquin stimmt dem Diktum des Aristoteles zu, dass das, was gut erscheint, von der Veranlagung des Menschen abhängt (I-II, 9, 2). Einem jähzornigen Menschen erscheint es gut, seinem Ärger Luft zu machen; einem gierigen Menschen erscheint es gut, Reichtum anzuhäufen; einem lüsternen Menschen erscheint es gut, sich sexuell zu befriedigen. Daraus folgt, dass, wenn unsere Gefühle in Ordnung sind und wir das wahre Gut begehren, uns das, was wirklich gut ist, auch gut erscheinen wird; aber wenn unsere Gefühle ungeordnet sind und sich entgegen dem Urteil der Vernunft zu imaginären Gütern hinreißen lassen, dann kann uns das, was in Wirklichkeit unserem wahren Wohlbefinden abträglich ist, gut erscheinen. Für die verzerrte Sicht eines Alkoholikers erscheint das Trinken bis zum Rausch gut, obwohl es ihm nur körperlichen Schaden zufügt und ihn geistig weiter ruiniert. Sein Urteil folgt nicht der Wahrheit des Sachverhalts, sondern seiner Veranlagung, da er die Befriedigung seiner Begierden für das Wichtigste hält.

Je mehr unsere Emotionen in Unordnung geraten, desto mehr wird unser Urteil über das Gute verwirrt. Leider scheint die Verderbtheit der menschlichen Emotionen keine Grenzen zu kennen. Manche Serienmörder scheinen zum Beispiel sexuelles Vergnügen daran zu finden, Menschen zu töten. In Anlehnung an Aristoteles' Diktum können wir also sagen, dass solchen Menschen das Töten gut erscheint, insofern es ihre Gefühle befriedigt.

Sollen wir daraus schließen, dass das Glück für diese Menschen im Töten liegt? Oder müssen wir eher schlussfolgern, dass ihr Verlangen fehlgeleitet ist? Diese Menschen selbst werden sicherlich urteilen, dass sie ihr Glück im Töten finden, denn ihr Urteil folgt ihren Begierden. Sie erfassen zwar ein gewisses Maß an Wahrheit insofern, als Glück die Befriedigung unserer Wünsche beinhaltet. Aber letztlich ist ihr Urteil fehlerhaft, denn diese Menschen suchen Befriedigung in etwas, das das menschliche Herz nicht ausfüllen kann. Nicht nur, dass sie versuchen, die Emotionen auf Kosten des Willens zu befriedigen, der die Erfüllung unserer menschlichen Fähigkeiten sucht; auch die Emotion, die sie zu befriedigen suchen, wird nur zu Unzufriedenheit führen.

Reichtum kann das menschliche Herz nicht befriedigen, aber der gierige Mensch ist blind für diese Wahrheit. Sein Herz ist auf Reichtum eingestellt, und sein Urteil folgt seinem Wunsch. Er kann sich das Glück an keinem anderen Ort als im Reichtum vorstellen. Trotzdem befriedigt ihn der erlangte Reichtum nie, sondern scheint sein Verlangen nur zu verschlimmern. Warum? Weil er sich Reichtum als befriedigend vorstellen kann, aber die Realität, wenn sie ihn schließlich erreicht, nicht mit seiner Vorstellung übereinstimmt (I-II, 2, 1, ad 3). Also stellt er sich noch mehr Reichtum vor, in der Annahme, dass dieser ihn befriedigen werde, aber der weitere Reichtum, den er erwirbt, erweist sich als ebenso fruchtlos wie der erste, und so stellt er sich noch mehr Reichtum vor. Je mehr er hat, desto mehr muss er sein Ziel imaginären Reichtums aufblähen, von dem er annimmt, dass es Glück bringen werde. Wenn die Unzufriedenheit kommt, müsste er eigentlich zu dem Schluss kommen, dass er außer Reichtum noch ein anderes Gut braucht; stattdessen kommt er zu dem Schluss, dass er noch *mehr* Reichtum brauche. Er beraubt sich nicht nur des Genusses des Willens, der in geistigen Gütern Frieden findet, sondern es wird auch sein emotionales Verlangen nach Besitz für immer frustriert. Leider ist es so, dass, je mehr er sein fehlgeleitetes Gut verfolgt, sein Verlangen desto stärker darauf fixiert wird und es immer schwieriger wird, sich davon zu befreien; ja, je größer sein Verlangen wird, desto überzeugter ist er, dass nur Reichtum ihn befriedigen könne.

Sein Problem ist, dass er nicht dem Urteil der Vernunft folgt, die zu bestimmen sucht, was das menschliche Vermögen wirklich erfüllt. Er folgt dem Urteil der Vorstellungskraft, die die Kapazität für die wildesten Fantasien hat, weit entfernt von der Realität der Welt um uns herum. Menschliche Erfüllung findet sich nicht in dem, was wir uns zufällig als befriedigend vorstellen. Sie wird in wahrhaft menschlicher Aktivität gefunden, einschließlich wahrhaft menschlicher Wünsche, in Wünschen, die dem Urteil der Vernunft folgen.

Unsere fehlerhaften Urteile über Glück entstehen also nicht nur aus Fehlinformationen, sondern auch aus unseren verzerrten Wünschen. Wir versuchen, unsere Wünsche zu befriedigen, und wenn unsere Wünsche selbst fehlgeleitet sind, dann wird auch unser Urteil fehlgeleitet sein. Wir nehmen an, dass das Glück darin bestehe, das zu bekommen, was wir uns wünschen. In Wirklichkeit liegt das Glück darin, die Erfüllung unserer menschlichen Fähigkeiten zu begehren. Denn unsere Wünsche selbst sind formbar. Wenn wir Tugendhaftigkeit entwickeln, dann werden sogar unsere Emotionen durch das wahre Gute, das von der Vernunft entdeckt wird, befriedigt. Wenn wir aber dem Laster verfallen, dann würde uns das wahre Gut, selbst wenn wir es erreichen sollten, nicht befriedigen, denn unsere Begierden selbst sind entstellt.

„Was uns gut erscheint, hängt von unserer Veranlagung ab." Welche Lehre sollen wir aus diesem Spruch ziehen? Dass das Glück in dem zu finden ist, was wir zufälligerweise wünschen? Das ist die Lehre, die der lasterhafte Mensch zieht. Wir sollen vielmehr lernen, unsere Veranlagung dem wahren Guten anzupassen. Tugend ist nicht nur wichtig, damit wir richtig begehren, sondern auch, damit wir das Gute richtig wahrnehmen. Wenn wir unser Herz nicht sorgfältig hüten, dann verdammen wir uns selbst zum Streben nach imaginären Gütern, die nur flüchtige Befriedigung bieten.

Tugend und Gewohnheit

Es dürfte inzwischen klar sein, dass Tugenden Gewohnheiten, Habitus sind. Wir alle haben emotionale Veranlagungen verschiedener Art: Manche Menschen werden leicht wütend, andere sind leicht erregbar, wieder andere freuen sich schnell über ihre eigenen Leistungen. Wenn diese Veranlagungen etwas moralisch Gutes oder Böses betreffen, dann fallen sie in den Bereich der Tugend oder des Lasters, denn Tugenden sind gute Charaktereigenschaften und Laster sind schlechte Charaktereigenschaften. Da Charaktereigenschaften eine Disposition beinhalten, sich auf eine bestimmte Weise zu verhalten – kurz gesagt, sie beschreiben unsere Gewohnheiten –, ist eine Tugend ein Habitus, durch den wir gut handeln (I-II, 55). Die oben untersuchten Tugenden betreffen die Emotionen; sie sind Gewohnheiten des guten Willens. Mäßigung ist die Gewohnheit, durch die wir körperliche Vergnügungen gut begehren. Großzügigkeit ist der Habitus, mit dem wir materiellen Besitz gut begehren. Und so weiter.

In jedem Fall bezieht sich „gut begehren" auf die Vernunft, denn wir erkennen das wahre Gute und Böse in den Dingen durch die Vernunft. Gut zu begehren bedeutet, unsere Gefühle der Führung der Vernunft zu unterwerfen; schlecht zu begehren bedeutet, irgendeinem Eindruck der Fantasie zu folgen, ohne die von der Vernunft bereitgestellte Vision. Schlechtes Begehren bedeutet, wie ein Blinder zu werden, der seinen Führer ablehnt; da er die Lage des Landes nicht kennt, wird er in die Irre geführt. Die Emotionen sind von sich aus blind, denn sie erkennen nicht das wahre Gute und Böse in den Dingen. Ohne den Verstand, der sie leitet, werden sie nicht auf das wahre Gute stoßen. Warum sollten wir blind begehren, wenn wir mit Weitblick begehren können? Warum sollten wir uns von Impulsen leiten lassen, die kein Verständnis für das Gute haben, wenn wir einen Verstand haben, der das Gute wahrnehmen und uns zu ihm führen kann? Warum sollten wir das begehren, was uns gerade in den Sinn kommt, wenn wir doch das wirklich Gute begehren können? Die Vernunft aufzugeben ist Dummheit. Der Vernunft zu folgen, ist die Weisheit der Tugend.

Die Tugenden, die wir in diesem Kapitel betrachtet haben, betreffen allesamt die Emotionen, aber andere Tugenden betreffen die Vernunft und den Willen, die beide ihre eigenen Gewohnheiten haben können. Wir sollen in unseren Emotionen gut wünschen, aber es reicht nicht aus, unser Gefühlsleben in Ordnung zu bringen. Unser Wille muss in der Liebe gestärkt werden, und unsere Vernunft muss in ihrem Erfassen des wahren Guten gut disponiert sein. In den nächsten Kapiteln werden wir uns also den Tugenden des Willens und der Vernunft zuwenden.

8

Gerechtigkeit

Alle Menschen sind von Natur aus gleich,
alle von einem Schöpfer aus derselben Erde gemacht;
und wie sehr wir uns auch blenden lassen,
der arme Bauer ist Gott ebenso lieb wie der mächtige Fürst.
Platon

Utilitarismus

Die Antithese zur Tugend der Gerechtigkeit ist wohl in der modernen ethischen Theorie namens Utilitarismus verwirklicht, ebenso wie in ihren vielen Ablegern, die unter dem Namen Konsequentialismus laufen. Denn während die Tugend der Gerechtigkeit darauf abzielt, andere mit Gleichheit und Fairness zu behandeln, missachtet der Utilitarismus die Gleichheit um der Quantität willen. Der Utilitarismus wurde erstmals von dem Engländer Jeremy Bentham vertreten, der zwanzig Jahre jünger war als Kant. Er beschrieb ein hedonistisches Kalkül, eine Methode zur Auswahl zwischen alternativen Handlungen anhand ihrer Auswirkungen. Er sagte, dass wir, wann immer wir mit einer Entscheidung konfrontiert werden, die Auswirkungen aller unserer Optionen abwägen und dann diejenige Handlung wählen, die das größte Vergnügen bewirkt. Wenn ich z. B. zwischen einer Fernsehsendung und der Lektüre von Thomas von Aquin wählen muss, werde ich mich nach Abwägung der Auswirkungen für die Lektüre von Thomas von Aquin entscheiden, die mir das größere Vergnügen bereitet. Wenn dieses Kalkül auf Gesetze angewandt wird, die ein ganzes Volk betreffen, und nicht nur Entscheidungen über meine individuellen Handlungen, dann muss das Kalkül erweitert werden, um nicht nur mein Vergnügen, sondern das Vergnügen aller Beteiligten einzubeziehen.

Das Ergebnis, wenn es von späteren Denkern wie John Stuart Mill auf die Moraltheorie angewandt wird, ist der Utilitarismus, der besagt, dass wir die Handlung wählen müssen, die das größte Vergnügen für alle Beteiligten hervorbringt. Nehmen wir zum Beispiel an, ich muss mich entscheiden, ob ich Thomas lesen oder meine neunjährige Tochter zum Fußballtraining bringen soll. Während ich mehr Freude daran hätte, zu Hause zu bleiben, würde meine Tochter mehr Freude daran haben, zum Training zu gehen. Außerdem macht es mir auch Freude, meiner Tochter zuzusehen. Alles in allem sollte ich also meine Tochter mitnehmen, denn das wird das größere Glück erzeugen. Spätere Formen des Utilitarismus haben viele Anpassungen erfahren, vor allem eine Abkehr vom Vergnügen als dem einzigen guten Effekt, der hervorgebracht werden soll. Wissen, Freundschaft, Gesundheit und andere gute Effekte wurden als Objekte des Strebens empfohlen. Alle diese utilitaristischen Ansichten haben jedoch die Vorstellung gemeinsam, dass wir so handeln sollten, dass wir die größte Anzahl von Gütern (wie diese auch immer definiert werden) für die größte Anzahl von Menschen produzieren.

Die Ungerechtigkeit des Utilitarismus

Wir müssen anerkennen, dass am Utilitarismus etwas Wahres ist. Immerhin wählen wir Handlungen oft nach ihren Auswirkungen und loben einige Gesetze, weil sie vielen Menschen großes Wohl bringen, während wir andere verurteilen, weil sie langfristigen Schaden verursachen. Die Auswirkungen von Handlungen haben sicherlich eine moralische Bedeutung (I-II, 20, 5). Die Wahrheit des Utilitarismus ist jedoch begrenzt, denn er ignoriert einige wichtige Merkmale unserer moralischen Urteile. Insbesondere braucht man nicht lange, um zu sehen, wie der Utilitarismus oft mit der Gerechtigkeit kollidiert. Nehmen wir zum Beispiel gefährliche medizinische Experimente, bei denen die Gerechtigkeit verlangt, dass wir jemanden nur mit seiner Zustimmung einer Gefahr aussetzen, normalerweise weil er selbst von dem Experiment profitiert. Eine Krebspatientin könnte zum Beispiel in eine experimentelle Form der Chemotherapie einwilligen, weil sie alle anderen Möglichkeiten ausprobiert hat. Obwohl das experimentelle Medikament seine bekannten und unbekannten Gefahren hat, ist sie bereit, dies für die Möglichkeit einer Heilung zu riskieren. Aber was wäre, wenn ein Arzt ihr das Medikament ohne ihre Zustimmung verabreichen würde? Wäre das gerecht? Schlimmer noch: Angenommen, ein

Arzt führte heimlich ein gefährliches Experiment durch, das keinen potenziellen Nutzen für die Versuchspersonen böte. Dann hätte er eindeutig die Grenzen der Gerechtigkeit überschritten. Genau solche Experimente sind erschreckend häufig vorgekommen. Die Nazi-Experimente an den Juden sind hierfür ein berüchtigtes Beispiel. Weniger bekannt sind andere Fälle, wie z. B. die Strahlungsexperimente des US-Militärs, bei denen Personen hohen Strahlendosen ausgesetzt wurden, um die Strahlungsmenge zu bestimmen, die jemanden kampfunfähig macht. Die Personen selbst hatten selten einen Nutzen davon, und ihre Einwilligung war fragwürdig, da sie oft nicht über mögliche Risiken wie Krebs aufgeklärt wurden; sie gehörten oft Minderheiten an, waren beispielsweise Afroamerikaner, oder galten als gesellschaftlich unbrauchbar, so im Falle geistig Behinderter oder Gefangener.

Aber was würde ein Utilitarist zu solchen Experimenten sagen? Zweifellos verursachen sie Leiden für die Patienten, aber sie bringen auch großen Nutzen für die Gesellschaft als Ganzes. Wir haben viel aus den Nazi-Experimenten gelernt, ebenso wie aus den Strahlenexperimenten. Es wäre plausibel, zu argumentieren, dass, während ein paar gelitten haben, viele weitere davon profitiert haben. Wenn in diesen Fällen der Nutzen vielleicht nicht den Schaden überwogen hat, wäre es einfach, sich weitere kontrollierte Experimente vorzustellen, in denen dies der Fall wäre. Auf den ersten Blick kommt der Utilitarismus also zu dem Schluss, dass wir schädliche, nicht nutzenbringende Experimente an Patienten durchführen können, sogar ohne deren Zustimmung, solange die Experimente mehr Glück für andere bringen.

Der Utilitarismus hat sich als schlüpfrig wie ein Aal erwiesen, da es fast unmöglich ist, ihn auf eine eindeutige Schlussfolgerung festzulegen. In der Tat scheint er eine Anschauungsweise zur Verfügung zu stellen, die zu jeder beliebigen Schlussfolgerung führen kann, wenn man nur kreativ genug ist. Utilitaristen haben daher versucht, der Schlussfolgerung, dass wir schädliche Experimente zum Nutzen anderer durchführen können, zu entgehen, indem sie solche Faktoren wie langfristige Folgen der Politik anführten, die durch Angst und Misstrauen der Patienten schädliche Auswirkungen haben könnten. Wie dem auch sei, die eindeutige Empfehlung des Utilitarismus lautet, die Experimente durchzuführen, und einige Utilitaristen waren ehrlich genug, in den sauren Apfel zu beißen und dies zuzugeben. Wie sehr sich der Utilitarismus auch dreht und wendet, er kann der Schlussfolgerung nicht entgehen, dass aus seiner Perspektive schädliche Experimente gerechtfertigt sind, wenn sie ein höheres Gut für andere hervorbringen. Alle ihre Verdrehungen sollen nur die Schlussfolgerung vermeiden, dass dieses spezielle Experiment größeres Glück erzeugt hat oder dass solche Experimente normalerweise größeres Glück erzeugen. Angesichts ihrer Prinzipien können die Utilitaristen nicht behaupten, dass die Misshandlung von Patienten auf diese Weise inhärent falsch ist.

Andere Beispiele für den Konflikt zwischen Utilitarismus und Gerechtigkeit sind leicht zu finden. Es wurde behauptet, dass der Utilitarismus die Hinrichtung eines Unschuldigen dulden würde, wenn man dadurch das Leben vieler anderer Menschen retten könnte. Außerdem könne die Gesellschaft durchaus von einer begrenzten Sklaverei profitieren, bei der die Sklaverei für die Wenigen ein größeres Glück für die Vielen erzeuge. Einige haben argumentiert, dass unsere Körperteile ein Spielball für potenzielle Transplantationen sein könnten – sogar gegen unseren Willen und während wir noch leben. Denn wenn wir einen Menschen sezieren und sein Herz, seine Lunge, seine Leber, seine Nieren und andere lebenswichtige Organe entnehmen könnten, könnten wir vielleicht das Leben von fünf oder zehn anderen Menschen retten. Kein schlechter Tausch, wenn man es utilitaristisch betrachtet: ein Leben für fünf; das größere Glück ist gesichert.

Aber die Tugend der Gerechtigkeit wird diese Praktiken verurteilen. Wir dürfen niemals eine unschuldige Person böswillig täuschen, und wir dürfen nicht eine unschuldige Person töten, selbst wenn wir dadurch viele andere retten. Die Art der Sklaverei, in der ein Sklave zu einer Sache ohne eigene Rechte wird, ist offensichtlich ungerecht. Schließlich geht es bei der Gerechtigkeit nicht darum, Gutes zu produzieren, sondern darum, gerecht zu handeln. Es geht um gute Handlungen, nicht um Ergebnisse; es geht um die einzelne Person, nicht um die Menge.

Gleichheit

Das zentrale Merkmal der Gerechtigkeit ist die Gleichheit (II-II, 57, 1 & 2; 58, 2 & 10); sie behandelt jedes Individuum als gleich innerhalb der Gemeinschaft. Wir haben gesehen, dass der Utilitarismus ein Individuum durchaus als bloßes Werkzeug zur Förderung des Glücks der anderen behandelt. Das Individuum wird so behandelt, als sei seine Existenz ein bloßer Nutzen; das Individuum existiert nicht zu seinem eigenen Wohl, sondern als Instrument zur Förderung eines übergeordneten Gutes. Das Subjekt eines Experiments zum Beispiel wird benutzt, um das Gut eines brauchbaren Wissens zu erlangen. Im Gegensatz dazu behandelt die Gerechtigkeit kein Individuum als bloßes Instrument für das Wohl eines anderen; kein Individuum existiert nur um anderer willen. Jeder Mensch ist dem anderen gleichwertig.

Das bedeutet natürlich nicht, dass alle Menschen gleich begabt wären. Die allgemeine Erfahrung bestätigt, dass manche Menschen intelligenter sind als andere, manche Menschen sind stärker, manche können besser mit anderen in Beziehung treten und so weiter. Wir alle haben unsere natürlichen Gaben und Fähigkeiten, und diese Gaben sind nicht bei allen Menschen gleichermaßen vorhanden. „Gleich" muss also etwas anderes bedeuten. Was auch immer unsere angeborenen Fähigkeiten sein mögen, wir sind alle gleichermaßen menschlich und wir sind alle gleichermaßen Mitglieder der gesamten Gemeinschaft. Eine andere Person als gleich zu behandeln, bedeutet nicht, dass sie die gleichen Fähigkeiten hat wie wir; es bedeutet, dass sie nicht für uns existiert (I, 96, 4; I-II, 104, 1 ad 4). Wir dürfen nicht so weit über dem anderen stehen, dass sein Wohl nur ein Instrument für unser eigenes Wohl ist. Vielmehr stehen wir alle auf der gleichen Ebene. Niemandes Wohl ist ein Ziel, für das andere zu Instrumenten werden. Gerechtigkeit und Utilitarismus sind also polare Gegensätze.

Thomas unterscheidet zwischen zwei Arten von Gleichheit, der arithmetischen und der proportionalen Gleichheit, die mit zwei Arten von Gerechtigkeit korrespondieren, der kommutativen und der distributiven Gerechtigkeit (II-II, 61, 1 & 2). Die arithmetische Gleichheit, die durch eine einfache Gleichung wie 2 + 3 = 5 veranschaulicht wird, wird durch einen einfachen Warentausch illustriert. Wenn ich mein Auto gegen ein neues tausche, dann muss ich eine zusätzliche Summe zahlen, um die Differenz auszugleichen, denn mein altes Auto entspricht nicht dem Wert des neuen. Wenn der Tausch arithmetisch gleich sein soll, dann muss ich neben meinem Gebrauchtwagen noch etwas anderes drauflegen, nämlich Bargeld.

Dieses Konzept des gleichberechtigten Austauschs versteht so gut wie jeder, von Kindern, die Sammelkarten tauschen, bis hin zu Geschäftsleuten, die Aktien tauschen. Es ist ein fundamentales Rückgrat des menschlichen Miteinanders. Wir wollen einen fairen Preis für die Gegenstände, die wir kaufen, einen fairen Lohn für die Arbeit, die wir leisten, und ein faires Entgelt für das Haus, das wir verkaufen. Wir sind misstrauisch gegenüber Betrügern, die versuchen, uns um unser Geld zu bringen, und gegenüber Gebrauchtwagenverkäufern, die zu viel verlangen. Wir wissen instinktiv, dass der Austausch zwischen Menschen gleich sein sollte – zumindest im Prinzip gleich. Und warum? Weil die Gerechtigkeit es verlangt. Weil wir alle gleich sind und kein Ungleichgewicht dadurch entstehen soll, dass eine Person eine andere ungerechtfertigt beraubt. Natürlich gibt es bereits monetäre Ungleichgewichte – einige Menschen sind reich und andere sind arm. Das ist nicht das, was mit Gleichheit gemeint ist, die nicht gegen ein monetäres Ungleichgewicht schützt, sondern gegen ein Ungleichgewicht des Austauschs, ein Ungleichgewicht der Behandlung einer anderen Person als bloßes Mittel zur Anhäufung von Reichtum. Ungerechtigkeit findet sich in unseren Handlungen, nicht in irgendeinem Nettoergebnis, wie der Utilitarismus es gerne hätte.

Betrachten Sie zwei Möglichkeiten, wie jemand in eine mittellose Lage geraten kann. In einem Fall wird er von gewieften Geschäftsleuten um sein Hab und Gut betrogen. In einem anderen Fall verliert er seinen gesamten Besitz durch einen Tornado, der durch die Stadt fegt. Beides führt zum gleichen Ergebnis, aber nur der erste Fall beinhaltet eine Ungerechtigkeit. Sicherlich ist die Armut, die sich durch den Tornado ergibt, ein Unglück – etwas, das wir mit Nächstenliebe beheben wollen –, aber sie ist nicht ungerecht. Ungerechtigkeit beinhaltet den Austausch zwischen Individuen. Sie beinhaltet, dass wir andere – durch unsere Handlungen – als Ungleiche behandeln, als Untergebene, die zu unserem eigenen Vorteil existieren. Im Gegensatz dazu befasst sich der Utilitarismus mit dem Nettoergebnis, und selbst dann geht es nicht um gleiche Ergebnisse, sondern nur um die Akkumulation von Ergebnissen.

Ausgehend von dem zentralen Fall des Austauschs von Besitztümern erstreckt sich die kommutative Gerechtigkeit auch auf andere Tauschhandlungen oder Interaktionen zwischen Individuen. Mord ist ungerecht, weil es sich dabei um eine ungleiche Interaktion handelt, bei der eine Person alles verliert und die andere nichts. Es wird kein Besitz getauscht, aber das Gut des Lebens geht durch einen „Austausch" oder eine Interaktion verloren. In ähnlicher Weise verlangt der „Austausch", bei dem wir über eine andere Person sprechen, dass wir dem Ruf der Person keinen Schaden zufügen. In einem erweiterten Sinn ist Dankbarkeit so etwas wie Gerechtigkeit; wir geben dem anderen zurück, was er uns gegeben hat.

Die zweite Art der Gleichheit ist die Proportionalität, die sich nicht im Austausch zwischen Individuen findet – die Gleichheit der kommutativen Gerechtigkeit –, sondern in einer Gruppe, die Belohnungen und Bestrafungen an ihre Mitglieder verteilt – die Gleichheit der Verteilungsgerechtigkeit. Ein Unternehmen beispielsweise, das Gehaltserhöhungen vergibt, behandelt alle Mitarbeiter als Gleiche, aber nicht, indem es ihnen rechnerisch identische Gehälter auszahlt. Vielmehr werden die Gehaltserhöhungen im Verhältnis zum Verdienst der jeweiligen Person gewährt; wer mehr geleistet hat, erhält mehr, wer weniger geleistet hat, erhält weniger. Die resultierende Gleichheit ist proportional, wie die Gleichung 2/3 = 4/6.

$$\frac{\text{Gehaltserhöhung von Mitarbeiter A}}{\text{bisherige Beiträge von Mitarbeiter A}} = \frac{\text{Erhöhung von Mitarbeiter B}}{\text{frühere Beiträge von Mitarbeiter B}}$$

Obwohl sich die zahlenmäßigen Erhöhungen voneinander unterscheiden können, wird das Verhältnis der Erhöhung zum Verdienst immer gleich sein. Jede Person bekommt, was sie verdient. Thomas von Aquin stellt fest, dass das, was als Verdienst zählt, von Gruppe zu Gruppe unterschiedlich sein kann, je nachdem, was als wichtig erachtet wird (II-II, 61, 2). Ebenso sollen Strafen auch im Verhältnis zu dem, was der Einzelne verdient, vergeben werden. Derjenige, der ein größeres Unrecht begeht, soll eine größere Strafe erhalten.

Wie wir gesehen haben, dass die arithmetische Gleichheit der kommutativen Gerechtigkeit grundlegend für das menschliche Miteinander ist, so erkennen wir auch, dass jeder die Gerechtigkeit der proportionalen Verteilung anerkennt. Kinder beschweren sich, wenn sie für ein gleiches Vergehen mehr bestraft werden als ihre Geschwister; Arbeiter beschweren sich, wenn ein inkompetenter Kollege in hohe Positionen befördert wird; und eine Studentin beschwert sich, wenn ihre Arbeit eine Zwei bekommt, obwohl sie genauso gut war wie die Arbeit eines anderen, der eine Eins erhielt. Wir alle wissen, dass wir bekommen sollten, was wir verdienen; leider sind wir am besten darin, unsere eigene Belohnung und die Strafe anderer Leute zu suchen.

Das Gemeinwohl

Gleichheit ist also die Essenz der Gerechtigkeit – nicht die Gleichheit der Endresultate, sondern die Gleichheit der Behandlung. Jeder Mensch muss als Gleicher behandelt werden, als jemand, der nicht dem Wohl der anderen untergeordnet ist. Wir dürfen jedoch nicht annehmen, dass sich das Wesen der Gerechtigkeit im Individualismus fände, dass der Utilitarismus sich auf die Gemeinschaft konzentriere, während die Gerechtigkeit sich auf das Individuum konzentriere. Die Trennung dieser beiden ist eine falsche Dichotomie, denn die Gerechtigkeit befasst sich mit dem einzelnen Menschen, insofern er Mitglied einer Gemeinschaft ist. Gerechtigkeit allein für ein isoliertes Individuum ergibt keinen Sinn, denn jeder Mensch gehört zumindest zur Gemeinschaft der menschlichen Gattung.

In der Tat hat das Wohl der ganzen Gemeinschaft Vorrang vor dem Wohl des Einzelnen innerhalb der Gemeinschaft (II-II, 64, 2; II-II, 58, 5). Das Endergebnis, so könnte man vermuten, werde dem Utilitarismus sehr ähnlich sein. Denn wenn die Gemeinschaft wichtiger ist als das Individuum, dann scheint es so, als ob sowohl Thomas als auch der Utilitarismus es rechtfertigen würden, einem Individuum Schaden zuzufügen, um der ganzen Gemeinschaft zu nützen. Aber das ist nicht der Fall. Zumindest nicht, solange das Individuum unschuldig ist. Thomas kann diese Schlussfolgerung vermeiden, weil er eine andere Vorstellung von einer Gemeinschaft hat als der Utilitarismus. Die utilitaristische Gemeinschaft ist einfach ein Aggregat, in dem jedes Mitglied als eine bestimmte Größe zum Ganzen gehört, als Träger einer bestimmten Menge von Glück. Im Gegensatz dazu beruht die Tugend der Gerechtigkeit auf einer geordneten Gemeinschaft, in der jedes Mitglied dem Ganzen insofern angehört, als es in die Ordnung des Ganzen passt. Der Unterschied wird durch den Vergleich eines Haufens von Dingen mit einer Maschine deutlich. Sowohl ein Haufen als auch eine Maschine sind Ganzheiten, die aus vielen Teilen bestehen. Aber die Teile eines Haufens tragen lediglich zur Menge bei, so wie jeder einzelne Stein lediglich mehr Masse zu einem Steinhaufen hinzufügt. Im Gegensatz dazu müssen die Teile einer Maschine wohlgeordnet zueinander sein. Quantität allein ist nicht ausreichend. Jedes Teil hat eine bestimmte Rolle oder Funktion innerhalb des Ganzen zu spielen. Wenn jemand einen Steinhaufen herstellt, könnte er sehr wohl sagen: je mehr, desto besser, so wie der Utilitarist sagt, je mehr Glück, desto besser. Aber wenn jemand ein Auto baut, dann wird er nicht sagen: „Je mehr Räder, desto besser" oder „Mehr Zündkerzen sind immer besser." Nein, eine Maschine ist nicht besser, weil sie mehr Teile hat. Vielmehr sind die Teile nur insofern gut, als sie zur Gesamtfunktion der Maschine beitragen.

Eine menschliche Gemeinschaft hat vier Arten von Beziehungen, von denen die letzten drei zu drei verschiedenen Arten von Gerechtigkeit führen. Erstens ist die gesamte Gemeinschaft auf ein Gut jenseits ihrer selbst ausgerichtet, so wie eine medizinische Gemeinschaft, z. B. ein Krankenhaus, auf Heilung ausgerichtet ist. Zweitens muss jedes Mitglied auf die ganze Gemeinschaft bezogen sein, so wie die medizinischen Fachkräfte und die anderen Mitarbeiter eines Krankenhauses alle zum Funktionieren des Krankenhauses beitragen müssen. Drittens muss die ganze Gemeinschaft in Beziehung zu jedem Einzelnen stehen, auch wenn das Krankenhaus seine Mitarbeiter bezahlen muss. Schließlich muss sich jedes Gemeinschaftsglied auf andere Glieder beziehen, so wie sich ein Arzt auf einen anderen bezieht, oder ein Arzt auf eine Krankenschwester angewiesen ist. Die letzten drei Arten der Ordnung führen zur legalen oder rechtlichen Gerechtigkeit, zur Verteilungsgerechtigkeit bzw. zur kommutativen Gerechtigkeit (II-II, 58, 5; II-II, 61, 1).

Wir haben bereits über kommutative Gerechtigkeit und Verteilungsgerechtigkeit gesprochen. Jetzt können wir verstehen, wie diese nicht nur für den Einzelnen, sondern auch für die Gemeinschaft gelten. In einer wohlgeordneten menschlichen Gemeinschaft werden die Mitglieder als Gleiche behandelt. In dem Maße, in dem die richtigen Beziehungen zwischen den Individuen bestehen, wird die gesamte Gemeinschaft auf das höchste Ziel ausgerichtet sein. Anders ausgedrückt: In einer gut funktionierenden menschlichen Gemeinschaft werden die Individuen nicht als bloße Quantitäten behandelt, sondern als Personen, die auf das Gute ausgerichtet sind. Denn das Gemeinwohl liegt am ehesten in der individuellen Person (II-II, 64, 6).

Thomas sagt nicht allzu viel über die dritte Art von Gerechtigkeit, die gesetzliche oder politische Gerechtigkeit, die Gerechtigkeit, die der Beziehung des Einzelnen zur ganzen Gemeinschaft entspricht. Ihr Name leitet sich von der Funktion des Gesetzes ab, die darin besteht, unser Handeln auf das Gemeinwohl auszurichten (II-II, 58, 5), aber vielleicht sollte man sie besser politische Gerechtigkeit nennen, um die Vorstellung zu vermeiden, dass es bei dieser Art von Gerechtigkeit nur darum gehe, menschliche Gesetze zu befolgen. Nach Thomas ist die politische Gerechtigkeit eine übergreifende Tugend, die alle anderen Tugenden leitet. Alles, was wir tun, muss auf das Gemeinwohl ausgerichtet sein, denn wir sind wie Teile eines Ganzen, dessen Wohl sich aus seiner Ordnung zum Ganzen ergibt. Daraus folgt, dass alle unsere Handlungen von der politischen Gerechtigkeit gelenkt werden müssen, die unmittelbar das Gemeinwohl betrifft. Die politische Gerechtigkeit wird also alle anderen Tugenden leiten (II-II, 58, 6). Die Tugend der Großzügigkeit z. B. wird letztlich im Sinne des Gemeinwohls geregelt, denn ich bin mit meinem Geld nur insofern großzügig, als ich es zum Wohle des Ganzen verwende. Die politische Gerechtigkeit lenkt die Großzügigkeit, ersetzt sie aber nicht, denn meine Gefühle müssen dem Besitz gegenüber gut disponiert sein.

Politische Gerechtigkeit hat einen besonderen Aspekt, der dem modernen Verstand vielleicht ungewöhnlich vorkommt. Die Gerechtigkeit richtet uns nicht nur auf andere Menschen, sondern auf Gott aus. Gott ist nicht einer unter Gleichen; er ist eher wie die Gemeinschaft, zu der wir gehören, denn alles, was wir tun, und unser ganzes Sein muss auf ihn gerichtet sein. Unser Gut ist nur insofern wirklich gut, als es eine Teilhabe am göttlichen Gut ist. Hier denkt Thomas von Aquin, dass eine Art von natürlicher Religion Teil der Gerechtigkeit ist. Diese Beobachtung überschreitet nicht die Grenzen zur Theologie, die wir von Beginn dieses Buches an zu vermeiden versuchten. Thomas von Aquin behauptet nicht, dass er eine Verpflichtung gegenüber Gott durch die göttliche Offenbarung erkenne; er besteht darauf, dass sich diese Verpflichtung allein durch das Licht der natürlichen Vernunft erkennen lässt.

Gerechtigkeit und das gute Leben

Die Tugend der Gerechtigkeit in all ihren Formen scheint eine Wahrheit am deutlichsten hervorzuheben, die dennoch in unserer Gesellschaft in Gefahr ist, verloren zu gehen, nämlich dass das menschliche Gut nicht isoliert, sondern nur in Verbindung mit anderen bestehen kann. Die schlimmste Art von kalkuliertem Eigennutz betrachtet alle anderen Menschen lediglich als Werkzeuge und Instrumente zur Förderung unseres eigenen Wohls. Zu verschiedenen Zeiten können andere Menschen uns Vergnügen bereiten, zu anderen Zeiten können wir Geld von ihnen bekommen, zu wieder anderen Zeiten können sie uns helfen, und so weiter. Manche Menschen verwirklichen dieses Anti-Ideal tatsächlich, und obwohl sie es in der Welt weit damit bringen, Reichtum erwerben und den meisten Menschen voraus sind, ist ihr Leben letztlich einsam. Damit meine ich nicht, dass sie immer allein sind oder gar keine „Freunde" haben. Wenn sie leutselig genug sind, können sie sogar von vielen gemocht werden. Dennoch sind sie für immer allein, weil sie niemanden haben, mit dem sie ihr Leben teilen können. Sie haben andere Menschen so sehr als Werkzeuge begriffen, dass sie selbst mit niemandem wirklich etwas teilen können. Für sie ist niemand eine Person, ein Gleicher, mit dem sie ihr Leben teilen können; jeder ist ein Diener, ein Sklave oder sogar bloß eine Sache.

Auch wenn wir Menschen oft schlechte Freunde sind, so haben wir doch ein tiefsitzendes Verständnis dafür, dass Freundschaft für unser Wohl unerlässlich ist. Welche Güter wir auch immer erlangen, sie sind bedeutungslos und sinnlos, wenn wir völlig allein auf der Welt sind, wenn wir niemanden haben, mit dem wir unsere Errungenschaften teilen können. Wenn wir uns nur für uns selbst interessieren und nicht für andere, dann muss unser Gut für immer auf uns selbst beschränkt sein. Wenn wir uns dagegen am Guten der anderen erfreuen, dann geht unser Gutes über unser eigenes Leben hinaus in das Leben der anderen.

Die Tugend der Gerechtigkeit spiegelt die Wahrheit wider, dass die menschliche Erfüllung in der Gemeinschaft mit anderen zu finden ist. Der

Philosoph Aristoteles sagte, dass wir von Natur aus soziale Tiere sind, Tiere, die dazu bestimmt sind, ihre Vollkommenheit in der Gemeinschaft zu erreichen (Politik I, 2). Der Akt der Liebe, durch den wir das Wohl der anderen suchen, verbindet uns mit ihnen. Wir alle wollen von anderen geliebt werden; noch mehr sollten wir danach trachten, andere zu lieben, unser Gut mit ihrem Guten zu vereinen (II-II, 27, 1). Wenn ich die größte Beherrschung meiner Gefühle erreiche, wenn ich in vielerlei Fertigkeiten bewandert bin, wenn ich die Mysterien des Universums verstehe, aber keine Liebe habe, dann bin ich nichts. Welche Vollkommenheit ich auch immer erreiche, wenn es nur *meine* Vollkommenheit ist und nicht *unsere* Vollkommenheit, dann habe ich das Ideal der menschlichen Erfüllung verfehlt.

Das Teilen unseres menschlichen Gutes wird am besten in inniger Freundschaft verwirklicht, denn wir können unser Leben nicht mit jedem Fremden auf der Straße teilen. Dennoch sind auch Fremde mehr als bloße Werkzeuge; jeder Fremde ist jemand, der am menschlichen Gut teilhaben kann. Die Tugend der Gerechtigkeit besagt, dass wir jeden als Gleichen behandeln sollen, als jemanden, der am menschlichen Gut teilhaben kann, und nicht nur als ein Instrument, als jemanden, der nützlich sein könnte, um unser privates Gut zu produzieren. Wenn wir beginnen, andere als Werkzeuge zu benutzen, ihnen zu schaden, um unsere eigenen Ziele zu erreichen, dann erreichen wir keine wahrhaft menschliche Erfüllung. Indem wir uns isolieren, verdammen wir uns selbst zur Unzufriedenheit und vereiteln für immer unsere natürliche Neigung, mit anderen zusammen zu sein.

Eine Tugend des Willens

Gerechtigkeit ist eine Tugend nicht der Gefühle, sondern des Willens (II-II, 58, 4). Mäßigung, Mut, Großzügigkeit, Geduld und so weiter sind alles Tugenden, die unsere Gefühle dazu veranlassen, Gutes zu wollen. Sie dienen in erster Linie dem Zweck, den inneren Konflikt zu verringern, so dass der Mensch klar denken und seine Handlungen ohne den Widerstand durch die Emotionen ordnen kann. Im Gegensatz dazu ist die Gerechtigkeit eine Tugend des Willens. Sie betrifft nicht unsere inneren Begierden, sondern unsere Handlungen (I-II, 59, 4). Natürlich betreffen auch die emotionalen Tugenden die Handlungen unmittelbar, denn unsere Emotionen treiben uns zu verschiedenen Handlungen an, aber sie betreffen vor allem die Begierden selbst (I-II, 60, 2). Weil ein mäßiger Mensch die vernünftigen Vergnügungen gut begehrt, werden wir ihn wahrscheinlich nicht beim Ehebruch ertappen; dennoch ist die Tugend der Mäßigung keine Tugend, die sich auf die Handlungen des Ehebruchs bezieht, sondern eine Tugend, die sich auf die Begierde nach dem Ehebruch bezieht. Die Gerechtigkeit hingegen betrifft unmittelbar unsere Handlungen, vor allem die Handlungen, die sich gegen andere Menschen richten (II-II, 58, 9).

Wie die anderen Tugenden ist die Gerechtigkeit eine Gewohnheit, eine feste Disposition des Willens, das Gerechte zu suchen. Daraus folgt, dass ein gerechter Mensch nicht wankelmütig in seinem Entschluss zur Gerechtigkeit sein wird. Er wird nicht an einem Tag seine Schulden zurückzahlen und am nächsten Tag seinen Nächsten bestehlen. Die einzelne gerechte Handlung, seine Schulden zurückzuzahlen, macht jemanden nicht gerecht, denn eine solche Handlung kann aus einer Laune heraus oder durch äußeren Druck (wie z. B. Angst vor dem Gefängnis) entstehen. Um gerecht zu sein, muss jemand eine ständige Veranlagung haben, Tag für Tag gerecht zu handeln (II-II, 59, 2). Daraus folgt auch, dass der Gerechte sich über sein gerechtes Handeln freuen wird. Angenommen, ich gebe die zusätzlichen zwanzig Dollar zurück, die mir die Bankangestellte gegeben hat. Ich habe das Richtige getan. Folgt daraus, dass ich gerecht bin? Nicht unbedingt. Wenn ich das Geld nur mit großem Bedauern zurückgebe, dann bin ich nicht gewohnheitsmäßig bereit, gerecht zu handeln, denn hätte ich die Gewohnheit der Gerechtigkeit, dann wäre mein gerechtes Handeln spontan und mir angenehm.

Wieder einmal sehen wir, dass das moralische Leben nicht nur eine Angelegenheit ist, in der es zu bestimmen gilt, was zu tun ist, und es dann zu tun. Vielmehr ist das moralische Leben ein lebenslanges Projekt der Entwicklung der Dispositionen, um gut zu handeln. Gerechtigkeit bedeutet nicht nur, das Richtige zu tun; sie bedeutet, das Richtige aus einer festen Disposition heraus zu tun. Es sollte daher nicht verwundern, dass gut zu werden Anstrengung und Übung erfordert. Gut im Golf zu werden, ist nicht nur eine Frage der Diskussion über die besten Schläger, die man in bestimmten Situationen benutzt. Um ein guter Maler zu werden, reicht es nicht aus, ein paar Bücher über Kunst zu lesen. Warum sollte es also bei der Frage, wie man ein guter Mensch wird, ausreichen, bloß über ethische

Dilemmata zu diskutieren? Wir brauchen Übung, um in anderen Bereichen gut zu werden; so brauchen wir auch Übung, um gerecht zu werden. Nur wenn wir wiederholt gerecht handeln, wird Gerechtigkeit zur zweiten Natur, etwas, das wir leicht und gerne tun. Natürlich entwickeln wir die Gewohnheit der Gerechtigkeit nur, indem wir zuerst das Richtige tun, auch wenn es unangenehm ist. Die Tugend der Gerechtigkeit wird also durch die tägliche Entscheidung, das Richtige zu tun, erreicht. Wir sind, was wir tun. Oder zumindest werden wir zu dem, was wir tun. Und dieser Prozess des Werdens ist unaufhörlich, solange wir auf dieser Erde wandeln. Wir dürfen niemals aufhören, dafür zu kämpfen, noch gerechter zu werden.

9

Ungerechtigkeit

Derjenige, der Unrecht begeht, wird immer unglücklicher sein als der, der es erleidet.
Platon

Andere gebrauchen

Wenn Gerechtigkeit Gleichheit ist, dann ist Ungerechtigkeit Ungleichheit, die von dem eng verwandten Wort „Ungerechtigkeit" abgeleitet ist. Ungerechtigkeit behandelt andere als Werkzeuge, als bloße Instrumente, um einige weitere Güter zu erreichen. Die ungerechte Person stellt sich selbst über die anderen, um über deren Schicksal zu bestimmen. In dieser Hinsicht wird der Begriff der Ungerechtigkeit treffend durch Kants zweite Formulierung seines kategorischen Imperativs ausgedrückt, eine Art übergeordnetes moralisches Prinzip, das besagt, dass wir andere immer als Zweck und niemals nur als Mittel behandeln sollen. Andere Menschen sind keine bloßen Werkzeuge; ihr Zweck und ihr Wohl ist dem unseren nicht untergeordnet. Wenn Bob seine Tante tötet, um an sein Erbe zu kommen, dann behandelt er sie eindeutig als bloßes Mittel zum Zweck des Reichtums. Kants kategorischer Imperativ würde einen solchen Missbrauch verurteilen. Wir sind alle gleichberechtigt; das Wohl der anderen ist gleichrangig mit unserem eigenen. Alle Ungerechtigkeit behandelt andere als untergeordnetes Mittel für unsere eigenen Ziele.

Thomas würde den kategorischen Imperativ nicht gänzlich befürworten, zumindest nicht ohne wesentliche Klarstellung. Kant möchte jeden

Menschen als Zweck behandeln, weil er denkt, dass jeder Mensch völlig autonom ist und selbst bestimmt, welches Gesetz er befolgen muss. Mit anderen Worten: Kant ist so etwas wie ein Individualist. Eine von Kants Formulierungen des kategorischen Imperativs führt eine Gemeinschaft ein, aber sie macht jedes Individuum zu einem Souverän in einem Königreich der Zwecke.

Dennoch könnte Thomas in der zweiten Formulierung des kategorischen Imperativs viel Gutes finden, denn die Gleichheit der Gerechtigkeit impliziert, dass das Gut einer einzelnen Person nicht über dem Gut der anderen steht, als das Ziel, für das die anderen existieren.[1] Niemand ist also bloßes Mittel zum Wohl eines anderen (I, 96, 4; I-II, 104, 1, ad 4). Auch kann kein Einzelner andere auf ein Ziel ausrichten. Wir sind „autonom" in dem Sinne, dass wir uns selbst zum Zweck lenken müssen, aber nicht in Kants Sinne, dass wir den Weg dorthin bestimmen. Statt eines Reichs der Zwecke, in dem jedes Individuum ein Zweck für sich selbst ist, hat Thomas ein Reich von Individuen, die sich auf einen gemeinsamen Zweck ausrichten, das Wohl der ganzen menschlichen Gemeinschaft. Jeder teilt ein gemeinsames Ziel, anstatt dass jedes Individuum ein separates Ziel hat, und aus diesem Grund müssen wir jeden mit Liebe und Respekt behandeln.

Niemand soll daher einen anderen als bloßes Mittel behandeln, denn das widerspricht der Gleichheit der Gerechtigkeit. Wir haben gesehen, dass es in der Gerechtigkeit zwei Gleichheiten gibt, nämlich die distributive und die kommutative Gerechtigkeit; folglich gibt es auch zwei Arten von Ungleichheit oder Ungerechtigkeit, die eine gegen die gerechte Verteilung, die andere gegen die Gerechtigkeit zwischen Individuen.

Ungerechtigkeit der Verteilung

Die grundlegende Ungerechtigkeit der Verteilung ist die Parteilichkeit. Während sie gemeinhin als „Günstlingswirtschaft" bezeichnet wird, wurde sie traditionell als „Respekt vor Personen" bezeichnet, d. h. als die Behandlung einer Person in einer besonderen Weise, unabhängig von

[1] Auf der übernatürlichen Ebene wäre Christus eine offensichtliche Ausnahme.

ihrem Verdienst (II-II, 63, 1), wie z. B., wenn ein Regierungsbeamter einen begehrten Posten nicht an die Person vergibt, die dafür qualifiziert ist, sondern an seinen besten Freund oder an seine Tochter. Die Position wird nicht aufgrund von Verdiensten, sondern aufgrund einer zufälligen Eigenschaft vergeben. Ähnlich verhält es sich mit einem Lehrer, der Noten auf der Grundlage seiner Vorlieben und Abneigungen für bestimmte Schüler vergibt – er bevorzugt. Richter oder Geschworene widersetzen sich der gerechten Verteilung, wenn sie Kläger aufgrund von Sympathie statt aufgrund der Gerechtigkeit des Falles beurteilen, oder wenn sie eine zu harte oder zu milde Strafe für das Vergehen verhängen. Im Allgemeinen widerspricht man der Verteilungsgerechtigkeit, wenn man Belohnungen und Bestrafungen unabhängig vom Verdienst vergibt. Gerechte Verteilung erfordert eine Gleichheit der Proportionen, bei der eine Person im Verhältnis zu ihrem Verdienst erhält, was ihr zusteht. Wenn also jemand aus einem anderen Grund als dem Verdienst entweder eine Belohnung oder eine Strafe erhält, ist Unrecht geschehen.

Ungerechtigkeit des Austausches

Thomas verbringt mehr Zeit mit den Ungerechtigkeiten, die der „kommutativen Gerechtigkeit“ entgegenstehen. Dazu gehören Mord und kleinere körperliche Schäden, Diebstahl, Raub, Betrug und Wucher sowie Schaden, der durch unsere Worte zugefügt wird, durch Dinge wie Verleumdung, Klatsch und Meineid vor Gericht. Wir werden jeden dieser Punkte kurz betrachten.

Besondere Aufmerksamkeit sollte der Frage der Tötung gewidmet werden, da in unserer Zeit Fragen von Leben und Tod heiß diskutiert werden. Einige Menschen behaupten, dass die Todesstrafe falsch sei, während andere sagen, dass sie gerecht sei. Einige Menschen sagen, dass Selbstmord und Sterbehilfe gut seien, während andere behaupten, dass diese böse seien. Einige Menschen sagen, dass Euthanasie ein Fluch sei, andere, dass sie ein Segen sei. Die Lehre von Thomas ist recht einfach und geradlinig: Einen unschuldigen Menschen zu töten, sogar sich selbst, ist niemals gerecht, aber die Gesellschaft kann manchmal einen Verbrecher zu Recht mit der Todesstrafe belegen. Der entscheidende Unterschied ist der zwischen Unschuld und Schuld. Eine unschuldige Person hat immer Anteil am Gemeinwohl, also darf sie niemals getötet werden. Eine schuldige Person hingegen darf getötet werden, wenn sie eine ausreichend große Gefahr für die Gesellschaft darstellt.

Das ist der Kern der Lehre von Thomas von Aquin. Eine weitere Erläuterung wird uns helfen, die zugrundeliegende Logik seiner Ansicht zu erkennen. Das Verbot, eine andere Person zu töten, fällt unter das allgemeinere Gebot, keinen körperlichen Schaden anzurichten, von dem das Töten die ungeheuerlichste Form ist. Wir sollen anderen keinen Schaden zufügen, weil wir, wie Kant es ausdrücken würde, andere als Mittel behandeln, indem wir ihnen Schaden zufügen. Wir behandeln sie nicht als Gleiche, sondern als Untergebene, als Dinge, deren Wohl unserem eigenen untergeordnet ist. Selbst wenn wir uns einreden, dass wir doch nur das Wohl unseres Opfers suchen, so wie ein Arzt, der die Euthanasie ausübt, annimmt, dass der Tod das Beste für sein Opfer sei, stellen wir uns doch über den anderen, als Überlegener und nicht als Gleicher, weil wir uns die Rolle des Richters angemaßt haben, der bestimmen kann, was wirklich gut und nützlich sei.

Aber was ist, wenn die Person darum bittet? Was ist, wenn sie den Tod wünscht? Viele würden heute argumentieren, dass eine solche freiwillige Euthanasie, bei der der Patient darum bittet, getötet zu werden, akzeptabel und sogar wünschenswert sei. In der Tat scheint die Freiwilligkeit des Aktes einige der oben aufgeworfenen Einwände zu beseitigen. Der Arzt, der lediglich den Wunsch seines Patienten erfüllt, urteilt weder über das Wohl seines Patienten – der Patient selbst hat es gewollt –, noch scheint er ihn als untergeordnet zu behandeln. In der Tat sagt Thomas von Aquin selbst, dass niemand freiwillig Unrecht erleiden kann, denn irgendeinen Schaden zu erleiden, bedeutet, etwas zu ertragen, was dem eigenen Willen zuwiderläuft (II-II, 59, 3).

Dennoch würde Thomas sagen, dass freiwillige Euthanasie ungerecht ist. Obwohl die Person vielleicht kein Unrecht erleidet, da der Tod freiwillig ist, wird dennoch ein Unrecht begangen. Die Gerechtigkeit verlangt, dass niemals eine unschuldige Person getötet wird, weil die Unschuldigen der Großteil des Gemeinwohls sind (II-II, 64, 6). Das hier vorgebrachte Argument scheint sich eher auf die politische als auf die kommutative Gerechtigkeit zu beziehen, denn man wird sagen, dass die politische

Gerechtigkeit die Beziehung des Einzelnen zum Gemeinwohl betrifft. Die Idee scheint zu sein, dass wir, wenn wir wirklich das Gemeinwohl anstreben – was wir alle tun müssen –, eine unschuldige Person nicht töten werden, da sie das Gemeinwohl *konstituiert.* Kein Individuum kann sich durch den bloßen Willen zur Selbstzerstörung von diesem Gemeinwohl abkoppeln, denn als Menschen existieren wir nicht nur für unser eigenes Wohl, sondern für das Wohl des Ganzen. Wir können uns unseren letzten Zweck nicht aussuchen; wir sind von Natur aus auf das Wohl der gesamten menschlichen Spezies ausgerichtet. Diese Ordnung abzulehnen, bedeutet, sich der politischen Gerechtigkeit zu widersetzen.

Aus diesem Grund lehnt Thomas von Aquin auch den Selbstmord ab (II-II, 64, 5). Denn die freiwillige Euthanasie ist eigentlich ein Selbstmord; der Einzelne lässt sich von einem anderen töten. Wenn ich einen Auftragskiller beauftrage, dann bin ich ein Mörder, und wenn ich einen Auftragskiller beauftrage, mich zu töten, dann habe ich Selbstmord begangen. Ein Einwand, den Thomas von Aquin gegen den Suizid vorbringt, ist jedenfalls, dass er gegen die Gemeinschaft verstößt. Und warum? Weil das Individuum nicht einfach für sich selbst existiert, sondern für das Wohl der Gemeinschaft. Wenn eine Mutter Selbstmord begeht, dann hat sie nicht nur sich selbst geschadet, sondern auch ihren kleinen Kindern, ja der ganzen Gemeinschaft. Niemand darf mit Recht dieses Gemeinwohl der politischen Gerechtigkeit ablehnen, weshalb Selbstmord und freiwillige Sterbehilfe immer falsch sind.

Thomas akzeptiert jedoch die Tötung von Verbrechern durch die Todesstrafe (II-II, 64, 2). Entscheidend ist die Schuld des Verbrechers, denn durch sein Vergehen hat er seinen Anteil am Gemeinwohl verwirkt. Er ist nicht mehr Bestandteil des Gemeinwohls, sondern ein Feind des Gemeinwohls. Die menschliche Natur, so Thomas von Aquin, ist wandelbar, womit er meint, dass wir durch unsere Entscheidungen das Gut, auf das wir uns richten, verändern können. Ein Hund ist in seiner Bestimmung festgelegt und determiniert und kann sich in keiner Weise zu einem anderen Gut hinbewegen als dem, das durch seine Natur bestimmt ist. Im Gegensatz dazu haben wir die Freiheit, uns dem Gut zu widersetzen, für das wir geschaffen wurden. Wir können das Gemeinwohl anstreben, aber wir können es auch angreifen. Wenn ein Einzelner das Gemeinwohl angreift und zu einer Gefahr für das Gemeinwohl wird, dann kann er abgetrennt werden, so wie ein verkümmertes Glied vom Körper abgetrennt wird. Die Todesstrafe war zu Thomas von Aquins Zeiten sicherlich üblicher als in unserer Zeit, und das aus gutem Grund, aber Thomas lässt Raum für ein Rechtssystem, das die Todesstrafe weniger nötig hat, denn er sagt, dass das menschliche Recht einem Schwerverbrecher manchmal das Leben lässt, damit er sein Vergehen bereuen kann, aber wenn der Verbrecher eine zu große Gefahr für die Gesellschaft darstellt, dann wird diese Zeit der Reue nicht gewährt (II-II, 64, 2, ad 2).

Thomas akzeptiert auch das Töten in einem gerechten Krieg. Auch hier ist ein gewisses Maß von Schuld erforderlich, denn Thomas sagt, dass die angegriffene Nation schuldig sein muss. Der Krieg muss ein Unrecht wiedergutmachen; es kann nicht einfach um Machtzuwachs oder Zuwachs an Reichtum gehen. Als die Alliierten im Zweiten Weltkrieg zum Beispiel gegen Deutschland, Italien und Japan in den Krieg zogen, wollten sie die ungerechte Aggression dieser Länder korrigieren. Thomas von Aquin nennt neben der Schuld der Angreifer weitere Bedingungen für einen gerechten Krieg. Der Krieg muss von den Angreifern erklärt werden. Diejenigen, die für die gerechte Sache kämpfen, müssen versuchen, das Gute und nicht das Böse zu erreichen. Für unsere Belange brauchen wir aber nur zu beachten, dass auch im Krieg die Tötung von Unschuldigen niemals zulässig ist.

Thomas erlaubt auch das Töten zur Selbstverteidigung, aber seine Rechtfertigung dafür ist zu komplex, um sie in dieser Einführung zu behandeln (II-II, 64, 7). Hier sei nur gesagt, dass Thomas der Meinung war, dass einige Fälle von Selbstverteidigung gerechtfertigt waren, weil das Individuum nicht die Absicht hatte zu töten; es beabsichtigte lediglich, sein eigenes Leben durch Handlungen zu retten, von denen es erkannte, dass sie für seinen Angreifer tödlich sein konnten.

In seiner Erklärung für geringere Schäden als eine Tötung, wie Verstümmelung oder Zufügung von Schmerzen, legt Thomas den Grundstein für die informierte Einwilligung. Er sagt, dass das Entfernen eines kranken Gliedes für die Gesundheit des ganzen Körpers legitim ist, aber nur, wenn der Arzt die Erlaubnis des Patienten hat oder wenn die Pflege des Patienten dem Arzt übertragen wurde (wodurch Raum für eine stillschweigende Zustimmung oder eine stellvertretende Zustimmung bleibt) (II-II, 65, 1).

Wie wir bereits gesehen haben, ergibt sich dieses Erfordernis der Einwilligung aus der Gleichheit der Personen. Der Arzt kann sich nicht über seinen Patienten stellen, als Schiedsrichter über dessen Wohl, ohne die Gleichheit, die zwischen allen bestehen soll, zu untergraben.

Diebstahl und Raub

Diebstahl und Raub schädigen den Menschen nicht in seiner Person, sondern in seinem Besitz (II-II, 66, 6). Diebstahl ist die heimliche oder betrügerische Aneignung von Eigentum (II-II, 66, 3); Raub ist die Aneignung von Eigentum unter Anwendung von Gewalt, z. B. bei einem Überfall (II-II, 66, 4). Auch diese ungerechten Handlungen verletzen die Gleichheit, die einem anderen zusteht. Sie mögen zwar strenggenommen nicht als Ausnutzung einer anderen Person gelten, da der Besitz genutzt wird und nicht die Person; dennoch wird das Opfer nicht als jemand behandelt, dessen Wohl – einschließlich des Wohls seines Besitzes – als gleichwertig mit dem des Täters betrachtet wird. Sein Wohl wird dem des Täters untergeordnet, der sein eigenes Wohl als den Zweck ansieht, für den andere benutzt werden dürfen.

Da das Privateigentum die Konvention des Besitzes beinhaltet, lässt Thomas von Aquin ein wenig Spielraum für die Aneignung von Eigentum; er räumt ein, dass jemand in Not nehmen kann, was einem anderen gehört (II-II, 66, 7). Aber nicht ganz. Vielmehr bricht in der Not die menschliche Konvention des Eigentums zusammen, denn niemand kann den Anspruch auf etwas erheben, was für einen anderen in dringender Not gebraucht wird. Jemand, der hungert, kann ein Stück Brot nehmen; ich kann Ihr Boot nehmen, wenn ich es brauche, um eine ertrinkende Frau zu retten, und so weiter. Zweifellos sind solche Fälle von Notwendigkeit selten, aber wir können unmöglich alle Situationen vorhersehen, in denen sie auftreten können. Die Idee ist, dass der Besitz dem Wohl des Menschen dienen soll. Außerdem verlangt dieses Gut, dass wir den Besitz nach Eigentumsverhältnissen verteilen, denn die menschliche Gesellschaft kann nicht funktionieren, wenn nicht jeder Mensch für das sorgt, was ihm gehört (II-II, 66, 2). Dennoch kann die Konvention des Besitzes nicht den ersten Zweck des Besitzes außer Kraft setzen, nämlich das Wohl des

Menschen. Daher bricht der legale Besitz in der Not zusammen und das Eigentum wird zum Gemeineigentum.

Ungerechtigkeit durch Sprache

Thomas von Aquin verbringt mehr Zeit mit Sprachvergehen als mit jeder anderen Ungerechtigkeit, zum Teil deshalb, weil wir andere durch unsere Rede auf vielfältige Weise schädigen können. Er unterteilt die Ungerechtigkeit der Rede in zwei große Kategorien: die im Gerichtssaal und die außerhalb des Gerichtssaals.

Das klassische Vergehen im Gerichtssaal ist der Meineid. Jemanden fälschlicherweise eines Verbrechens zu beschuldigen oder falsch gegen jemanden auszusagen, ist in der Tat ein ungeheuerliches Vergehen (II-II, 70, 4). Man kann das ganze Leben eines Menschen ruinieren, ihn vielleicht ins Gefängnis oder sogar in den Tod schicken. Die Straftaten außerhalb des Gerichtssaals sind jedoch weitaus häufiger. In der Tat sind sie im Leben der meisten Menschen fast alltägliche Vorkommnisse. Bedenken Sie, wie oft wir tratschen, verleumden und so weiter. Und doch sind dies schwerwiegende Vergehen, schwerwiegender sogar als Diebstahl oder Raub, denn sie zerstören den Ruf von jemandem, was ein wertvolleres Gut ist als bloßer materieller Besitz (II-II, 73, 3); der Spruch „Stöcke und Steine mögen mir die Knochen brechen, aber Worte werden mich niemals verletzen" ist nicht ganz richtig.

Ungerechtigkeit ist eine Gewohnheit

Wir haben einige ungerechte Handlungen besprochen, wie Mord, Diebstahl und Meineid, aber wir können das Thema Ungerechtigkeit nicht verlassen, ohne zu bemerken, dass Ungerechtigkeit, wie Gerechtigkeit, eine Gewohnheit ist. Jemand ist nicht einfach ungerecht, wenn er eine ungerechte Handlung ausführt, sondern nur, wenn er aus der Gewohnheit der Ungerechtigkeit heraus ungerecht handelt (II-II, 59, 2). Wenn ich mich letztendlich entschließe, die zu viel ausgezahlten zwanzig Dollar einzustecken, dann habe ich eine ungerechte Handlung begangen. Bin ich dadurch ungerecht? Nicht unbedingt. Meine Handlung könnte eher aus der Leidenschaft des Augenblicks heraus entstanden sein als aus einer ständigen Gewohnheit, ungerecht zu sein. Ungerechtigkeit ist ein Laster; sie ist kein bloßes Fehlverhalten. Wenn Tugend das Ideal ist, spontan und freudig das Gerechte zu tun, dann ist ein Laster das Anti-Ideal einer Person, die spontan Unrecht tut und es genießt. Wie die Gewohnheit der Gerechtigkeit ist auch die Gewohnheit der Ungerechtigkeit im Willen verankert, mit dem wir uns entscheiden zu handeln. Sie ist nicht bloß ein regelmäßiges emotionales Verlangen; sie ist eine ständige Disposition des Willens. Wenn jemand in diesen Zustand gekommen ist, ist er in der Tat weit davon entfernt, das wahre Gute zu lieben, und es wird fast unmöglich sein, dahin zurückzufinden, zumindest ohne göttliche Hilfe.

Das moralische Leben ist nicht einfach eine Angelegenheit der Kenntnis der Regeln, sondern ein lebenslanges Projekt der Entwicklung der richtigen Dispositionen. Das Gleiche gilt für das unmoralische Leben. Wir nehmen oft an, dass unsere individuellen Entscheidungen nur einzelne isolierte Entscheidungen sind. Aber das sind sie nicht. Sie entstehen aus der Gewohnheit unserer vergangenen Entscheidungen und beeinflussen unsere zukünftigen Entscheidungen. Wenn wir eine böse Tat begehen, sagen wir uns: „nur dieses eine Mal“, als ob wir diese Entscheidung vom Rest unseres Lebens isolieren könnten. Aber wenn wir etwas Falsches tun, schlagen wir einen Weg ein, und je weiter wir auf diesem Weg gehen, desto schwieriger wird es, umzukehren. Gewohnheiten lassen sich nicht an einem Tag ungeschehen machen.

Wollen wir wirklich die Person werden, zu der unsere Entscheidungen uns führen? Wollen wir, indem wir uns immer wieder über andere erheben, am Ende arrogant werden? Wollen wir durch knallharten Ehrgeiz kalt und herzlos werden? Wollen wir durch faule Gleichgültigkeit zu einem lästigen Faulpelz werden? Wollen wir durch ständiges Denken an den eigenen Vorteil ein egoistischer Geizhals werden? Solche Verhaltensweisen sind unangenehm, ja abstoßend. Aber sie entstehen nicht unerklärlich aus dem Nichts. Sie entstehen durch individuelle Handlungen, die wir im Laufe eines Tages oft vornehmen.

Platon lässt Thrasymachos behaupten, dass der vollkommen ungerechte Mensch ein glückliches Leben führe. Wenn wir uns vorstellen, dass das Glück in weltlichem Erfolg und Reichtum zu finden sei, dann hat er Recht, denn Betrüger und Diebe kommen in der Welt oft weiter. Schon das Wort „Politiker" ist fast ein Synonym für Korruption. Aber wir müssen uns fragen, ob ein solches „Glück" es wert ist. Würden wir wirklich ein Hitler sein wollen, wenn das notwendig ist, um erfolgreich zu sein? Würden wir uns wünschen, ein reicher Ebenezer Scrooge zu sein oder eher ein armer Bob Cratchit? Glück, so könnte sich herausstellen, hat viel mehr damit zu tun, wer wir sind, als mit dem, was wir haben.

Wie wir gesehen haben, bringen verdrehte Persönlichkeiten eine verzerrte Vision des guten Lebens mit sich. Je weiter wir auf dem Pfad der Ungerechtigkeit wandeln, desto mehr wird unser Verständnis von Glück getrübt. Wenn wir nun über dem Tal der Ungerechtigkeit stehen, so dass wir mit einer klaren Vision und Perspektive sehen können, dass es verwerflich ist, selbstsüchtig, ehrgeizig oder grausam zu sein, dann sollten wir sorgfältig darauf achten, dass wir diesen Ausblick bewahren. Jede ungerechte Handlung, die wir ausführen, ist ein Schritt hinunter ins Tal. Während jeder Schritt an sich betrachtet klein und einfach ist, werden wir mit der Zeit feststellen, dass das Umkehren zu einer überwältigenden Last wird. Die ganze Zeit über ändert sich unsere Perspektive selbst, so dass wir unsere eigene Arroganz und Selbstsucht nicht mehr als widerwärtig empfinden.

Können wir ungerechte Menschen jemals davon überzeugen, dass sie den falschen Weg eingeschlagen haben, dass sie den Weg der Unzufriedenheit und nicht den Weg der Freude eingeschlagen haben? Wahrscheinlich nicht. Ihre Sicht ist so vernebelt, dass sie annehmen, die Perspektiven großzügiger und gütiger Menschen seien allesamt fantasievolle Mythen. Vielleicht sind sie stolz darauf, die harten Realitäten des Lebens zu erkennen, und sie verachten Tugend als Sentimentalität. Solche Menschen weigern sich sogar, das Licht zu sehen; für sie wird die Wahrheit für immer verborgen bleiben.

10

Intrinsisch böse Handlungen

Manche Handlungen und Gefühle ... implizieren schon durch ihren Namen, dass sie schlecht sind ... . Es ist daher unmöglich, jemals richtig zu handeln, wenn man sie ausführt: so zu handeln bedeutet immer, falsch zu handeln. In Fällen dieser Art, sagen wir Ehebruch, hängt das Richtige und Falsche nicht davon ab, dass man es mit der richtigen Frau zur richtigen Zeit und auf die richtige Art und Weise tut, sondern dass man eine solche Handlungen überhaupt tut, ist falsch.
Aristoteles

Handlungen, die in sich falsch sind

Der Utilitarismus leugnet, dass es Handlungen gibt, die, egal unter welchen Umständen, generell falsch sind. Nehmen wir zum Beispiel das Töten eines Unschuldigen. Viele Menschen, Thomas eingeschlossen, würden sagen, dass wir niemals einen unschuldigen Menschen töten dürfen. Unabhängig von den Umständen, unabhängig von den schrecklichen Konsequenzen, die daraus folgen können, jemanden nicht zu töten, und unabhängig von den edlen Motiven desjenigen, der tötet, ist Mord immer, überall und zu jeder Zeit falsch. Der Utilitarismus jedoch würde dem nicht zustimmen. Schließlich kann die Tötung einer unschuldigen Person manchmal mehr Gutes für andere bewirken.

Ein klassisches Beispiel ist ein Mann, nennen wir ihn Bernard, der zufällig auf einen Diktator trifft, der zwanzig unschuldige Menschen töten lassen will. Bernard protestiert gegen die Aktion, aber der Diktator hört nicht auf ihn. Schließlich lenkt der Diktator ein und sagt, er werde die zwanzig Menschen nicht töten, wenn Bernard nur einen von ihnen töte. Thomas von Aquin würde darauf bestehen, dass wir niemals eine unschuldige Person töten sollen. Andererseits würde ein Utilitarist darauf hinweisen, dass Bernard durch das Töten einer Person ein viel größeres Gut bewirke, denn er rette neunzehn. Wir haben auch an dem Beispielsfall, in dem es darum ging, eine unschuldige Person hereinzulegen, um viele andere zu retten, gesehen, was Thomas Aquin in allen Situationen und zu jeder Zeit für falsch halten würde. Der Utilitarismus rechtfertigt diese Art von Handlungen, aber Thomas tut es nicht.

Während Thomas von Aquin mit dem Utilitarismus zu seinen Lebzeiten nicht wirklich konfrontiert wurde, begegnete er ähnlichen Arten von Situationsethik. Im Jahrhundert vor Thomas hatte zum Beispiel Peter Abelard eine Ethik der guten Absichten vertreten. Er betonte, dass eine Handlung gut oder böse sei, je nachdem, welche Absicht der Mensch habe. Seine Ansicht war nicht so simpel, dass er jede Handlung rechtfertigte, solange sie aus einer guten Absicht entstand, aber er sagte, dass die Handlung selbst keinen moralischen Wert habe, wenn sie nicht von der Absicht des Menschen abhänge. Ähnliche Ansichten haben auch heute noch ihre Anziehungskraft. Alles, was zähle, so sagt man uns, sei, dass wir liebevoll handeln; unsere individuellen Handlungen seien nicht so entscheidend wie unsere geistige Disposition. Diese Ansichten sind attraktiv, weil sie uns erlauben, fast alles zu rechtfertigen, was wir unbedingt wollen. Üblicherweise können wir gute Absichten für unsere egoistischen Handlungen fabrizieren.

Abelard war besonders geschickt darin, sich interessante Beispiele einfallen zu lassen. Nehmen wir an, ein Mann schläft mit einer Frau, die nicht seine Frau ist – ein Akt des Ehebruchs –, aber er denkt fälschlicherweise, dass sie seine Frau sei. Dann würden wir ihn sicher nicht tadeln – er hätte nicht gesündigt –, also kann der Akt, mit einer anderen Frau zu schlafen, als solcher nicht falsch sein, abgesehen von der Absicht. So unwahrscheinlich und humorvoll dieses Beispiel auch ist, es scheint aus dem biblischen Bericht von Jakob und Lea zu stammen, die nicht die Frau war, die Jakob zu heiraten wähnt (Rahel). In ähnlicher Weise ist eine Vergewaltigung für die vergewaltigte Frau keine Sünde, denn sie stimmt der Tat nicht zu. Noch einmal: Es scheint, dass die Tat selbst nicht böse ist. Oder, so schlägt Abelard in einer Abwandlung von *Ödipus Rex* vor, es könnte ein Mann seine eigene Schwester heiraten – ein Akt von Inzest –, aber er wüsste nicht, dass sie seine Schwester ist. Da er frei von Schuld wäre, würde daraus folgen, dass der Akt der Heirat mit der eigenen Schwester an sich nicht falsch sein könne. Oder betrachten Sie zwei Scharfrichter, die zwei Verbrecher hinrichten. Der eine tut dies aus Liebe zur Gerechtigkeit, der andere aus Rache. Der erste hat nicht gesündigt, der zweite aber schon. Die Absicht bestimmt also das Übel, nicht die Natur der Handlung selbst.

Menschliche Handlungen

Mit Ausnahme des letzten Beispiels (bei dem Thomas von Aquin mit Abelard übereinstimmt; vgl. I-II, 1, 3, ad 3) handelt es sich in all diesen Fällen um eine Verkennung des Wesens menschlicher Handlungen, denn bei Abelards Beispielen handelt es sich nicht um menschliche Akte, sondern um das, was Thomas von Aquin Handlungen eines menschlichen Wesens nennt. Nach Thomas von Aquin ist eine menschliche Handlung eine freiwillige und bewusste Handlung (I-II, 1, 1). Autofahren, Frühstücken und das Lesen eines Buches sind allesamt (normalerweise) menschliche Handlungen. Sich im Schlaf umzudrehen, sich unbewusst am Bart zu kratzen, zu stolpern und zu fallen, sind dagegen keine menschlichen Handlungen. Wir drehen uns nicht freiwillig im Schlaf um, und wir versuchen auch nicht zu stolpern und zu fallen. Diese Handlungen bezeichnet Thomas von Aquin nicht als menschliche Handlungen, sondern als Akte eines menschlichen Wesens. Es sind Handlungen, die von einem Menschen ausgeführt werden, denn ich drehe mich um, ich kratze mich und ich stolpere. Dennoch sind diese Handlungen nicht insofern getan, als ich ein Mensch bin.

Die Idee ist, dass wir *als menschliche Wesen* handeln, wenn wir aus unseren eigentümlich menschlichen Fähigkeiten der Vernunft und des Willens heraus handeln. Mein Herz pumpt Blut, mein Haar wächst, und mein Körper fällt unter dem Gewicht der Schwerkraft. All dies sind Dinge, die mein Körper tut; es sind jedoch nicht Dinge, die ich als Mensch tue. Sie ergeben sich nicht aus dem, was mich zu einem Menschen macht. Mein Herz pumpt und mein Haar wächst nur deshalb, weil ich ein Säugetier bin; ich unterliege der Schwerkraft nur, weil ich einen Körper habe. Nur wenn ich aus Vernunft und Willen, also willentlich und freiwillig handle, vollziehe ich eine wahrhaft menschliche Handlung, eine Handlung, die aus mir als Mensch entspringt. Wie der Philosoph Ralph McInerny es ausgedrückt hat, kann ein Golfer viele Dinge tun, vom Autokauf bis zum Einlochen, aber was er *als Golfer* tut, ist Golf zu spielen.[1] Eine Tänzerin ist nicht auf das Tanzen beschränkt, aber was sie *als Tänzerin* tut, ist zu tanzen. In ähnlicher Weise tut der Mensch viele Dinge, vom Sich-Umdrehen im Schlaf bis zum Zeitunglesen, aber was er als Mensch tut, muss bewusst und freiwillig sein.

Was hat das alles mit Abelard zu tun? Nun, der Mann, der versehentlich mit einer anderen Frau schläft, das Opfer einer Vergewaltigung und der Mann, der nichts von seinem Inzest weiß, führen alle Handlungen aus, die nicht ganz menschlich sind; ihnen fehlt ein Element der Überlegung und des Willens. Das Vergewaltigungsopfer ist der deutlichste Fall, denn sie wählt ihre Handlung in keiner Weise aus. Ihre Handlung ist nicht menschlich, und deshalb ist sie auch nicht moralisch verantwortlich; es ist etwas, das ihr widerfährt, nicht etwas, das sie tut. Die anderen Fälle sind weniger klar. Der Mann, der mit einer anderen Frau schläft, weil er sie für seine Frau hält, hat zwar die körperliche Handlung ausgeführt, die wir als „mit einer anderen Frau schlafen" bezeichnen würden, aber er hat nicht die menschliche Handlung „mit einer anderen Frau schlafen" vollzogen, denn die Handlung, die er gewählt hat, war „mit seiner Frau schlafen".

Wenn Sie hören, dass Bruce Paula getötet hat, sind Sie entsetzt. Aber dann entdecken Sie, dass Bruce aus einem dreistöckigen Fenster fiel und auf Paula landete und sie dabei tötete; Sie sind nicht mehr so entsetzt über Bruce' Verhalten. In der Tat hat Bruce niemals eine Tötungs*handlung* ausgeführt. Sein Körper hat Paula getötet, aber er selbst nicht. Wenn wir zum ersten Mal hören, dass Bruce Paula getötet hat, nehmen wir an, dass es eine menschliche Handlung war, eine absichtliche Handlung von Bruce, um das Leben von Paula zu beenden. Aber wenn wir die Wahrheit herausfinden, erkennen wir, dass Bruce Paula nur in einem erweiterten Sinn des

[1] Ralph McInerny, *Aquinas on Human Action: A Theory of Practice* (Washington, D. C.: The Catholic University of America Press, 1992), 3–24.

Wortes „töten" „getötet" hat. Er hat nicht die menschliche Handlung des Tötens ausgeführt. Vielmehr hat sein Körper einen Prozess durchlaufen, der zum Tod von Paula geführt hat.

Es wäre absurd zu sagen: „Sexuelle Beziehungen außerhalb der Ehe zu haben, ist manchmal für eine Frau in Ordnung, z. B. wenn sie vergewaltigt wird, und manchmal ist es nicht in Ordnung, z. B. wenn die Frau dem zustimmt." Vergewaltigt zu werden und die Zustimmung zu sexuellen Beziehungen gehören nicht zu derselben Art von Handlung. Es sind Tätigkeiten, die denselben physischen Vorgang beinhalten, aber sie sind als menschliche Handlungen unterschiedlich. Vergewaltigt zu werden fällt nicht einmal in den Bereich der Moral, denn es ist keine menschliche Handlung. Wir bewerten nicht moralisch, ob jemand eine gute oder schlechte Verdauung hat, denn der physische Prozess der Verdauung ist keine menschliche Handlung. Genauso wenig bewerten wir jemanden moralisch, wenn er zu sexuellen Handlungen gezwungen wird, denn der erzwungene körperliche Vorgang des Sex ist keine menschliche Handlung. Er taucht nicht auf dem moralischen Radarschirm auf. Was ist dann mit dem Mann, der mit einer anderen Frau schläft und sie für seine Frau hält? Dieser Fall ist nicht so einfach zu klären. Der Mann tut zwar etwas Freiwilliges: er schläft mit einer Frau. Gleichzeitig hat er aber nicht die menschliche Handlung vollzogen, mit einer anderen Frau zu schlafen, genauso wenig wie Bruce die menschliche Handlung vollzogen hat, Paula zu töten. Was der Mann als menschliche Handlung getan hat, war, mit seiner Frau zu schlafen, denn eine menschliche Handlung entsteht aus unserer Überlegung und unserem Willen; was er überlegte und was er tun wollte, war, mit seiner Frau zu schlafen. Der physische Vorgang, der daraus resultierte, war jedoch eine Handlung, mit einer anderen Frau zu schlafen. Aber diese „Handlung" wird besser als der Akt eines menschlichen Wesens beschrieben und nicht als eine menschliche Handlung. Als solcher fällt sie nicht in den Bereich der Moral. Ähnlich verhält es sich mit dem Mann, der unwissentlich seine Schwester heiratet.

Es ist also unfair, zu sagen, dass die Handlung „mit einer anderen Frau schlafen" manchmal böse ist, wenn der Mann sich ihrer bewusst ist, und manchmal gut, wenn er sich ihrer nicht bewusst ist, und daraus zu schließen, dass die Moralität einer Handlung von der Absicht des Menschen abhänge. Denn „mit einer anderen Frau schlafen" kann zwei verschiedene

Dinge bedeuten. Wenn es mit Wissen getan wird, ist es eine menschliche Handlung; wenn es in Unwissenheit getan wird, ist es die Handlung eines Menschen. Die beiden haben zufällig die gleiche verbale Beschreibung, sie beinhalten die gleichen physischen Vorgänge, aber die Handlungen sind völlig unterschiedlich.

Die Handlung selbst

Was sollen wir dann über das Schlafen mit einer anderen Frau sagen? Ist die Handlung an sich böse oder ist sie nur durch die Absicht der Person böse? Wir können zumindest sagen, dass Abelards Einwände die Angelegenheit nicht klären. Er vergleicht nicht zwei Äpfel und findet, dass der eine faul und der andere gut ist, sondern er vergleicht einen Apfel und eine Orange. Wenn er sich tatsächlich auf zwei Äpfel konzentrieren würde – zwei Erscheinungsformen des menschlichen Aktes, mit einer anderen Frau zu schlafen –, dann würde Abelard selbst nicht zugestehen, dass einer der beiden Akte böse und der andere gut sein könnte; vielmehr dürfen wir annehmen, dass er dem Urteil seiner Zeit zustimmen würde, dass ein solcher Akt immer böse ist.

Einige moderne Theologen, die behaupten, dass sie Thomas von Aquin folgen, haben jedoch keine solchen Skrupel. Sie sind eifrig dabei, zuzugestehen, dass mit einer anderen Frau zu schlafen, sogar wissentlich, manchmal gut sein könne. Kurz gesagt, Ehebruch sei nicht immer böse. Mit dieser Aussage weichen diese Theologen von der Lehre des Aquinaten ab, der lehrte, dass einige Handlungen an sich böse sind, einschließlich des Ehebruchs, unabhängig von den Umständen oder dem Motiv desjenigen, der handelt.

Thomas von Aquins Argumentation beruht auf der Unterscheidung zwischen einer Handlung und ihren Umständen, einschließlich des wichtigsten Umstands von allen, des Motivs des Handelnden. Wenn Oberst Mustard zum Beispiel Frau Scarlett ermordet, dann ist die Tat selbst ein Mord. Dass es im Arbeitszimmer, um Mitternacht und mit dem Kerzenleuchter geschieht, wären alles Umstände. Insgesamt zählt Thomas acht verschiedene Arten von Umständen auf (I-II, 7, 3). Wir haben bereits (1) Ort, (2) Zeit und (3) das Instrument oder Hilfsmittel genannt. Hinzu kommen die

Umstände, (4) wer es getan hat (Colonel Mustard), (5) warum er es getan hat, d. h. das Motiv, (6) wie es getan wurde (schnell, nachlässig etc.), (7) die Auswirkungen und (8) worauf die Handlung bezogen war (z.B. Miss Scarlett). Bei einem Akt der Euthanasie zum Beispiel können wir die Handlung selbst als Tötung eines unschuldigen Menschen identifizieren. Die Umstände würden Folgendes beinhalten: (1) Die Handlung wurde in einem Krankenhaus durchgeführt, (2) um 15 Uhr, (3) mit einer Morphiuminjektion, (4) von einem Arzt, (5) um das Elend des Opfers zu beenden, (6) schnell, (7) mit mehreren Wirkungen, einschließlich der folgenden: Die Frau des Opfers erbte eine Million Dollar, ein Bett wurde für einen anderen Patienten frei, die Tochter des Opfers verfiel in Depressionen und so weiter, und schließlich (8) wurde die Handlung an einer todkranken Person durchgeführt.

Manche Leute behaupten, dass man eine Handlung nicht moralisch bewerten könne, wenn man nicht alle Umstände berücksichtige – eine Aufgabe, die endlos erscheint, besonders angesichts der Vielzahl von Wirkungen und Aspekten der Sache, auf die die Handlung gerichtet ist. Der todkranke Patient ist zum Beispiel auch 176 cm groß, hat eine Glatze, ist Mitglied eines Schachklubs und so weiter. Müssen wir all diese Umstände berücksichtigen, bevor wir eine moralische Bewertung der Handlung vornehmen können? Es scheint nicht so. Vielmehr können wir manchmal das Gute oder Böse einer Handlung unabhängig von ihren Umständen bestimmen. Bernards Handlung, den unschuldigen Mann zu töten, ist zum Beispiel trotz seines guten Motivs (des Wunsches, andere zu retten) und trotz der guten Auswirkungen (der tatsächlichen Rettung anderer) böse, denn die Handlung selbst, einen unschuldigen Menschen zu töten, ist unter allen Umständen böse.

Handlung, Umstand und Motiv

Wenn wir eine Handlung moralisch bewerten, müssen wir drei Faktoren berücksichtigen: die Handlung selbst, die Umstände und die Absicht des Handelnden (die als der moralisch wichtigste Umstand herausgestellt wird) (I-II, 18, 2–4). Von ihrem Wesen her, unabhängig von den Umständen, sind einige Handlungen gut, während andere böse sind (I-II, 18, 2). Die Handlung, den Hungrigen zu speisen, ist zum Beispiel von Natur aus gut; im Gegensatz dazu ist die Handlung, sexuelle Beziehungen mit dem Ehepartner eines anderen zu haben, von Natur aus böse. Neben guten und bösen Handlungen können wir noch eine dritte moralische Kategorie hinzufügen, nämlich indifferente Handlungen (I-II, 18, 8). Das Aufheben von Stöcken zum Beispiel ist an sich weder gut noch böse. Wir werden jedoch sehen, dass diese dritte Kategorie geklärt werden muss.

Die Umstände beeinflussen die Moralität einer Handlung auf zwei verschiedene Arten. Erstens kann ein Umstand den Grad des Guten oder Bösen beeinflussen (I-II, 18, 11). Zum Beispiel ist die Handlung, etwas zu nehmen, was einem anderen gehört (Diebstahl), an sich böse, aber der Grad des Bösen kann von einer Vielzahl von Umständen abhängen. Hat der Dieb fünftausend Dollar genommen oder nur fünfzig Dollar? Ersteres ist viel schlimmer als Letzteres, daher beeinflusst dieser Umstand, wie viel gestohlen wird (ein Aspekt dessen, worum es bei der Handlung geht), den Grad des Übels. Ähnlich ist es mit dem Umstand, „wem das Geld gehört“ (ein weiterer Aspekt des Worüber oder Wovon bzw. des Was), der den Grad des Übels beeinflussen kann: Handelte es sich um einen Millionär oder um einen Armen? Obwohl es nicht richtig ist, selbst von einem Millionär fünfzig Dollar zu stehlen, ist es dennoch nicht so schlimm, wie denselben Betrag von einem Armen zu nehmen. Die Umstände können auch den Grad des Guten einer Handlung beeinflussen. Das Geben von Almosen an die Armen zum Beispiel ist an sich gut, aber das Scherflein der armen Witwe ist besser als die Multimillionen-Dollar-Spende des Milliardärs. Und warum? Weil der Umstand, wer gibt, den Grad des Guten beeinflusst. Oder noch einmal: Wenn zwei Menschen unter gleichen Umständen und bei gleichem Einkommen fünfhundert Dollar und tausend Dollar geben würden, wäre die Spende von tausend Dollar besser.

Die Umstände können auch die Sittlichkeit einer Handlung beeinflussen, indem sie das, was eine gute oder gleichgültige Handlung war, in eine böse Handlung verwandeln (I-II, 18, 10). Nehmen wir zum Beispiel an, dass der eheliche Akt von Natur aus gut ist. Aber wenn diese Handlung an einem öffentlichen Ort vollzogen wird (der Umstand des Wo), dann wird sie zu einer bösen Handlung der Zurschaustellung. In ähnlicher Weise wird die gleichgültige Handlung des Spuckens zum Sakrileg, wenn man auf einen Altar spuckt (der Umstand des Worauf oder des Wo). Außerdem kann ein Umstand eine bereits böse Handlung in eine andere Art von Bösem verwandeln. Der Akt des Diebstahls zum Beispiel ist an sich schon böse, aber ein weiteres Übel kommt hinzu, wenn der gestohlene Gegenstand (der Umstand des Wovon) ein heiliger Gegenstand ist, denn dann wird der Akt zum Sakrileg.

Ein Umstand kann zwar eine gleichgültige in eine gute Handlung verwandeln; kein Umstand kann aber eine böse Handlung gut werden lassen (I-II, 18, 4, ad 3). Robin Hoods Taten zum Beispiel können nicht gerechtfertigt werden. Die Tat des Raubes, die an sich schon böse ist, kann nicht durch das Motiv, das Geld den Armen geben zu wollen, gut gemacht werden. Auch Bernhards Handeln kann nicht gerechtfertigt werden. Die Tötung eines unschuldigen Menschen ist an sich böse, und der gute Effekt (mehr Leben zu retten) macht sie nicht zu etwas Gutem.

Warum gibt es diese Asymmetrie, so dass gute Handlungen zu bösen werden können, aber böse Handlungen nicht zu guten? Weil, so Thomas, das Gute erfordert, dass alles an seinem Platz ist, während das Böse folgt, wenn nur eine wesentliche Sache nicht an ihrem Platz ist (I-II, 88, 6, ad 3; I-II, 20, 2; II-II, 110, 3). Bei einer guten Handlung muss alles in Ordnung sein – die Handlung selbst, das Motiv und alle Umstände –, aber eine Handlung ist böse, wenn nur einer ihrer Umstände mangelhaft ist. Ähnlich ist ein Auto nur dann gut, wenn alle seine wesentlichen Merkmale in Ordnung sind, aber es ist schlecht, wenn nur ein Merkmal fehlt. Sie wären kaum beeindruckt, wenn ich Ihnen ein Auto verkaufen würde, bei dem ein Kühler fehlte, und wenn ich dann darauf bestehen würde, dass das Auto wirklich gut sei, da nur eine Sache fehle. Ähnlich ist eine Handlung nicht gut, wenn nur ein wesentlicher Faktor fehlt.

Das letzte Element des Dreiklangs, das Motiv oder Ziel, aus dem oder um dessen willen die Handlung ausgeführt wird, ist der wohl moralisch bedeutsamste Umstand. Ein schlechtes Motiv kann jede gute oder gleichgültige Handlung zunichtemachen. Wenn ich den Armen nur deshalb etwas gebe, weil ich möchte, dass andere mich loben, dann ist die Handlung nicht mehr gut. Wenn ich Stöcke aufhebe, um einem Geheimagenten zu signalisieren, dass er die Botschaft sprengen soll, dann ist meine Handlung böse geworden. Außerdem kann ein gutes Motiv eine gleichgültige Handlung gut machen, etwa wenn ich Stöcke aufhebe, um jemandem zu helfen, seinen Garten zu reinigen. Aber noch einmal: Ein gutes Motiv macht eine böse Handlung niemals gut. Wie man so schön sagt: Ein guter Zweck heiligt nicht die bösen Mittel. Sobald die Handlung böse ist, bleibt sie böse, unabhängig von den guten Absichten des Handelnden.

Handlung, Umstände und Motiv bestimmen also die Moralität einer Handlung. Die Handlung selbst kann gut, böse oder indifferent sein. Die Umstände beeinflussen den Grad des Guten oder Bösen, oder sie können eine zuvor gute Handlung in eine böse verwandeln oder eine indifferente Handlung entweder gut oder böse machen. Sie können aber nicht eine böse Handlung ausführen und sie gut machen. Das Ziel oder das Motiv spielt eine ähnliche Rolle.

Indifferente Handlungen

Wir müssen unsere Aussage, dass Handlungen entweder gut, böse oder indifferent sein können, einschränken, denn wenn Thomas von Aquin fragt, ob irgendwelche menschlichen Handlungen moralisch indifferent sind, antwortet er: „Ja und nein." Ja, einige Handlungen, wie das Aufheben von Stöcken, sind moralisch indifferent. Andererseits ist keine Handlung, auch nicht das Aufheben von Stöcken, moralisch indifferent; alle solchen Handlungen sind entweder gut oder böse. Was meint Thomas damit? Er meint, dass die Handlung des Aufsammelns von Stöcken, allgemein betrachtet, weder das Gute noch das Böse notwendigerweise mit sich bringt (I-II, 18, 8). Das Gute oder das Böse kann aber durch irgendeinen Umstand oder Zweck hinzukommen, wie wir schon angedeutet haben. Wenn ich Stöcke in der Absicht aufhebe, sie auf einen unschuldigen Zuschauer zu werfen, dann macht mein böses Motiv die Handlung zunichte. In der konkreten Situation hat die gleichgültige Handlung des Aufnehmens von Stöcken den Charakter des Bösen angenommen. Wenn ich Stöcke aufhebe, um den Hof einer bettlägerigen Frau aufzuräumen, dann hat das, was gleichgültig war, den Charakter einer guten Handlung angenommen.

Wir müssen also unterscheiden zwischen dem „Stöcke-Aufheben" für sich betrachtet und dem „Stöcke-Aufheben", wie es in der konkreten Situation geschieht. Im ersten Sinne ist es indifferent, im zweiten kann es gut oder böse werden. Thomas von Aquin geht sogar so weit zu sagen, dass die betreffende Handlung im zweiten Sinne gut oder böse werden *muss* (I-II, 18,

9). Sie kann nicht indifferent bleiben. Irgendein Umstand – vor allem das Motiv – wird der konkreten Handlung zwangsläufig einen moralischen Charakter verleihen. Warum? Weil wir, wann immer wir handeln, um eines Guten willen handeln, und dieses Gut muss selbst ein wahres moralisches Gut sein, das der Handlung angemessen ist, oder nur ein scheinbares Gut. Wann immer wir also Stöcke aufheben, tun wir dies für ein wahres Gut oder für ein mangelhaftes Gut, für das, was wir für gut halten. Daraus folgt, dass der konkrete Akt des Aufhebens von Stöcken entweder gut oder böse sein muss.

Eine weitere Klarstellung muss vorgenommen werden. Manchmal können einfache Handlungen wie das Aufheben eines Stocks oder das Kratzen am Bart unwillkürlich sein; sie entstehen geistesabwesend, ohne Überlegung, durch eine Art Impuls, der aus der Vorstellung entsteht, ohne Eingreifen der reflektierenden Vernunft. Solche Handlungen sind weder gleichgültig, noch werden sie im Konkreten gut oder böse. Vielmehr sind sie, wie wir gesehen haben, Handlungen eines Menschen, die gar nicht in den Bereich der Moral fallen. Sie haben überhaupt keine moralische Relevanz. Die indifferenten Handlungen, die Thomas von Aquin betrachtet, sind menschliche Handlungen, bewusste Handlungen, die aus irgendeinem Grund getan werden; als solche sind sie im Konkreten gut oder böse.

Wohin geht Abelard?

Was sollen wir dann über das Schlafen mit einer anderen Frau sagen? Was sollen wir über Bernard sagen, der eine unschuldige Person tötet, in der Hoffnung, neunzehn andere zu retten? Wir müssen sagen, dass keine dieser Handlungen gerechtfertigt werden kann. Beide sind an sich böse, Handlungen, die von Natur aus böse sind, unabhängig von den Umständen. Die Hinzufügung von Umständen kann niemals etwas, das von Natur aus böse ist, zu etwas Gutem machen. Diese Handlungen sind schon von ihrem Gegenstand her böse und können nicht durch Absicht oder Umstände gut gemacht werden.

Nicht nur Mord und Ehebruch sind von Natur aus böse Handlungen. Auch Unzucht, Vergewaltigung, homosexuelle Handlungen, Diebstahl, Raub, Verleumdung, Lüge, Gotteslästerung und andere Handlungen sind unter allen Umständen böse. Einige dieser Beispiele erfordern weitere Überlegungen über ihren Inhalt, aber wenn die Überlegungen abgeschlossen sind, muss ihr universelles Verbot aufrechterhalten werden. Diebstahl zum Beispiel bezieht sich auf die Aneignung dessen, was einem anderen gehört, was nach Thomas von Aquin in jeder Situation falsch ist (II-II, 66, 5). Auf der anderen Seite sagt er, dass sich in der Not jemand das nehmen kann, was er braucht, so wie ein hungernder Mensch einen Laib Brot nehmen kann. Wie sind diese beiden Aussagen zu verstehen? Indem man erkennt, dass der Besitz nicht vollständig durch menschliche Rechtssysteme bestimmt wird. Obwohl die menschlichen Gesetze größtenteils so funktionieren, dass sie festlegen, dass zum Beispiel mein Auto mir gehört und nicht Ihnen, versagen sie unter ungewöhnlichen Umständen, die von einem allgemeinen menschlichen Gesetz nicht vorhergesehen werden können. In der Not, sagt Thomas, gehören alle Dinge allen gemeinsam (II-II, 66, 7). Ähnlich könnte man die Frage nach dem Lügen klären. Während das Lügen niemals richtig ist, kann das Verbergen der Wahrheit manchmal akzeptabel sein; man darf sogar etwas verheimlichen, um die Wahrheit zu verbergen, das heißt, man könnte, ohne zu lügen, jemanden von der Wahrheit ablenken (II-II, 110, 3, ad 4).

Besonders hervorzuheben sind die von Abelard erwähnten zwei Scharfrichter. Beide töten einen Verbrecher, der den Tod verdient hat, aber der eine tut es um der Gerechtigkeit willen, während der andere aus persönlicher Rache handelt. Thomas stimmt mit Abelards Urteil überein: Die Tat des ersten Henkers ist gut, die des zweiten aber böse. Thomas von Aquin kann jedoch eine bessere Erklärung für das Gute und das Böse liefern. Die Handlung an sich ist gut, aber das Motiv des jeweiligen Henkers beeinflusst zusätzlich das Gute oder Böse der Handlung. Das böse Motiv des zweiten Henkers macht aus einer guten Handlung eine böse.

Letztlich lehnt Thomas die Situationsethik ab, die alles den Umständen überlassen will. Zweifellos sind Umstände und Situationen wichtig. Zweifellos hat die Ethik ihre Grauzonen. Daraus folgt aber nicht, dass die Umstände alles sind. Daraus folgt nicht, dass nichts schwarz oder weiß ist. Moralische Entscheidungen erfordern eine Abwägung der Umstände und des Motivs. Trotzdem wissen wir, dass manche Handlungen falsch sind, egal unter welchen Umständen. Wir sollten uns nicht so sehr von den

Grauzonen des Lebens einschüchtern lassen, dass wir Schwarz und Weiß vergessen.

11

Tugend und Wahrheit

Alle Menschen streben von Natur nach Wissen.
Aristoteles

Ein Leben ohne Selbsterforschung ist nicht lebenswert.
Sokrates in Platons *Apologie*

Intellektuelle Tugenden

Die Ethik sagt uns nicht die Wahrheiten der Wissenschaft; sie lehrt uns weder Mathematik oder Physik, noch lehrt sie uns, wie man ein Arzt oder ein Architekt wird. Es mag uns also überraschen, dass Thomas von Aquin die Wissenschaft als Tugend bezeichnet und dass verschiedene Fähigkeiten, wie Medizin oder Architektur, ebenfalls zu den Tugenden zählen (I-II, 57). Unsere Überraschung wird nachlassen, wenn wir uns daran erinnern, dass es in der Ethik nicht so sehr um die Regeln von richtig und falsch geht, sondern um Richtlinien, wie man ein gutes Leben führt. Ein wahrhaft erfülltes menschliches Leben wird unsere menschlichen Fähigkeiten verwirklichen, insbesondere die, die mit der Vernunft verbunden sind. Wir unterscheiden uns von allen anderen Sinneswesen dadurch, dass wir denken können; nur wir können die Welt um uns herum verstehen. Sollte unsere Erfüllung dann nicht auch die Entwicklung unseres Verstandes beinhalten? Und da die Ethik unsere Erfüllung betrifft, sollte dann nicht auch die Entwicklung unseres Verstandes und unseres Herzens zur Tugend gezählt werden?

Wenn wir ein menschliches Leben und nicht nur ein tierisches führen wollen, dann sollten wir die Welt um uns herum verstehen. Tiere haben sicherlich eine Art von Wissen – sie haben Empfindungen und ein Gedächtnis und ein wenig instinktives Wissen –, aber letztendlich verstehen sie die Dinge um sie herum nicht. Sie kennen nicht die Ursachen der Dinge, wie wir es durch unsere wissenschaftlichen Studien tun; weder begreifen sie die Natur der Dinge, noch können sie Mathematik betreiben oder philosophische Fragen stellen. Unser Verstand übertrifft den der Tiere bei weitem. Ein erfülltes menschliches Leben muss also diesen einzigartigen Geist entwickeln.

Wir geben uns nicht mit der bloßen Empfindung oder der bloßen Erinnerung zufrieden, da wir die Fähigkeit haben, die Gründe für die Dinge zu erfassen. Dieses Bedürfnis, über die Empfindung hinauszugehen, spiegelt sich sogar in unserer Wertschätzung der sinnlichen Schönheit wider. Die Schönheit einer Sinfonie liegt nicht einfach in bestimmten angenehmen Klängen, sondern in der Ordnung und Struktur dieser Klänge, die mit dem Verstand erfasst wird. Tiere haben kein künstlerisches Empfinden, auch wenn sie sich an den Klängen der Musik erfreuen, denn sie erfassen nicht die Ordnung des Ganzen. In ähnlicher Weise beruht die Schönheit eines Gemäldes auf einer Ordnung der Teile.

In der Tat kann unsere Freude an der Wissenschaft oder an der Philosophie auch etwas Ästhetisches haben, denn wenn wir die Wechselbeziehung der vielen Ursachen im Universum verstehen, nehmen wir eine wunderbare Ordnung wahr, die sich zu einer schönen Komposition vereint (II-II, 180, 2, ad 3). Wer kann das Wunder des genetischen Codes betrachten, ohne seine Schönheit zu sehen, oder wer versteht nicht die Schönheit hinter den Abläufen des Sonnensystems? In der Tat meinte Einstein, dass die allgemeine Relativitätstheorie schon durch die bloße Schönheit ihrer Mathematik beachtenswert ist. Diese Schönheit der Wissenschaft ist intellektuell vollkommener als die Schönheit der Empfindung, aber in beiden Fällen ist der Verstand beteiligt.

Die menschliche Vernunft ist auch an der Erfüllung beteiligt, die wir in bestimmten Fähigkeiten finden. Die Erfüllung, ein guter Arzt oder ein guter Architekt zu werden, ist eine Entwicklung der mentalen Fähigkeit der Vernunft. Selbst bei körperlichen Fertigkeiten, wie z. B. dem Schreinern, wird der Verstand eingesetzt, um zu erkennen, wie man die Ziele am besten erreicht. In ähnlicher Weise ist die Herausforderung, die hinter dem Angeln steckt, zum Teil eine geistige Übung, und selbst die Freude an einem Baseball- oder Fußballspiel ist nicht nur körperlich. Wir lenken unseren Körper mit dem Verständnis, das wir in unserem Intellekt haben, weshalb wir keine Tiere finden, die Spiele wie Baseball spielen. Kurz gesagt, unsere Verstandeshandlungen zu lenken, ist selbst eine menschliche Erfüllung. Wir erkennen eine besondere Leistung darin, unseren Verstand zu gebrauchen, um unsere Ziele zu erreichen, weshalb wir alle natürlich Stolz und Freude daran haben, bestimmte Fähigkeiten zu entwickeln. Gut in etwas zu werden, ist zutiefst befriedigend. Leider sind viele Jobs in unserer heutigen Gesellschaft sinnlos und erfüllen die menschlichen Fähigkeiten kaum. Jemand, der am Fließband tausende Male am Tag die gleiche Schraube bohrt, kann dadurch sein Denkvermögen kaum entwickeln.

Diese verschiedenen geistigen Leistungen werden daher passenderweise Tugenden genannt. Wörtlich bezieht sich eine Tugend auf eine Stärke, und sowohl Wissen als auch Fähigkeiten sind Stärken. Genauer gesagt, haben wir gesehen, dass eine Tugend eine starke Disposition ist, gut zu handeln. Ein guter Arzt ist sicher geneigt, zu heilen, und ein guter Architekt ist geneigt, zu bauen; ähnlich ist ein Mathematiker geneigt, Mathematik zu verstehen. Jede dieser Eigenschaften ist also eine Tugend; sie ist eine Stärke, die uns als menschlichen Wesen zu unserer Erfüllung verhilft.

Drei spekulative Tugenden

Thomas beschreibt drei Tugenden als intellektuelle Tugenden, im Gegensatz zu den moralischen Tugenden. Intellektuelle Tugenden sind Vollkommenheiten des Geistes oder der Vernunft, während moralische Tugenden Vollkommenheiten unserer Begierden oder Wünsche sind (I-II, 56, 3; I-II, 58, 3). Intellektuelle Tugenden helfen uns, gut zu denken; moralische Tugenden helfen uns, gut zu begehren. Thomas von Aquin unterteilt die intellektuellen Tugenden in zwei allgemeine Arten, in spekulative und praktische Tugenden (I-II, 57). Unsere Vernunft, sagt er, hat die Fähigkeit, die Wahrheit zu erkennen, aber diese Wahrheit kann selbst in den Dienst der Lenkung unserer Tätigkeiten gestellt werden. Spekulative Tugenden stärken unsere Erkenntnis der Wahrheit als Wahrheit; praktische

Tugenden stärken die Anwendung der Wahrheit in der Tätigkeit. Die Kenntnis der Astronomie zum Beispiel ist eine spekulative Tugend, denn sie befasst sich einfach mit dem Erkennen. Das Wissen über Architektur ist dagegen eine praktische Tugend, denn es ist das Wissen, wie man etwas tut.

Thomas von Aquin betrachtet drei Arten von spekulativen Tugenden: Verstehen, Wissenschaft und Weisheit (I-II, 57, 2). Verstehen bezieht sich auf das Erfassen von Grundprinzipien, die Ausgangspunkte der Erkenntnis, während Wissenschaft sich auf das Erfassen der Schlussfolgerungen aus diesen Grundprinzipien bezieht. Als solcher entspricht der Begriff „Wissenschaft" bei Thomas nicht unserem heutigen Sprachgebrauch, denn heute haben wir den Gebrauch dieses Begriffs auf eine bestimmte Art des Studiums mit Experimenten und mathematischen Messungen eingeengt. In der Tat scheint der heutige Gebrauch auch eine ganze Tradition mit sich zu bringen: Jemand ist kein Wissenschaftler, wenn er nicht zur Gemeinschaft der Wissenschaftler gehört. Das Studium der Theologie oder Philosophie würde demnach nicht als Wissenschaft gelten. Im Gegensatz dazu ist für Thomas von Aquin die Theologie die Wissenschaft *par excellence* (I, 1, 5). Wir brauchen uns über den Unterschied nicht den Kopf zu zerbrechen, denn es handelt sich lediglich um einen Unterschied im Sprachgebrauch. Für Thomas von Aquin bezeichnet „Wissenschaft" einfach ein Wissenskorpus, unabhängig davon, ob dabei Experimente oder mathematische Messungen verwendet werden.

Wir sind eher nicht geneigt, scharf zwischen Verstehen und Wissenschaft zu unterscheiden, aber Thomas hielt die Unterscheidung für grundlegend, denn es handelt sich um unterschiedliche Wege zur Erkenntnis der Wahrheit. Für uns ist nur die Unterscheidung des Gegenstandes wichtig, wie zum Beispiel der Unterschied zwischen Biologie und Physik. Thomas erkannte diese Unterscheidung auch, aber er dachte, der Unterschied zwischen Verstehen und Wissenschaft sei grundlegender. Verstehen ist ein Erfassen der grundlegenden Ausgangspunkte; Wissenschaft ist ein Erfassen der Schlussfolgerungen im Lichte dieser grundlegenden Ausgangspunkte. Das Verstehen beinhaltet ein einfaches Erfassen, ein Verstehen von Begriffen und dem, was daraus folgt; die Wissenschaft beinhaltet deduktives Schlussfolgern. Die Wissenschaft setzt das Verstehen voraus, denn wir können ohne die Prinzipien keine Schlussfolgerungen ziehen, aber das Verstehen erfordert keine Wissenschaft.

Die dritte spekulative Tugend, die Weisheit, verbindet die beiden anderen zu einer übergreifenden Wissenschaft von der gesamten Wirklichkeit, insbesondere in Bezug auf Gott. Die Weisheit prüft kritisch die grundlegenden Ausgangspunkte, und sie prüft alle Wissenschaften, indem sie alles unter dem einzigen Thema des Seins vereinigt. Da Gott die Ursache allen Seins ist, versteht die Weisheit alles in ihrer Beziehung zu Gott. Die Weisheit nimmt die große Perspektive ein und betrachtet nicht nur dieses Ding hier oder jenes Ding dort, sondern betrachtet das, was allen Dingen gemeinsam ist. Weisheit, so könnte man sagen, fügt alle Teile zusammen. Solange wir nur die Einzelwissenschaften betrachten, können wir das große Ganze nicht sehen; wir können nicht sehen, wie alles zu einem Ganzen zusammenpasst.

Noch einmal: Gewohnheiten

Wie die Gerechtigkeit und wie die Tugenden der Emotionen, sind die spekulativen Tugenden Gewohnheiten. Sie sind starke Dispositionen, sich auf eine bestimmte Weise zu verhalten. Und doch sind sie nicht ganz dasselbe; sie sind Dispositionen, die uns die Fähigkeit geben, gut zu handeln, aber sie bewegen uns nicht wirklich dazu, gut zu handeln (I-II, 56, 3). Wenn ich ein tiefes Verständnis für Mathematik habe, weil ich sie viele Jahre lang studiert habe, dann können wir sagen, dass ich eine Disposition habe, Mathematik zu verstehen. Es fällt mir sehr leicht, es ist mir sogar in Fleisch und Blut übergegangen, in mathematischen Begriffen zu denken; ich kann es ohne weiteres und mit großem Erfolg tun. Aber wie gut ich auch in Mathematik bin, meine Gewohnheit bewegt mich nicht dazu, mathematisch zu denken. Ich muss mich entscheiden, mathematisch zu denken. Wenn ich dagegen die Gewohnheit der Gerechtigkeit habe, werde ich ganz spontan den Wunsch haben, das Gerechte zu tun. Ich muss mich natürlich immer noch entscheiden, und ich kann mich gegen meine Gewohnheit entscheiden, aber die Gewohnheit selbst lässt das Verlangen entstehen. Die intellektuelle Gewohnheit der Mathematik hingegen führt nicht spontan zu mathematischen Gedanken. Ich muss mich zuerst dafür entscheiden, über Mathematik nachzudenken, und dann wird meine Gewohnheit aktiviert.

Dieser Unterschied in den Gewohnheiten ergibt sich aus dem Gegenstand einer Gewohnheit. Mathematik ist eine Gewohnheit des Verstandes, ein Vermögen des Verstehens; Gerechtigkeit ist eine Gewohnheit der Begierden, ein Vermögen des Verlangens. Der Verstand gibt uns zwar die Fähigkeit, zu handeln, aber er bewegt uns nicht zum Handeln; im Gegensatz dazu sind es die Begierden, die uns zum Handeln antreiben. Daraus folgt, dass eine Gewohnheit des Verstandes uns die Möglichkeit gibt, gut zu handeln, während eine Gewohnheit der Begierden uns nicht nur die Möglichkeit gibt, sondern uns selbst zum Handeln antreibt.

Die intellektuellen Gewohnheiten können tatsächlich die grundlegendere Bedeutung von „Gewohnheit" haben (wenn auch die sekundäre Bedeutung von „Tugend"), denn sie sind buchstäblich eine Art von Haben. Wir sagen, dass ich Wissen über Mathematik *habe*, ein Verständnis, zu dem ich sofort Zugang habe, etwas im Speicher, das ich nach Belieben abrufen kann. Im Gegensatz dazu sind wir nicht geneigt zu sagen, dass Mäßigung einfach ein Haben des richtigen Begehrens in Bezug auf körperliches Vergnügen sei, eine Art Speicherung solcher Wünsche. Es geht um mehr als um das das Haben; es geht um den spontanen Gebrauch.

Je größer die Gewöhnung an ein bestimmtes Wissensgebiet ist, desto tiefer und klarer ist unser Verständnis und desto eifriger halten wir an seinen Wahrheiten fest. Dem Mathematiker fällt nicht nur das mathematische Denken leichter, er hat auch ein tieferes Verständnis der mathematischen Wahrheiten, und er ist sich ihrer gewisser als ein Anfänger, der die gleichen Wahrheiten erfasst (I, 85, 7). Je mehr er mathematisch denkt – unter Verwendung seines mathematischen Wissens –, desto tiefer sind die Wahrheiten in seinem Geist verankert. Was für den einen eine schwache Ätzung ist, wird für denjenigen, der die intellektuelle Tugend hat, zu einem kühnen Umriss.

Praktische Tugenden

Wir nutzen unseren Verstand nicht nur, um die Welt um uns herum zu verstehen, sondern wir nutzen unser Verstehen auch, um unsere eigenen Tätigkeiten zu lenken. Ein Architekt nutzt sein Wissen, um seine Tätigkeit des Planens und Bauens zu lenken; ein Arzt nutzt sein Wissen, um seine Tätigkeit des Heilens zu lenken. Thomas von Aquin nennt dieses Wissen über das Wie „praktisches Wissen", und die entsprechenden Tugenden nennt er praktische Tugenden, von denen es zwei Haupttypen gibt: Kunst und Klugheit. Mit „Kunst" meint er nicht nur das Malen von Gemälden; er bezieht sich auf jede Art von Wissen darüber, wie man etwas herstellt (I-II, 57, 3). Medizin, Architektur und Automechanik sind allesamt Künste. Sie sind Fertigkeiten, die ein Verständnis der Materie beinhalten, um das gewünschte Ergebnis zu erzielen. Solches Wissen, so Thomas, ist nicht in erster Linie auf die Vollkommenheit des Verstandes gerichtet, sondern dient der Herstellung von etwas, das gemacht werden soll. Im Gegensatz dazu geht es beim spekulativen Wissen in erster Linie um die Vervollkommnung des menschlichen Geistes.

Die *prudentia* werden wir auch als praktische Weisheit bezeichnen, da das deutsche Wort „Klugheit" einen negativen Beigeschmack hat. Wir werden uns im nächsten Kapitel ausführlich mit der Klugheit befassen, so dass wir im Moment nur den Unterschied zur Kunst betrachten. Die Kunst lenkt unsere produktive Tätigkeit, die sich letztlich in dem hergestellten Produkt vollendet, während die praktische Weisheit die Ordnung unseres eigenen Handelns, unseres Tuns und nicht unseres Schaffens, lenkt (I-II, 57, 4). Die Kunst befasst sich mit einer guten Sache, die hergestellt werden soll; die Klugheit befasst sich mit menschlichen Handlungen, die gut gemacht sind. Der Kunst geht es um die Vollkommenheit des Produkts; der praktischen Weisheit geht es um die Vollkommenheit oder Erfüllung des gesamten menschlichen Lebens (I-II, 21, 2, ad 2).

Das Studium der Ethik ist also eng mit der Klugheit verwandt, denn beide befassen sich mit unseren Handlungen, soweit sie menschlich erfüllend sind. Beide sind praktisches Wissen, denn sie sagen uns, wie wir etwas tun sollen. In der Tat sagen uns beide, welche Handlungen gut und welche Handlungen böse sind. Dennoch sind die beiden voneinander verschieden. Sie unterscheiden sich in zwei wichtigen Merkmalen.

Erstens untersucht die Ethik lediglich die allgemeinen Prinzipien von guten und bösen Handlungen, während die praktische Weisheit dieses Wissen auf die konkreten Situationen des Lebens anwendet (II-II, 47, 3). Die Ethik kann uns sagen, dass wir unsere Schulden zurückzahlen sollen; die Klugheit wird uns sagen, wie wir vorgehen sollen, um diese spezielle Schuld, die wir eingegangen sind, zurückzuzahlen. In ähnlicher Weise muss ein Architekt sein allgemeines Wissen über gutes Bauen (vergleichbar mit der Ethik) auf das spezielle Gebäude anwenden, das er gerade baut (vergleichbar mit der Klugheit).

Zweitens ist die Klugheit im wahrsten Sinne des Wortes praktisch, denn sie regt die Neigungen der Person an. Eine Person mag viel über Ethik wissen, ohne dass sie sich auch nur ein bisschen darum kümmert, das Gute zu tun. Anna hat vielleicht Wirtschaftsethik studiert und weiß, dass Veruntreuung falsch ist, aber es ist ihr egal; wenn sich die Gelegenheit ergibt, könnte sie sehr wohl das begehren, von dem sie weiß, dass es falsch ist. Eine kluge Person hingegen kennt nicht nur das Gute, sie wünscht es sich auch. Sie weiß nicht nur, wie sie das Gute herbeiführen kann, sie will es sogar herbeiführen. Folglich ist die praktische Weisheit nicht nur eine intellektuelle Tugend, sondern auch eine moralische Tugend (I-II, 58, 3, ad 1; II-II, 47, 1, ad 3). Wir werden diesen Zusammenhang zwischen Klugheit und Begehren im nächsten Kapitel weiter untersuchen.

Noch einmal: Sowohl Kunst als auch Klugheit sind Gewohnheiten. Sie sind das Haben eines bestimmten Wissens. Der Architekt hat ein richtiges Verständnis vom Bauen, so wie der Arzt ein tiefes Verständnis vom Heilen hat. Nur durch wiederholtes Nachdenken über den Gegenstand – und das tatsächliche Ausüben der Tätigkeit – werden die praktischen intellektuellen Fähigkeiten entwickelt.

Wissen und die moralischen Tugenden

Wie hängen die intellektuellen Tugenden mit dem moralischen Leben zusammen? Der gesunde Menschenverstand sagt uns, dass jemand die intellektuellen Tugenden haben und ein verwerflicher Mensch sein kann. Ein brillanter Wissenschaftler kann ein Lügner und Schwindler sein. Ein großartiger Arzt kann gierig und arrogant sein. Es gibt keine notwendige

Verbindung zwischen intellektuellen Tugenden und dem Gutsein, mit Ausnahme der Klugheit (I-II, 58, 5). In der Tat scheint die Tugend der Demut Schwierigkeiten zu haben, mit dem sich aufblähenden Wissen zusammen zu bestehen.

Auch das Gegenteil ist wahr: Ein sehr guter Mensch braucht die intellektuellen Tugenden nicht zu haben (I-II, 58, 4). Obwohl er die moralischen Tugenden haben muss (denn er muss großzügig, geduldig, demütig usw. sein), können ihm die intellektuellen Tugenden fehlen (mit Ausnahme der praktischen Weisheit und, wie Thomas sagt, des Verstehens, denn er muss die Grundprinzipien des moralischen Lebens verstehen). Er mag wenig von Wissenschaft verstehen und keine besonderen Fähigkeiten haben, dennoch ist er ein guter Mensch. Die intellektuellen Tugenden scheinen also in keiner Weise mit den moralischen Tugenden verbunden zu sein. Jemand kann die intellektuellen Tugenden ohne die moralischen Tugenden haben; jemand anderes kann die moralischen Tugenden ohne die intellektuellen Tugenden haben.

Diese offensichtliche Trennung zwischen Wissen und Gutsein oder zwischen den intellektuellen und den moralischen Tugenden scheint ein Problem darzustellen. Denn wir haben gesagt, dass das ethische Leben mit dem guten Leben zu tun hat, und das gute Leben ist das, was den Menschen erfüllt. Wir stellen nun fest, dass unsere Erfüllung die intellektuellen Tugenden einschließt. Es scheint also, dass die Ethik, das Wissen darüber, wie man ein erfülltes Leben führt, uns sagen sollte, dass wir die intellektuellen Tugenden verfolgen sollen. Wie kommt es dann, dass diese Tugenden so unabhängig vom Gutsein sind?

Wir werden uns diesem Problem aus zwei Blickwinkeln nähern. Erstens werden wir zeigen, dass die intellektuellen Tugenden in der Tat Teil des guten Lebens sind, dass man sie aber zuweilen haben kann, als ob sie nicht da wären; zweitens werden wir zeigen, dass ein gutes Leben zu führen nicht die Vollendung der intellektuellen Tugenden, wohl aber die Liebe zu diesen Tugenden erfordert.

Betrachten Sie jemanden, der unempfindlich gegenüber seinem eigenen Wohlbefinden ist. Angenommen, er hat eine wunderbare Frau und eine liebenswerte Familie, aber er ist unglücklich, weil er nach politischem

Erfolg strebt. Nichts macht ihm Freude, solange er in der Welt nicht vorankommt. Was sollen wir von ihm sagen? Dass er nichts Gutes hat, worüber er sich freuen kann? Nein, natürlich nicht. Er hat viel, worüber er sich freuen kann. Vielmehr sagen wir, dass er nicht weiß, wie er sich über das Gute, das er hat, freuen soll. Er hat etwas Gutes – eine liebenswerte Familie –, aber er besitzt sie nicht wirklich als ein Gut, denn er weiß ihren wahren Wert nicht zu schätzen. Um ein Gut wirklich als Gut zu besitzen, müssen wir es nicht nur haben; wir müssen es darüber hinaus als ein Gut lieben (I-II, 34, 4 ad 3; I-II, 56, 3).

Das ist die Bedingung der geistigen Güter. Sie sind wahrhaft menschliche Güter, so wie eine Familie ein wahres Gut ist. Aber jemand kann sie haben, ohne sie in ihrem wahren Wert zu schätzen. Jemand kann es versäumen, sie so zu lieben, wie er sollte. Zum Beispiel kann es vorkommen, dass eine Ärztin ihre medizinischen Fähigkeiten nur insofern liebt, als sie damit Geld verdienen kann. Wir wollen nicht bestreiten, dass Geld gut ist, und wir bekommen Geld für unsere Arbeit; aber eine Ärztin, die ihre Fähigkeiten nur wegen des Geldes liebt, versäumt es, diese Fähigkeiten als die Erfüllung ihres menschlichen Vermögens der Vernunft zu lieben. Sie besitzt die Fähigkeiten also nicht vollständig als das menschliche Gut, das es ist. In ähnlicher Weise kann jemand ein brillanter Wissenschaftler sein, aber er schätzt sein Wissen nur, weil er hofft, dass andere ihn für seine Bildung loben. Er hat das intellektuelle Vermögen der Wissenschaft, aber er besitzt es nicht als ein Gut, das seine menschlichen Fähigkeiten erfüllt. Er ist wie der Mann, der seine Familie nicht für ihren wahren Wert schätzt.

Wenn wir schließlich die intellektuellen Tugenden als wahres menschliches Gut besitzen wollen, dann müssen wir sie als Teil des gesamten menschlichen Gutes lieben, einschließlich des Gemeinwohls, das wir im Zusammenhang mit der Gerechtigkeit betrachtet haben. Das Wissen z. B. muss als zum Wohl des Ganzen betrachtet geliebt werden, und die Kunst muss nicht einfach als mein Gut, sondern als Teil des Gutes des Ganzen geliebt werden (II-II, 186, 1; 180, 2, ad 1).

Wir können die intellektuellen Tugenden haben, ohne gut zu sein, weil die intellektuellen Tugenden nicht die entsprechende Liebe mit sich bringen. Jemand kann Wissen haben, ohne es so zu lieben, wie er sollte, genauso wie jemand eine Frau haben kann, ohne sie für ihren wahren Wert zu lieben. Daraus folgt, dass die intellektuellen Tugenden wahre Güter sind, so wie eine wunderbare Familie ein wahrer Segen ist – aber sie werden nicht immer als gut besessen. Sie können für etwas anderes als ihr wahres Gut geliebt werden, so wie Wissen für Eitelkeit geliebt werden kann. Die intellektuellen Tugenden haben also nur die Hälfte von dem, was erforderlich ist, damit etwas wirklich erfüllend ist. Sie haben das Gute, aber sie haben nicht unbedingt die Liebe.

Es ist also kein Wunder, dass die intellektuellen Tugenden vom Gutsein abgekoppelt sind. Um wirklich gut zu sein, muss ein Mensch nicht nur ein Gut haben, er muss es auch so lieben, wie er sollte. Der brillante Wissenschaftler muss nicht nur Wissen haben, er muss das Wissen so lieben, dass es zum Ganzen der menschlichen Vollkommenheit passt. Wenn er sich selbstsüchtig an sein Wissen als ein privates Gut klammert, nur um sich selbst zu bereichern, dann hat er zwar etwas Gutes, aber er selbst ist nicht gut, denn er liebt das Gut nicht so, wie er sollte.

Im Gegensatz dazu haben die moralischen Tugenden die entsprechende Liebe gewissermaßen in sich eingebaut. Jemand ist nur dann gerecht, wenn er seinen Nächsten liebt, und nur dann, wenn er Gerechtigkeit als wahres menschliches Gut anstrebt. Nehmen wir an, jemand unterlässt einen Diebstahl nur deshalb, weil er Angst hat, erwischt zu werden. Ein solcher Mensch hat das Gerechte getan – er hat nicht gestohlen –, aber er hat nicht die Tugend der Gerechtigkeit, denn er liebt die Gerechtigkeit nicht als das Gute an sich. Wir können zwar sagen, dass jemand die intellektuelle Tugend der Wissenschaft hat, aber sie nicht so liebt, wie er sollte, aber wir können nicht sagen, dass jemand die moralische Tugend der Gerechtigkeit hat, aber sie nicht so liebt, wie er sollte. Die intellektuelle Tugend bleibt hier ohne die Liebe; die Gerechtigkeit nicht. In ähnlicher Weise haben die anderen moralischen Tugenden das rechte Streben in sich eingebaut. Jemand ist nicht großzügig, wenn er nicht aus echter Liebe anderen etwas gibt. Wenn er etwas nur für eine Steuerreduzierung hergibt oder weil er auf eine Gegenleistung hofft, dann fehlt ihm die Tugend der Großzügigkeit.

Wir haben die erste Sorge angesprochen: Jemand kann die intellektuellen Tugenden haben, ohne gut zu sein, denn obwohl die intellektuellen Tugenden sicherlich eine menschliche Vollkommenheit sind, müssen sie nicht als Teil des wahren menschlichen Gutes geliebt werden. Was ist mit der zweiten Befürchtung, dass jemand moralisch gut sein kann, ohne die intellektuellen Tugenden zu besitzen? Wie kann jemand, wenn die intellektuellen Tugenden Teil des guten Lebens sind, gut sein, ohne wissbegierig zu sein oder ohne logische Fähigkeiten zu haben?

Die intellektuellen Tugenden sind nicht so gänzlich vom Gutsein getrennt, wie wir zunächst vermuten. Obwohl jemand gut sein kann, ohne die intellektuellen Tugenden zu besitzen, bleibt eine Verbindung zwischen dem Gutsein und den intellektuellen Tugenden bestehen, denn ein guter Mensch liebt die intellektuellen Tugenden auch dann, wenn er sie nicht besitzt, und auch dann, wenn er nicht die geistigen Fähigkeiten hat, sie zu erlangen. Ein guter Mensch hält zum Beispiel die Wahrheit in Ehren. Er verachtet die Wahrheit nicht, sondern erkennt sie als ein wahres menschliches Gut an. Zu den moralischen Tugenden zählt Thomas von Aquin die Tugend des Lerneifers, der das angemessene Streben nach der Wahrheit ist (II-II, 161). Jemand kann nicht wirklich gut sein, wenn er die Wahrheit verschmäht. Thomas von Aquin schreibt auch über ein Laster oder eine Sünde namens Trägheit oder Faulheit, die darin besteht, dass man nicht nach geistigen Gütern strebt, weil man nicht bereit ist, leibliche Güter zu opfern (II-II, 35). Dieses Laster, so Thomas, ist das Haupthindernis für das Streben nach der Wahrheit. Es ist auch ein Hindernis für die Entwicklung der eigenen Talente und Fähigkeiten, denn ein guter Mensch wird seine Talente nicht vernachlässigen, sondern sie nach seinen Möglichkeiten entwickeln. Ein guter Mensch mag zwar wenige Fähigkeiten haben, aber er wird sicher nicht faul sein. Er wird die intellektuelle Tugend der Kunst als ein erstrebenswertes geistiges Gut lieben.

Dennoch ist der Erwerb der intellektuellen Tugenden nicht notwendig, um gut zu sein (mit Ausnahme der Klugheit und des Verstehens der moralischen Prinzipien). Zwar muss ein guter Mensch die intellektuellen Tugenden lieben; er muss sie anstreben, soweit er dazu in der Lage ist und soweit es sein Lebensschicksal verlangt, aber ihr Besitz ist nicht notwendig, damit jemand gut ist. Er kann die Wahrheit lieben, aber es fehlt einfach die geistige Fähigkeit, sehr viel zu verstehen. Wir sind gut, sagt Thomas, durch den Gebrauch, den wir von den Dingen machen, nicht durch die Gaben, die uns gegeben wurden (I, 48, 6). Jemand, dem eintausend Dollar gegeben werden und der sie gut verwendet, ist besser als jemand, dem fünftausend Dollar gegeben werden, der sie aber schlecht verwendet. Wenn jemandem die intellektuelle Fähigkeit zum Verstehen fehlt, dann ist er gut und hat Anteil am guten Leben, insofern er die Wahrheit liebt und das Verständnis liebt, das andere erlangen.

Das menschliche Gut der Wahrheit

Ethik besteht nicht in erster Linie aus einer Liste von dem, was man tun und was man lassen soll, sondern aus den Richtlinien, wie man ein gutes menschliches Leben führt. Als solche umfasst die Ethik nicht nur die moralischen Tugenden, die unsere Begierden in Ordnung bringen, sondern auch die intellektuellen Tugenden, die die Vervollkommnung dessen sind, was Aristoteles das göttliche Element in uns nennt, die Fähigkeit zur Vernunft und damit zum Verständnis der Wahrheit. In unserer Zeit, in der die Frage des Pilatus „Was ist Wahrheit?" in aller Munde ist, werden wir stark daran gehindert, diese wahrhaft göttliche und menschliche Vollkommenheit zu erreichen. Der weit verbreitete Skeptizismus untergräbt unsere Wertschätzung für die Wahrheit, und ein vorherrschender Materialismus schwächt unsere Liebe zu geistigen Gütern. Glück wird nicht dort zu finden sein, wo unsere Gesellschaft hinschaut, in materiellen und körperlichen Gütern; es wird nur in geistigen Gütern zu finden sein, einschließlich des Gutes der Erkenntnis.

12

Praktische Weisheit

Wissen ohne Gerechtigkeit sollte man eher als Schlauheit denn als Weisheit bezeichnen.
Platon

Praktische Urteile fällen

Wir haben bereits angedeutet, dass Ethik mehr ist als die Lösung komplizierter moralischer Fragen, denn selbst nachdem die Fragen beantwortet sind, müssen Entscheidungen getroffen werden. Diese Entscheidungen werden, wie wir gesehen haben, stark von unseren Gewohnheiten des Begehrens beeinflusst. Wenn ich in der Bank stehe und die zusätzlichen zwanzig Dollar der Kassiererin in der Hand halte, mag ich urteilen, dass ich das zusätzliche Geld zurückgeben sollte, aber wenn ich gierig bin, dann werde ich es wahrscheinlich trotzdem behalten. Dennoch, so könnten Sie darauf sagen, besteht ein Teil der Ethik darin, herauszufinden, was zu tun ist. Und so ist es auch. Eine Unterrichtsstunde, in der ein heikles moralisches Problem diskutiert wird, ist also nicht verschwendet. Sie kann helfen, die geistigen Fähigkeiten zu entwickeln, die notwendig sind, um gute moralische Urteile zu fällen.

Aber wir müssen eine vereinfachende Trennung zwischen dem Beurteilen dessen, was zu tun ist, und dem Tun vermeiden, als ob Ersteres eine rein mentale Angelegenheit wäre und das Zweite eine rein volitionale oder affektive Aktivität. Die beiden Aspekte sind in der Tat miteinander verwoben, so dass der eine nicht völlig von dem anderen getrennt werden kann.

Das Urteilsvermögen ist nicht ausschließlich mental, sondern beinhaltet auch ein affektives Element, und die Wahl ist ohne die Führung der Vernunft uneffektiv.

Die Tugend der praktischen Weisheit, manchmal auch Klugheit genannt, überbrückt die Grenze zwischen geistigem Urteil und affektivem Verlangen. Mäßigung und Mut liegen in den Gefühlen, Gerechtigkeit im Willen. Praktische Weisheit dagegen ist eine Tugend der Vernunft (II-II, 47, 1). Sie ist die rechte Vernunft bezüglich der Dinge, die getan werden sollen. Aber während sie am ehesten in der Vernunft ruht, die urteilt, was zu tun ist, und dessen Ausführung befiehlt, ruht die praktische Weisheit auf den affektiven Tugenden, denn ein klarsichtiges Urteil kann nur mit rechtem Verlangen gefällt werden, und die Ausführung der Tat kann nur mit einem festen Willen geschehen.

Das Diskutieren von moralischen Fragen und Einzelfällen führt also nicht unbedingt zu einem guten Urteilsvermögen. Zweifellos bieten solche Diskussionen eine Hilfe, vor allem bei der Betrachtung der vielen Umstände und Auswirkungen unserer Handlungen. Aber letztlich können sie keine gute Argumentation liefern, die ein richtiges Wollen oder Handeln voraussetzt. In der Tat kann ihre Abstraktion von gesunden Prinzipien und rechtem Verlangen zu einer Missachtung der wahren Güter führen, die in der Realität zu finden sind, und durch eine Art Relativismus des Urteils ersetzen, wie wir ihn bereits untersucht haben. Wir werden sehen, dass wahrhaft gutes Urteilsvermögen, das sich in der Tugend der praktischen Weisheit verwirklicht, in Prinzipien verwurzelt ist und durch Erfahrung angewendet wird, mit einer Liebe zum wahren Gut.

Drei Akte der Klugheit

Nach Thomas hat die Tugend der Klugheit drei Hauptakte: Rat, Urteil und Befehl (II-II, 47, 8). Im Akt des Rates betrachten wir unsere aktuelle Situation und beurteilen die Optionen, die uns gegeben sind. Im Akt der Beurteilung bestimmen wir, welche der Optionen die beste ist. Schließlich müssen wir uns selbst befehlen, das Gebotene zu tun. Viele haben die ersten beiden Aufgaben erfolgreich abgeschlossen, indem sie die Vorzüge jeder ihrer Optionen gekonnt in Betracht gezogen und dann entschieden haben, was zu tun ist, aber sie haben gezögert, weil sie nicht in der Lage waren, sich selbst dazu zu bringen, es vollständig zu tun. Sie beurteilen, was zu tun ist, fast nur auf abstrakte Weise, aber sie richten sich nicht danach. Sie haben bei der Vollendung der praktischen Weisheit versagt, so dass sie, wie gut sie auch ratschlagen und urteilen mögen, weit davon entfernt sind, weise zu sein.

Die ersten beiden Handlungen sind das, was Thomas als spekulativ bezeichnet, denn ihr Hauptanliegen ist es, die Wahrheit der Sache zu beurteilen, aber die dritte Handlung ist im vollen Sinne praktisch, denn sie wendet die Vernunft auf die Handlung selbst an. Die ersten beiden Handlungen sind also gänzlich Akte der Vernunft, obwohl sie die Hilfe des Willens in Anspruch nehmen, während das Befehlen ein Akt der Vernunft ist, der mit dem Willen verbunden ist; es ist die Ausrichtung der Vernunft zusammen mit dem Impuls des Willens (II-II, 47, 8). Wir sollten beachten, dass das Wort „spekulativ" in einer etwas anderen Weise verwendet wird als im letzten Kapitel, in dem es sich auf das Erkennen der Wahrheit nur um des Verstehens willen bezog. Sowohl Ratschläge als auch Urteile sind in diesem Sinne nicht spekulativ. Bei ihnen geht es letztlich darum, zu wissen, wie man handeln soll. Dennoch fehlt ihnen der umfassende Sinn von praktischem Wissen, weil sie nicht mit dem Willen zum Handeln verbunden sind, wie der Befehl. Wir können die Wahrheit dessen richtig beurteilen, wie man handeln sollte, ohne aber den Willen zu haben, der uns zum Handeln bewegt.

Nehmen wir zum Beispiel an, dass Clare, die eine Fabrik leitet, entscheiden muss, ob sie den Eigentümer der Fabrik, Louis, verpfeifen soll, der einige Bundesvorschriften zur Arbeitssicherheit umgangen hat. Sie beginnt damit, mit sich zu Rate zu gehen. Welche Optionen hat sie und was sind die Vorzüge jeder einzelnen Option? Sie könnte einfach den Mund halten und so weitermachen wie bisher; sie könnte Louis auf die Angelegenheit aufmerksam machen und hoffen, ihn davon zu überzeugen, nicht so weiterzumachen und sein Verhalten zu ändern; oder sie könnte ihn bei den zuständigen Behörden melden. Wenn sie sich für die erste Option entscheidet, ist sie für eventuelle Verletzungen ihrer Arbeiter mitverantwortlich; daher muss sie bestimmen, wie groß das Risiko für die Arbeiter ist. Bei der zweiten Option hat sie keine allzu großen Erfolgsaussichten, außerdem befürchtet sie, dass Louis verärgert sein und sie entlassen könnte. Die dritte Option könnte die Fabrik zwar auf einen angemessenen Sicherheitsstandard bringen, aber sie hat wenig Zweifel daran, dass Louis sie dann verdächtigen würde und ihr Job in großer Gefahr wäre. Sie glaubt nicht, dass es einfach wäre, einen anderen Job zu finden, und sie hat drei Kinder, für die sie sorgen muss. Beachten Sie, dass ihr Rat viele Faktoren einbezieht. Sie muss die aktuelle Situation einschätzen: Welche Gesetze wurden genau verletzt, wie hoch ist das Risiko für die Arbeiter, wie sehr braucht sie den Job? Sie muss auch in die Zukunft projizieren: Wird Louis auf sie hören; wird sie ihren Job verlieren; werden die Sicherheitsmaßnahmen umgesetzt werden? Sie muss auch den Wert bestimmter Dinge beurteilen: Ist es wichtiger, dass sie diesen Job behält oder dass die Arbeiter eine sichere Umgebung haben?

Der zweite Schritt ist die Beurteilung, bei der sie entscheiden muss, welche Option die beste ist. Dieses endgültige Urteil hängt oft von Details ab, die in einer kurzen Fallstudie, wie wir sie hier vorgestellt haben, einfach nicht verfügbar sind. Aber nehmen wir einmal an, dass Clare Louis anzeigen sollte. Als Nächstes muss sie einen Befehl geben. Sie muss nicht nur sagen: „Es ist das Beste, Louis der Arbeitsschutzbehörde zu melden"; sie muss auch selbst die Anweisung geben: „Melde Louis." Und hier kann sie schwanken. Hamlet urteilte, dass er seinen Stiefvater töten und so die Herrschaft eines Tyrannen beenden sollte, aber dann schwankte er; er befahl sich selbst, nicht zu handeln, und überdachte sein Urteil; und er überdachte es wieder und wieder, bis es fast zu spät war. Ähnlich könnte Clare zögern. Sie könnte sich entschließen, Louis zu melden, es dann aber hinauszögern. Sie könnte ihre Situation überdenken und entscheiden, dass sie vielleicht doch einfach still bleiben sollte. Indem sie bei der Befehlshandlung versagt, würde ihr dann das Wesen der praktischen Weisheit fehlen.

Erfahrung

Sowohl der Rat als auch das Urteil erfordern mehr als nur Buchwissen. Gewiss, Clare muss sich einiger grundlegender Prinzipien bewusst sein, wie zum Beispiel der folgenden: Sie muss für ihre Kinder sorgen, sie muss die Rechte derer schützen, die ihr unterstellt sind, und Fehlverhalten muss bestraft werden. Aber diese abstrakten Prinzipien werden kaum ausreichen, um Clare zu sagen, was sie tun soll. Sie muss in der Lage sein, diese Prinzipien auf ihr eigenes Leben, auf die konkrete Entscheidung, vor der sie steht, anzuwenden, und eine solche Anwendung erfordert Erfahrung darin, gute Entscheidungen zu treffen (II-II, 49, 1, besonders ad 1; II-II, 47, 3).

Wir sehen das Gleiche in anderen Bereichen, z. B. in der Medizin, wo Urteile komplex und unsicher sind. Damit ein Arzt ein gutes Urteilsvermögen hat, braucht er sicherlich Buchwissen über Krankheiten, ihre Symptome und ihre Heilung. Aber er braucht mehr als das Buchwissen. Er braucht praktische Erfahrung in der Anwendung seines Wissens auf einzelne Patienten. Eine Krankheit anhand ihrer Symptome zu diagnostizieren, kann eine knifflige Angelegenheit sein; ein bloßes Auswendiglernen der Krankheit und ihrer Symptome wird kaum ausreichen. Auch die Bestimmung der besten Behandlung für eine bereits diagnostizierte Krankheit kann schwierig sein. Auch hier reicht das Wissen aus Büchern nicht aus, man braucht auch Erfahrung. Diese Erfahrung bauen wir bereits in die Ausbildung unserer Ärzte ein, die als Praktikanten und Assistenzärzte ihr Wissen am einzelnen Patienten anzuwenden lernen. Wir sind auch geneigt, diese Erfahrung in unsere Beurteilung eines Arztes einzubeziehen. Wir neigen eher dazu, zu einem erfahrenen Arzt zu gehen, als zu einem, der frisch von der Uni kommt.

Die gleiche Art von Erfahrung wird für praktische Weisheit benötigt. Zu wissen, was richtig und falsch ist, eine Liste von Geboten und Verboten zu haben, reicht kaum aus, um einen guten Rat zu geben und richtig zu urteilen. Wir müssen dieses Wissen auf die Entscheidungen anwenden, vor denen wir stehen, und das erfordert Erfahrung. Wir brauchen Erfahrung, um uns daran zu erinnern, was sich aus ähnlichen Situationen in der Vergangenheit ergeben hat – was Thomas von Aquin Gedächtnis nennt (II-II, 49, 1). Wir brauchen Erfahrung, um zu erkennen, wann eine bestimmte Handlung unter ein Gebot oder eine Norm fällt – was Thomas Verstehen nennt, nicht zu verwechseln mit dem Verstehen, das im letzten Kapitel besprochen wurde (II-II, 49, 2, besonders ad 1). Darüber hinaus brauchen wir Erfahrung, um die Folgen unserer Handlungen vorauszusehen – was Thomas von Aquin Vorsehung oder Voraussicht nennt (II-II, 49, 6).

Ein Doktortitel in Ethik ist also kein Garant für praktische Weisheit. Er mag helfen, aber er ist kein Garant dafür. Wissen ist der erste Schritt zur praktischen Weisheit, aber seine Anwendung erfordert Erfahrung. Wir sollten also nicht auf die Jugend schauen, um Klugheit zu erlangen, außer in Fällen göttlicher Eingebung, denn die Jugend hat wenig Lebenserfahrung und wenig Erfahrung darin, gute Entscheidungen zu treffen. Wir stellen uns eine weise Person als faltig und ergraut vor. Vieles spricht für dieses Stereotyp, denn nur die Alten haben die meisten Gelegenheiten gehabt, praktische Weisheit zu erwerben.

Prinzipien

Fallstudien sind im Bereich der Beratung sehr hilfreich, denn sie ermöglichen es uns, viele Seiten einer Situation zu sehen, und sie können uns sogar eine Art stellvertretende Erfahrung bieten, die uns hilft, die Optionen zu bewerten. Sie können jedoch nicht das liefern, was für jeden guten Rat oder jedes gute Urteil vorausgesetzt wird, nämlich grundlegende moralische Prinzipien. Obwohl das Wissen um diese Prinzipien von der Klugheit getrennt ist, kann niemand ohne dieses Wissen weise sein – ein Wissen, das Thomas von Aquin als *Synderesis* bezeichnet, wofür es keine gute Übersetzung gibt, außer der umständlichen Formulierung „Wissen um die Prinzipien der Ethik" (II-II, 47, 6). Da die *Synderesis* das Verstehen von Prinzipien ist, gehört sie zu der im letzten Kapitel besprochenen spekulativen Tugend des Verstehens. Wir werden uns später mit einer detaillierten Untersuchung der *Synderesis* beschäftigen, aber für den Moment wollen wir zumindest in Betracht ziehen, dass Ratschläge ohne Prinzipien keine Klugheit sind; bestenfalls sind sie bloße Cleverness.

Studenten im Ethikunterricht werden aufgefordert, eine Vielzahl von Fällen zu diskutieren, von denen nicht alle eine Überlegung wert sind. Soll ein Schüler bei einem Test schummeln? Soll jemand vor seiner Heirat eine Beziehung eingehen? Soll eine Frau eine Abtreibung vornehmen lassen? Dies sind Fragen, die mit einer schnellen Anwendung einiger grundlegender Prinzipien geklärt werden können: Nicht schummeln, keine Unzucht treiben und kein unschuldiges menschliches Leben töten (I-II, 14, 4). Wenn die Prinzipien bekannt sind, gibt es nichts zu diskutieren. Aber wenn die Prinzipien nicht bekannt sind, dann scheinen die Fälle Freiwild für eine Bewertung zu sein.

Wir könnten annehmen, dass wir es jetzt besser wüssten: Wir können nicht beurteilen, was für andere das Beste ist; außerdem ist nicht alles schwarz oder weiß. Warum sonst nehmen wir Ratschläge an?

Aber manche Dinge sind schwarz und weiß, eine Wahrheit, die wir auch heute noch kennen. In der Tat sind wir gar nicht so verschieden von Thomas von Aquin. Stellen Sie sich eine Diskussion in unserer Zeit vor, in der es darum geht, ob jemand aufgrund seiner Rasse weiter beschäftigt werden sollte, oder stellen Sie sich eine Diskussion über einen Fall vor, in dem ein Mann entscheiden muss, ob er seine Frau schlagen soll oder nicht. Grundlegende Prinzipien, so würden wir annehmen, schließen eine Beratung über solche Angelegenheiten aus. Die genannten Optionen überhaupt in Erwägung zu ziehen, deutet auf einen beklagenswerten Mangel an Sensibilität hin. Oder vielleicht auf einen beklagenswerten Mangel an Klugheit. In ähnlicher Weise ist es das Gegenteil von praktischer Weisheit, Ehebruch, Unzucht oder Mord an Ungeborenen überhaupt in Betracht zu ziehen.

Selbst in weniger sicheren Fällen, in denen die Entscheidung eine Beratung erfordert, werden die Prinzipien vorausgesetzt. Wie kann Clare über den Schutz ihrer Arbeiter nachdenken, wenn sie nicht erkennt, dass wir alle eine grundlegende Verpflichtung haben, für andere zu sorgen? Wenn sie, wie viele in unserer modernen Welt, nicht versteht, dass die Rücksicht auf andere Menschen ein wahres Gut ist, wie kann sie dann die vorliegende Frage überhaupt in Betracht ziehen? Wir können sie nicht in die Löwengrube des Rates und der Abwägung werfen, ohne ihr die Waffen der moralischen Prinzipien zu geben. Sonst wird sie mit Sicherheit scheitern. Ratschläge ohne Prinzipien – wie scharfsinnig, wie umfassend, wie subtil sie auch sein mögen – sind keine guten Ratschläge. Noch weniger kann ein Urteil ohne Prinzipien gut sein.

Keine relativistische Diskussion von Fällen kann daher jemals praktische Weisheit entwickeln, die in der *Synderesis* verwurzelt sein muss. Die Frage lautet nicht so sehr: „Was sollte man tun?“, als vielmehr: „Zu welchem Schluss führen uns die Prinzipien?“ Klugheit ist nicht eine Menge Gerede und Überlegungen abseits der klaren Prinzipien der Moral; sie ist die Anwendung dieser Prinzipien auf die konkreten Entscheidungen, denen wir in unserem Leben gegenüberstehen.

Rechtes Verlangen

Die vielleicht wichtigste Voraussetzung für Klugheit ist weder Erfahrung noch Prinzipientreue, sondern ein rechtes Begehren. Für den modernen Verstand ist dies auch das am meisten Überraschende. Wir haben bereits angedeutet, dass es unangemessen ist, Moral als eine Angelegenheit zu betrachten, bei der es darum geht, komplexe Fragen klug zu lösen, denn nachdem das Urteil gefällt wurde, muss noch die Wahl erfolgen. Leider folgt diese Wahl nicht so sehr dem, wovon wir wissen, dass es richtig ist, sondern dem, was wir uns wünschen. Richtiges Begehren ist also wichtig für das moralische Leben, weil es die Grundlage für die richtige Wahl ist. Aber es liegt auch dem richtigen Urteil selbst zugrunde.

„Das Herz hat seine Gründe, die die Vernunft nicht kennt“, sagt Pascal. Während er vom religiösen Glauben sprach, könnte das, was er sagt, auch auf die praktische Weisheit angewendet werden, denn wenn es um die Wahrnehmung von Gut und Böse geht, sind zwei Arten von Urteilen möglich: ein trockenes intellektuelles Urteil, dass etwas gut oder böse ist, oder ein Urteil des Herzens (I, 1, 6, ad 3). Eine Person mag urteilen, dass Pornographie ein Übel ist, das man meiden sollte. Eine andere Person mag sich von der bloßen Vorstellung von Pornographie abgestoßen fühlen. Beide haben erkannt, dass Pornographie böse ist, der eine mit seinem Kopf, der andere mit seinem Herzen. Oder betrachten Sie zwei Arten, wie wir eine Person kennen können. Wir können viele Fakten über sie wissen, so wie ein Historiker vielleicht über George Washington Bescheid weiß, oder wir können sie persönlich kennen; wir können sie nicht nur mit dem Kopf, sondern auch mit dem Herzen kennen.

Wenn Klara die Vorzüge ihrer vielen Optionen abwägt, verwendet sie verschiedene intellektuelle Urteile über die Wichtigkeit der zu verfolgenden Güter. Sie kann sich aber auch auf die Urteile ihres Herzens verlassen. Vielleicht entscheidet ihre Empörung über Betrug, ihr Mitgefühl für das Unglück anderer und ihre Verachtung für bloße menschliche

Anerkennung die Frage für sie. Indem sie das Gute begehrt, erkennt sie, was gut ist; indem sie das Böse hasst, erkennt sie dessen Verderbtheit. Wie wir festgestellt haben, folgt das Begehren dem Wissen; jetzt sehen wir, dass das Wissen dem Begehren folgt.

Die Rolle der Affekte innerhalb der moralischen Erkenntnis ist nicht ganz klar, aber Thomas von Aquin weist darauf hin, dass wir wohl eher dem Urteil von jemandem vertrauen, dessen Herz am rechten Fleck ist, als jemandem, der sehr wissend ist (I, 1, 6). Ich vermute, dass das Herz nicht so sehr das Bewusstsein dafür liefert, dass etwas gut ist – denn das Begehren setzt das Wissen um das Gute voraus –, sondern es liefert vielmehr das Bewusstsein dafür, wie gut es ist. Die Stärke des Begehrens beeinflusst die Bedeutung, die wir bestimmten Überlegungen beimessen.

Bei der Erörterung der Klugheit konzentriert sich Thomas mehr auf eine andere Rolle des rechten Verlangens, nämlich darauf, dass wir uns auf das richtige Ziel fokussieren. Praktische Weisheit, sagt er, beschäftigt sich nicht mit dem Zweck oder Ziel, sondern mit den Mitteln, um dieses Ziel zu erreichen (II-II, 47, 6). Klugheit setzt das Ziel voraus, so dass jeder, der das Ziel aus den Augen verliert, egal wie clever er die Mittel findet, nicht weise sein kann. Wenn ich mich entscheide, ob ich die zusätzlichen zwanzig Dollar zurückgeben soll, muss ich mein Ziel in Bezug auf die Bank im Auge behalten, und das ist die Gerechtigkeit und das richtige Ziel des Verlangens nach Geld, das darin besteht, das zu begehren, was die Vernunft für das Beste hält. Wenn ich mich danach sehne, das Geld zu behalten, könnte ich diese Ziele vergessen. Ich könnte mir den unmäßigen Erwerb von Geld zum Ziel setzen; ich könnte mir nicht die Gerechtigkeit zum Ziel setzen, sondern das, was meinem Eigeninteresse dient.

Unsere Wünsche legen die Ziele fest, über die wir nachdenken, so dass unsere Überlegungen verzerrt werden, wenn unsere Wünsche nicht in Ordnung sind und ein unangemessenes Ziel verfolgen. Betrachten Sie die Situation, in der ich in der Bank bin und die Kassiererin mir einen Zwanzigdollarschein gegeben hat, und erinnern Sie sich an unsere frühere Diskussion über Rationalisierung. Wir beginnen damit, dass wir wissen, was wir tun sollten, so wie ich vielleicht zunächst weiß, dass ich das Geld zurückgeben sollte. Aber dann begehren wir, was in Wirklichkeit falsch ist, so wie ich begehre, das Geld zu nehmen. Schließlich versuchen wir, unser böses Verlangen in quasimoralischen Begriffen zu rechtfertigen. Beachten Sie, was passiert ist. Mein böses Verlangen hat mich auf ein anderes Ziel gebracht, nicht auf das moralische Ziel. Ganz gleich, wie sehr ich über dieses ungeordnete Ziel des hemmungslosen Erwerbs von Geld nachdenke, ich kann nicht zu einem richtigen moralischen Urteil gelangen. Also kann ich auch nicht weise sein. Gedächtnis, Verstand und Voraussicht im Dienste eines schlechten Ziels sind keine Klugheit, sondern bloße Cleverness.

Schlechte Begierden führen uns also vom richtigen Zweck ab und ziehen uns zum Streben nach etwas Unangemessenem. Da die Klugheit den Zweck voraussetzt und nur über die Mittel urteilt, kann es keine praktische Weisheit geben, wenn der Zweck nicht erfüllt ist. Aber solange unser Verlangen nach dem Unangemessenen strebt, werden wir immer wieder in die Irre geführt werden. Vollständige Klugheit setzt also die richtige Ordnung unserer Wünsche voraus. Wenn wir wünschen, was richtig ist, dann werden wir über die richtigen Ziele nachdenken. Aber wenn unsere Wünsche fehlgeleitet sind, dann werden wir manchmal unsere Vernunft darauf richten, den besten Weg zur Befriedigung unserer unvernünftigen Impulse zu kalkulieren.

Ein Kreislauf des Wachstums

Es ist eine auffällige Schlussfolgerung, dass praktische Weisheit die anderen Tugenden voraussetzt. Solange es uns an Mäßigung mangelt, werden wir manchmal unangemessene körperliche Vergnügungen begehren; folglich werden wir unsere Vernunft in den Dienst unserer Gefühle stellen, wie es die Klärung unserer Werte von uns verlangt. Nur wenn wir gänzlich maßvoll sind, so dass unsere Begierden bereitwillig dem Urteil der Vernunft folgen, werden wir frei von Rationalisierung sein und immer das richtige Ziel verfolgen. Solange es uns an Mut mangelt, werden wir manchmal das fürchten, was wir nicht fürchten sollten, und so unsere eigene Feigheit rationalisieren, wodurch wir das richtige Ziel untergraben und ein Ziel für die einfache Befriedigung unserer Emotionen suchen, die durch die Vorstellung der Fantasie angestachelt wurden. Das Gleiche gilt für Geduld, Großzügigkeit, Demut und die anderen Tugenden. Wenn sie nicht vorhanden sind, dann ist auch die Klugheit nicht vorhanden (I-II, 65, 1).

Paradoxerweise ist auch das Gegenteil wahr: Wir können die moralischen Tugenden nicht haben, wenn wir nicht klug sind. Erinnern wir uns daran, dass Mäßigung darin besteht, nach dem Urteil der Vernunft zu begehren. Mäßigung setzt also ein angemessenes Urteil der Vernunft voraus. Wenn dieses Urteil fehlt, dann fehlt auch die Mäßigung. Wir haben aber gesehen, dass das richtige Urteil der Vernunft über das, was zu tun ist, aus der Tugend der Klugheit hervorgeht. Ohne praktische Klugheit gibt es also keine Mäßigung. In ähnlicher Weise ist Mut die Gewohnheit, etwas nach dem Urteil der Vernunft zu fürchten und zu wagen, ein Urteil, das aus der Klugheit hervorgeht. Wo immer es eine moralische Tugend gibt, muss es auch Klugheit geben.

Wir könnten uns also fragen, wie wir jemals die Tugenden erlangen können. Wir können nicht moderat werden, wenn wir nicht weise sind, aber wir können nicht weise werden, wenn wir nicht maßvoll sind. Was also können wir anfangen? Thomas ist von diesem scheinbaren Paradoxon nicht beunruhigt. Es bedeutet lediglich, sagt er, dass die Tugenden zusammenwachsen müssen (I-II, 66, 2). Wenn wir ein gewisses Maß an praktischer Weisheit haben, dann können wir auch ein gewisses Maß an Mäßigung haben. Indem wir unsere Mäßigung verbessern, verbessern wir auch unsere praktische Weisheit, die wiederum dazu beiträgt, die Mäßigung und die anderen Tugenden zu verbessern. Wir müssen bedenken, dass wir die Tugenden stufenweise erlangen. Wir sind nicht entweder weise oder unklug; vielmehr sind wir bis zu einem gewissen Grad weise. Wir sind nicht entweder maßvoll oder unmäßig, sondern wir sind bis zu einem gewissen Grad mäßig. In dem Maße, in dem wir mäßig sind, haben wir ein gewisses Maß an praktischer Weisheit, und indem wir unsere Mäßigung verbessern, verbessern wir auch unsere praktische Weisheit.

Befehl

Der letzte Akt der Klugheit, der Befehl, setzt ebenfalls eine rechte Gesinnung voraus, vor allem im Willen. In der Tat ist im Befehlsakt selbst ein fester Willensakt enthalten (I-II, 17, 1). Was dem Befehlsakt am meisten im Wege steht, ist die Unentschlossenheit, die aus einem gespaltenen Herzen entsteht. Einfachheit des Geistes, d. h. Einfachheit des Herzens, ist das wesentliche Merkmal des Befehls. Wenn ich in meinen Sehnsüchten gespalten bin, dann werde ich mir wahrscheinlich nicht selbst befehlen, oder zumindest werde ich nur einen halbherzigen Befehl geben; schließlich ist nur mein halbes Herz dabei. Wenn ich entschieden habe, dass ich die zu viel ausbezahlten zwanzig Dollar zurückgeben sollte, verspüre jedoch ein heimliches Verlangen, das Geld für mich selbst zu behalten, dann werde ich mich vielleicht nicht zum Handeln entschließen. Oder ich tue es mit wenig Kraft, so dass ich, wenn meine Gier wieder aufkommt, zögere und meine Hand zurückziehe, um meine Optionen zu überdenken. Anstatt mir zu sagen: „Gib das Geld zurück", sage ich vielleicht stattdessen: „Ich sollte das Geld eigentlich zurückgeben." Die Kraft der ersten Aussage ist durch die zweite abgezogen worden, so dass nur eine schwache Anweisung übrig bleibt.

Wir alle wissen, dass wir die Anweisungen eines Chefs oder einer Führungskraft, die unentschlossen ist, wahrscheinlich nicht befolgen werden. Jemand, der nur Vorschläge unterbreitet und niemals Befehle gibt, wird auf lange Sicht wahrscheinlich ignoriert werden. Ähnlich verhält es sich, wenn wir uns selbst nur Vorschläge unterbreiten – es ist unwahrscheinlich, dass wir auf uns selbst hören. Wenn wir eine Entscheidung treffen, müssen wir voll und ganz hinter ihr stehen. Wir müssen vorwärts marschieren, um das Richtige zu tun, und dürfen nicht auf unsere unmäßigen Wünsche zurückblicken. Edle Ziele erreicht man nicht, indem man ewig bedauert, dass man geringere Dinge opfern muss. Nur durch Einigkeit im Ziel werden wir das erhabene Ziel des moralischen Lebens erreichen.

13

Ethik und Wissen

Das wahre Gesetz ist die rechte Vernunft in Übereinstimmung mit der Natur;
es ist von allgemeiner Geltung, unveränderlich und ewig;
es ruft durch seine Gebote zur Pflicht
und durch seine Verbote zur Abkehr vom Unrecht.
Cicero

Woher wissen wir, was richtig und falsch ist?

In unserer Diskussion über Ethik haben wir behauptet, dass einige Dinge richtig und andere falsch sind. Wir haben z. B. gesagt, dass wir einen fairen Umgang mit anderen pflegen sollen, dass wir unsere Wünsche mit der Vernunft in Einklang bringen und auf das Gemeinwohl hinarbeiten sollen. Wir haben gesagt, dass wir keine Unschuldigen töten, nicht stehlen und nicht lügen sollen. Wie können wir all diese Dinge wissen?, werden Sie sich fragen. Wie kann überhaupt jemand wissen, was richtig und falsch ist? Schließlich gibt es viele Meinungsverschiedenheiten über moralische Fragen. Verschiedene Gesellschaften haben unterschiedliche Überzeugungen, und selbst in unserer eigenen Gesellschaft gibt es eine Fülle unterschiedlicher Ansichten. Einige sagen, dass wir keine Unschuldigen töten sollen, während andere der Auffassung sind, dass Euthanasie oder Abtreibung erlaubt sein sollten. Einige sagen, dass sexuelle Beziehungen der Ehe vorbehalten sein sollten, und andere sagen, dass alles möglich sei, solange das Einverständnis vorhanden sei. Einige sagen, dass die Todesstrafe falsch sei, andere, dass sie eine Rolle in der Gesellschaft spiele. Inmitten dieser Kakophonie fällt es einem schwer, sich selbst denken zu hören. Vielleicht ist es inmitten solcher Verwirrung am besten, die Hände hochzuwerfen und anzuerkennen, dass wir einfach nicht wissen können, was richtig und was falsch ist. Die Menschen waren schon immer unterschiedlicher Meinung und werden auch immer unterschiedlicher Meinung sein. Soll doch jeder seine eigene Meinung haben.

Eine solche Sichtweise ist kein pauschaler Relativismus der Werte; sie leugnet nicht die Möglichkeit, dass es ein wahres Richtig und Falsch gibt. Aber es ist ein Relativismus unseres Wissens; was auch immer die Wahrheit ist, wir werden sie nie erfahren. Manche Menschen sagen dasselbe über Gott. Es gibt eine Wahrheit über Gott – entweder er existiert er oder er existiert nicht –, aber wir werden nie wissen, was die Wahrheit ist. Der Grund, der hier genannt wird, ist derselbe wie bei der Moral: Die Menschen sind sich nicht einig über Gott, also können wir einfach nicht sagen, was richtig ist.

Noch einmal Rationalisierungen

Ist Uneinigkeit tatsächlich ein guter Maßstab dafür, ob wir etwas wissen können? Die Menschen sind sich über so ziemlich alles uneinig. Die Mitglieder der Flat Earth Society glauben zum Beispiel, dass die Erde flach sei und dass eine weltweite Verschwörung versuche, uns allen vorzugaukeln, die Erde sei rund. Sollen wir aufgrund dieser Meinungsverschiedenheiten zu dem Schluss kommen, dass wir die Wahrheit nicht erkennen können? Oder sollen wir vielmehr schlussfolgern, dass die Menschen sehr gut darin sind, sich nicht zu einigen, selbst wenn die Antwort verfügbar ist?

Menschen sind besonders gut darin, sich über Moral zu streiten, aber nicht, weil wir die Wahrheit nicht kennen können. Vielmehr scheint die Wurzel vieler moralischer Meinungsverschiedenheiten in unserer Neigung zur Rationalisierung zu liegen (I-II, 94, 6). Wir haben bereits gesehen, dass eine Rationalisierung drei Schritte umfasst: (1) Wir wissen, was richtig oder falsch ist; (2) wir wollen aber, was falsch ist; und wir führen (3) einen quasimoralischen Grund für das falsche Tun an. Schritt eins beginnt damit, dass wir die Moral kennen, und wenn wir dort stehen blieben, hätten wir vielleicht eine moralische Übereinstimmung. Aber wenn wir zu Schritt drei kommen, haben wir unser Wissen aufgegeben und ziehen die Verwirrung vor, eine Verwirrung, die durchaus zu Uneinigkeit führen kann. Wenn eine ganze Gesellschaft anfängt, nach demselben Muster zu rationalisieren, dann kommt es zu Uneinigkeit zwischen den Teilen der Gesellschaft.

Denken Sie zum Beispiel an einige der Begründungen für die Sklaverei im Süden in der Vorkriegszeit in den USA. Unter anderem wurde behauptet, dass Menschen afrikanischer Abstammung minderwertige Menschen seien, so dass sie nicht für sich selbst sorgen könnten, oder dass die Abschaffung der Sklaverei die Wirtschaft ruinieren und damit den Afroamerikanern mehr schaden als nützen würde. Vielleicht wurden diese Argumente in völliger Aufrichtigkeit vorgebracht. Vielleicht waren es aber auch quasimoralische Gründe, die durch Rationalisierungen entstanden. Die Sklavenhalter, die erkannten, dass Sklaverei falsch war, aber trotzdem Sklaven besitzen wollten, erfanden Rationalisierungen für ihre Taten. Das Ergebnis war Uneinigkeit. Und warum? Weil sie nicht wissen konnten, was richtig oder falsch war? Nein. Tatsächlich wussten sie zunächst, was richtig war, aber die Uneinigkeit entstand aus einem Versagen der Wünsche. Die Sklavenhalter wollten, was falsch war, und brachten sich so selbst in Verwirrung. Viele moralische Unstimmigkeiten können auf diese Weise entstehen. Unsere Schwäche liegt nicht so sehr in unserem moralischen Wissen als vielmehr in unseren Wünschen.

Neben der moralischen Verwirrung, die durch unsere bösen Begierden entsteht, weist Thomas auf eine weitere Verwirrung hin, die durch Gewohnheit oder Argumente entsteht (I-II, 94, 6). Mit anderen Worten: Obwohl wir wissen können, was richtig ist, werden wir durch unsere gesellschaftliche Erziehung in die Irre geführt. Thomas meint nicht, dass wir durch unsere Erziehung gebunden seien, so als ob wir uns nicht über unsere Kindheit erheben könnten – die Geschichte zeigt, dass es viele Menschen gibt, die sich über ihre Erziehung erhoben haben –, aber dass die gesellschaftlichen Normen die Entdeckung der Wahrheit erschweren, so dass viele Menschen sich einfach an ihre Kultur halten werden. Die beiden Arten der Verwirrung können durchaus miteinander zusammenhängen. Was als Rationalisierung aufgrund böser Wünsche begann, kann später in einer Gesellschaft gelehrt werden, so dass spätere Generationen durch Gewohnheiten verwirrt werden.

Wie, nicht ob

Wenn es um moralische Wahrheiten geht, sollte die Frage nicht lauten, *ob* wir Richtig und Falsch erkennen, sondern *wie* wir Richtig und Falsch erkennen. Dass wir einige moralische Wahrheiten kennen, wird von jedem zugegeben, wenn nicht in seinen Worten, so doch zumindest in seinen Gedanken. Dass wir nicht vergewaltigen sollen, dass wir nicht nach Rasse diskriminieren und keine Unschuldigen hereinlegen sollen, dass wir nicht stehlen sollen, um unser Glück zu machen, dass wir nicht blinden Begierden folgen sollen, sind Wahrheiten, die jeder zugeben wird. Die folgenden moralischen Wahrheiten sind ebenfalls bekannt (mit dem Vorbehalt, dass die Umstände diese Handlungen böse machen können, z. B. wenn sie aus einem bösen Motiv heraus begangen werden): Wir sollen denen helfen, die in Not sind; wir sollen die Wahrheit sagen; wir sollen uns um unsere Kinder kümmern; wir sollen andere lieben.

Dass wir moralische Wahrheiten erkennen, steht nicht in Frage; *wie* wir sie erkennen, ist die eigentliche Frage. Wir wissen zwar, dass wir den Hungernden zu essen geben sollen, aber wir kommen nicht zu dieser Erkenntnis, indem wir einfach mit den Augen schauen. Auch eine wissenschaftliche Analyse des Hungers und der Ernährung liefert nicht dieses Wissen. Wir wissen, dass Diskriminierung falsch ist, nicht nur durch Beschreibungen der Hautfarbe von Menschen oder gar durch Beschreibungen ihrer Kultur. Woher wissen wir dann, dass diese Dinge falsch sind?

Natur kontra Veranlagung

Ist es nur eine Frage dessen, was uns beigebracht wurde? Manche Menschen behaupten, dass unsere moralischen Überzeugungen nur von dem abhängen, was unsere Eltern und unsere Gesellschaft uns gelehrt haben. Sie scheinen zu dem Schluss zu kommen, dass unsere moralischen Überzeugungen lediglich eine Frage des blinden Glaubens seien.

Sicherlich hat das, was sie sagen, eine gewisse Wahrheit, denn uns wurden moralische Wahrheiten gelehrt, und ohne diese Lehre wäre unser Wissen mangelhaft. Unsere Eltern haben uns gelehrt, mit anderen zu teilen, anderen nicht zu schaden und so weiter. Aber dasselbe könnte man von der

Mathematik behaupten. Wie kommen wir zu der Erkenntnis, dass $5^2 = 25$ ist? Zweifellos beginnen wir damit, unseren Lehrern zu glauben. Glücklicherweise hört es damit nicht auf. Irgendwann geht uns ein Licht auf und wir sehen es selbst. Wir sind vom bloßen Glauben zum Verstehen übergegangen. Vielleicht hätten wir diesen Punkt des Verstehens jedoch nie erreicht, wenn man uns mathematische Fehler beigebracht hätte. Wir verstehen es jetzt, aber unser Verständnis wurde durch die richtige Lehre unterstützt.

Der gleiche Prozess findet in der Moral statt. Wir beginnen damit, Autoritäten zu glauben, z. B. unseren Eltern. Aber genauso wie unser Verstand mathematische Wahrheiten zu verstehen lernt, so lernt er moralische Wahrheiten zu verstehen. Unsere Eltern sagen uns, dass wir teilen müssen, und wir geben es zu, vielleicht widerwillig. Zu einem späteren Zeitpunkt erkennen wir jedoch die Wahrheit dessen, was unsere Eltern uns gesagt haben. In ähnlicher Weise wissen wir, dass Vergewaltigung falsch ist, zum Teil aufgrund dessen, was uns gelehrt wurde – bei einer mangelhaften Erziehung können unsere Überzeugungen verwirrt sein –, aber nichtsdestotrotz wissen wir, dass Vergewaltigung falsch ist, und unser Wissen beruht auf der Natur der Handlung, nicht nur auf dem blinden Vertrauen in diejenigen, die uns unterrichtet haben. An einem gewissen Punkt erkennen wir die Wahrheit der Sache.

Eine andere weit verbreitete Ansicht ist, dass wir einfach mit moralischem Wissen geboren werden; wir alle haben von Natur aus eine innere Stimme, die uns sagt, was wir tun sollen, was richtig und was falsch ist, ein angeborenes Gewissen, das uns leitet. Wenn angeboren bedeutet, dass wir tatsächlich mit dem Wissen geboren werden, so wie wir mit zwei Armen, zwei Beinen und einem Kopf geboren werden, dann ist Thomas von Aquin mit dieser Ansicht nicht einverstanden (I-II, 51, 1). Das Wissen ist nicht vorhanden, wenn wir geboren werden; wir müssen es entdecken. Dennoch würde der Aquinate zustimmen, dass unser grundlegendes moralisches Wissen natürlich ist, denn wir entdecken es ganz natürlich, so wie wir die Mathematik entdecken, oder dass Objekte, die wir nicht mehr sehen, trotzdem weiter existieren (I-II, 63, 1; I-II, 51, 1). Es gibt einige grundlegende moralische Wahrheiten, sagt Thomas von Aquin, die wir nicht anders entdecken können. Dass wir anderen gegenüber gerecht sein sollten, dass wir der Führung der Vernunft folgen sollen und nicht dem blinden Impuls der Leidenschaft, und dass wir anderen nicht schaden sollten, sind alles grundlegende Wahrheiten, die wir auf natürliche Weise entdecken.

Bei Thomas von Aquin gibt es also beides: Natur und Verstand. Wir haben einen Verstand, mit dem wir auf natürliche Weise die Wahrheit entdecken können, auch die Wahrheit über die Moral. Leider ist unser Verstand schwach, so dass wir normalerweise Hilfe brauchen, um zur Wahrheit zu gelangen. Üblicherweise beginnen wir daher damit, anderen zu glauben, die uns die Wahrheit lehren. Wenn wir jedoch über die Dinge nachdenken, gehen wir oft vom Glauben zum Verstehen über. Die natürliche Fähigkeit unseres Verstandes erfasst, was vorher nur geglaubt wurde.

Die Entdeckung der Wahrheit

Diese Wahrheiten werden nicht bewiesen, genauso wenig wie wir beweisen, dass zwei und eins drei ergibt. Vielmehr begreifen wir diese Wahrheiten, wenn wir die Sache verstehen. Wenn wir verstehen, was ein Ganzes ist und was ein Teil ist, erkennen wir, dass ein Teil nicht größer sein kann, als das Ganze ist (I-II, 94, 2). Oder wenn wir verstehen, was die Aufgabe eines Auges ist (zu sehen) und was es bedeutet, blind zu sein, dann verstehen wir, dass ein blindes Auge den Zweck eines Auges nicht erfüllt. Genauso erkennen wir, wenn wir verstehen, was es bedeutet, anderen zu schaden, dass wir es nicht tun sollten. Kurz gesagt, diese Wahrheiten gehören zu jener spekulativen Tugend des Verstehens, die wir zuvor besprochen haben. Insbesondere gehören sie zu dem, was wir *Synderesis* genannt haben.

Wir haben gesehen, wie dieses Verstehen funktioniert. Wir erkennen z. B., dass wir Menschen mit der Fähigkeit zur Vernunft sind, und dann begreifen wir, dass das Verstehen der Wahrheit unsere Fähigkeiten erfüllt. Wir erkennen, dass unsere Emotionen nicht blind den Eindrücken der Vorstellungskraft folgen müssen, und dann erkennen wir, dass wir vollkommen als Menschen handeln, wenn wir unsere Emotionen durch das Licht der Vernunft leiten. Wir erkennen, dass andere Menschen das menschliche Gut mit uns teilen, und dann verstehen wir, dass sie uns ebenbürtig sind, dass sie an unserem Gut teilhaben und nicht nur unserem Gut dienen. Wann immer wir eine menschliche Neigung begreifen, erkennen wir, dass ihre Erfüllung ein menschliches Gut ist.

Thomas von Aquin drückt es folgendermaßen aus: Wenn wir eine natürliche Neigung verstehen, dann begreifen wir ihr Ziel natürlicherweise als gut (I-II, 94, 2). Was meint Thomas mit „natürlicher Neigung"? In unserer Zeit ist man geneigt, mit „natürlicher Neigung" angeborene emotionale Begierden zu meinen; wenn man z. B. ein bestimmtes sexuelles Verlangen für angeboren hält, dann nennt man es natürlich. Wenn Thomas von Aquin von natürlichen Neigungen spricht, kann er aber unmöglich nur emotionale Wünsche meinen. Wenn dem so wäre, wäre seine Ansicht nicht von der Werteklärung zu unterscheiden, die besagt, dass das, was wir zufällig begehren, für uns einen Wert darstellt. Die Werteklärung kann sogar so weit gehen, dass man sagt, dass unsere natürlichen Wünsche, im Gegensatz zu denen, die uns von der Gesellschaft aufgedrängt werden, unsere wahren Werte darstellen.

Thomas würde dem nicht zustimmen. Einige unserer natürlichen emotionalen Neigungen – wenn mit „natürlich" „angeboren" gemeint ist – sind nicht gut, sondern böse. Die Rolle der Emotionen besteht nicht darin, das Gute zu bestimmen, sondern sich dem von der Vernunft entdeckten Guten anzupassen. Tatsächlich sagt Thomas, dass die wirklich natürliche Neigung des Gefühls darin besteht, der Vernunft zu folgen (I-II, 94, 2, ad 2). Bevor also die Gefühle das vernünftig Gute begehren können, muss die Vernunft das Gute erst entdeckt haben. Da die Vernunft das Gute aus dem Erfassen unserer natürlichen Neigungen entdeckt, müssen die natürlichen Neigungen selbst unserem emotionalen Begehren vorausgehen.

Vielleicht meint Thomas von Aquin mit „Neigung" nichts anderes als die natürlichen Fähigkeiten, die wir besprochen haben, wie die Fähigkeit zu denken, mit dem Willen zu lieben und so weiter. Das Wort „Inklination" meint eher etwas mit einem aktiven Sinn als eine „Fähigkeit". Wenn wir eine Fähigkeit haben, bedeutet das, dass wir in der Lage sind, etwas zu tun, aber wenn wir eine Neigung haben, bedeutet das, dass wir uns auf den Weg machen, es zu tun, oder zumindest, dass wir bereit sind, es zu tun. Thomas von Aquin verwendet diesen aktiveren Sinn, denn er versteht, dass wir durch unsere Fähigkeiten darauf gerichtet sind, ihre Erfüllung zu erreichen (I-II, 91, 2). Niemand von uns würde annehmen, dass unsere Emotionen bloße Fähigkeiten zum Fühlen oder Wünschen seien. Gerade die Fähigkeit unserer Emotionen selbst treibt uns zum Handeln an. Thomas von Aquin dachte dasselbe von unseren anderen Fähigkeiten. Unsere Vernunft ist nicht nur eine Fähigkeit, die Wahrheit zu erfassen; sie ist ein Streben nach der Wahrheit. Schließlich ist sie ganz spontan tätig, auch unabhängig von unseren Entscheidungen.

Wie werden wir uns dieser Neigungen bewusst? Nicht durch eine subjektive introspektive Erfahrung, wie die Werteklärung sagt, nach der wir uns unserer wahren Gefühle bewusst werden sollen. Wir werden uns unserer natürlichen Neigungen nicht dadurch bewusst, dass wir unsere inneren Sehnsüchte erforschen, sondern wir werden uns ihrer auf die gleiche Weise bewusst, wie wir uns der Neigung eines Felsens, zu fallen, oder der Neigung einer Katze, zu jagen, bewusst werden, nämlich durch Verhaltensbeobachtung. Wenn wir sehen, dass wir die Art von Dingen sind, die vernünftig sind, dann verstehen wir, dass wir zur Vernunft geneigt sind (I, 16, 4, ad 2; I, 77, 3). Wenn wir sehen, dass wir die Art von Sinneswesen sind, die sich vergesellschaften, dann verstehen wir, dass wir eine Neigung haben, mit anderen zu interagieren. Und so weiter. Die Dinge sind zweifellos nicht so einfach, denn das Verhalten des Menschen ist sehr komplex. Aber der Grundgedanke ist folgender: Wenn wir das Verhalten beobachten, erkennen wir die Neigung; wenn wir die Neigung kennen, entdecken wir das natürlich Gute.

Diese Neigungen sind jedoch nicht die ganze Geschichte. Thomas sagt, dass der Wille selbst von Natur aus zum Guten jeder dieser menschlichen Fähigkeiten geneigt ist; zum Beispiel hegen wir eine natürliche Liebe zur Wahrheit, wie sie von der Vernunft erfasst wird (I-II, 10, 1). Warum? Weil der Wille allen menschlichen Gütern zugeneigt ist, und die Erfüllung unserer Fähigkeiten – unserer Neigungen – ist ein menschliches Gut. Nennen wir den Willen einen rationalen Appetit, d. h. eine liebende und begehrende Kraft, die auf die Wahrnehmung des Guten durch die Vernunft folgt. Als solcher begehrt der Wille das Gute selbst; er begehrt alle Dinge unter der Formalität des Guten. Wenn die Vernunft begreift, dass das Verstehen der Wahrheit ein natürliches Vermögen vervollständigt, dann begehrt der Wille natürlicherweise dieses Gut.

Wir haben also zwei Ebenen. Erstens nehmen wir die natürliche Fähigkeit oder Neigung zu einer bestimmten Erfüllung wahr, wie z. B. die Neigung des Geistes zur Wahrheit, aus der wir ein menschliches Gut ableiten, z. B. die Erkenntnis, dass die Wahrheit gut ist. Dann begehren wir dieses Gut durch unseren Willen. Nachdem wir dieses Verlangen des Willens wahrgenommen haben, erfassen wir dann, dass das Verstehen der Wahrheit gut ist. Wiederholen wir einfach unser Erfassen desselben Gutes? Nein. Das zweite Mal erfassen wir es als ein wahres menschliches Gut, d. h. als das Objekt einer menschlichen Handlung. Das unwillkürliche Erfassen der Wahrheit – ohne Einschaltung des Willens – wäre nur ein Akt des Menschen, wie in Kapitel 10 besprochen. Was wir – der natürlichen Neigung des Willens folgend – wahrnehmen, ist, dass das Verstehen der Wahrheit, als ein menschlicher Akt, ein menschliches Gut ist.

Thomas von Aquin spricht von Fortpflanzung und Erziehung der Nachkommen als Teil einer natürlichen Neigung und damit als menschlichem Gut. Meint er die Fortpflanzung als eine natürliche Fähigkeit – die er mit Tieren und Pflanzen teilt –, die Arterhaltung? Oder meint er eine Neigung des Willens zu menschlichen Fortpflanzungsakten? Das Letztere, so scheint es. Aber diese letztere Neigung folgt nur auf die Wahrnehmung der ersteren, d. h. auf die Wahrnehmung der natürlichen Fähigkeit zur Fortpflanzung. Von dieser einen natürlichen Fähigkeit aus nehmen wir verschiedene menschliche Güter wahr, die durch menschliche Handlungen erreicht werden. Die Vollendung des natürlichen Vermögens ist der reife Mensch. Dieses vollständige Gut wird zunächst durch den Akt der Fortpflanzung erreicht, der das Individuum ins Dasein bringt, und später durch menschliche Handlungen der Erziehung, die das Kind zur Reife führen. Aus der einen natürlichen Fähigkeit entstehen mehrere natürliche Neigungen des Willens.

Das moralische Gesetz und die Verpflichtung

Aber wie kommen wir zu richtig und falsch? Wie kommen wir zu einer moralischen Verpflichtung? Schließlich ist es eine Sache zu sagen, dass das Verstehen der Wahrheit ein menschliches Gut ist; es ist etwas anderes zu sagen, dass wir der Wahrheit nachgehen sollen. Es ist eine Sache zu sagen, dass andere uns gleichgestellt sind; es ist etwas anderes zu sagen, dass wir sie fair behandeln sollen. Bis zu diesem Punkt haben wir erklärt, wie wir dazu kommen, das menschliche Gut zu begreifen, aber wir haben nicht erklärt, warum wir das Gute tun sollen. Wie kommen wir von der Erkenntnis des Guten zu der Idee, dass wir das Gute erstreben sollen?

Der Schritt ist nicht schwer. Jeder sieht ein, dass, wenn Sie etwas Gutes wollen, Sie es auch tun sollen. Wenn Sie abnehmen wollen, dann machen Sie eine Diät; wenn Sie bei einem Rennen gewinnen wollen, dann trainieren Sie hart. Jedes Mal, wenn wir etwas Gutes wollen, erkennen wir leicht, dass wir arbeiten müssen, um es zu erreichen. Wenn wir also einmal das menschliche Gut begriffen haben, sehen wir, dass wir es verfolgen sollen.

Vielleicht ist diese Argumentation zu schwach. Immerhin scheint sie Raum für jemanden zu lassen, der aus der Moral aussteigt. Genauso wie jemand das Gebot „Mach eine Diät" vernachlässigen kann, indem er einfach den Wunsch aufgibt, Gewicht zu verlieren, oder jemand die Aufforderung „Trainiere hart" ignorieren kann, wenn er das Rennen nicht gewinnen will, so scheint es auch, dass jemand von dem Gebot „Strebe nach dem menschlichen Gut" ablassen kann, indem er einfach das menschliche Gut aufgibt. Jemand könnte durchaus sagen: „Ich weiß, dass die Wahrheit ein Gut ist, aber das ist mir egal. Ich ziehe es vor, an ihrer Stelle andere Güter zu verfolgen, zum Beispiel ein Vergnügen." Eine solche Person, so scheint es, hat den ersten Schritt erreicht – das Urteil, dass die Wahrheit gut ist –, aber sie wird nicht zum zweiten Schritt des Urteils übergehen, dass sie der Wahrheit nachgehen soll.

Wenn wir meinen, dass wir in der Lage sein sollten, ihn fester an die Moral zu binden, dass wir in der Lage sein sollten, ihn zu verpflichten, dem wahren menschlichen Gut zu folgen, dann befinden wir uns in der Gesellschaft von Immanuel Kant, dem großen Deontologen, von dem wir weiter oben sprachen. Er verstand, dass man, wenn man ein Ziel oder einen Zweck erreichen will, sich selbst anweisen muss, die Mittel zu verfolgen. Wenn Sie abnehmen wollen, dann geben Sie sich vielleicht den Befehl: „Machen Sie eine Diät!" Kant erkannte, dass dieser Befehl nur insofern Kraft hat und Ihr Verhalten beeinflusst, als Sie das Ziel des Abnehmens wollen; wenn Sie das Ziel des Abnehmens aufgeben, dann verliert der Befehl „Mach eine Diät" seine Wirksamkeit. Kant nannte diese Befehle hypothetische Imperative, denn sie hängen von der Annahme eines Zwecks ab.

Das Problem, das Kant so deutlich spürte, ist, dass hypothetische Imperative nur so lange gelten, wie der Mensch das Ziel aufrechterhält. Gibt er das Ziel auf, so ist er von der Verpflichtung befreit. Es schien Kant, dass die Moral mehr Kraft haben solle; die Menschen sollen nicht in der Lage sein, von der Moral abzulassen, indem sie von dem moralischen Ziel ablassen, so wie man eine Diät aufgeben kann, indem man den Wunsch aufgibt, Gewicht zu verlieren. Menschen sollen durch das moralische Gebot gebunden sein, ganz gleich welches Ziel sie haben. Auch der größte Übeltäter ist noch an die Moral gebunden, obwohl er schon längst jedes moralische Ziel aufgegeben hat.

Um der Moral diese universelle Kraft zu geben, wandte sich Kant einem anderen Imperativ zu, dem *kategorischen Imperativ*, den er als absolut verbindlich ansah, der in seiner Kraft von keinem Ziel abhängig ist. „Du sollst nicht stehlen" zum Beispiel ist für alle Menschen verbindlich, unabhängig von den Zielen, die sie haben. Der Befehl „Entfalte deine Talente" hat Kraft, unabhängig von den Wünschen des Menschen. Der kategorische Imperativ entspricht bei Kant dem Sittengesetz, dem alle verpflichtet sind. Die bloße Kraft des Gesetzes, unabhängig von bestimmten Zwecken oder Zielen, erzeugt ihre eigene Verpflichtung.

Thomas hat wenig Raum für einen kategorischen Imperativ. Seiner Meinung nach sind alle Verpflichtungen hypothetisch, abhängig von einem Zweck oder Ziel (I-II, 99, 1). Er kennt keinen Imperativ „Suche die Wahrheit", der in der Luft hängt und durch nichts zu begründen ist. Vielmehr hat er das Gut der Wahrheit, aus dem wir erkennen, dass wir die Wahrheit suchen sollen. Das Gebot oder die Vorschrift hängt von dem Gut ab, nach der Art eines hypothetischen Imperativs.

Folgt daraus, dass die gesamte Moral vorläufig ist und von der Bedingung des richtigen Begehrens abhängt? Ist die gesamte Moral eine Art hypothetische Argumentation, wie: „Wenn du das Gute willst, dann strebe danach" oder „Wenn du die Wahrheit willst, dann suche sie"? Bleibt jedem die Möglichkeit, die Moral aufzugeben, so dass er sagen kann: „Ich will das Gute nicht, also brauche ich es nicht zu verfolgen" oder „Wen kümmert die Wahrheit, also suche ich sie nicht"? Ist die Moral nur für diejenigen, die zufällig das wahre Gut begehren, oder ist sie für alle verbindlich, auch für diejenigen, die ein scheinbares Gut vorgezogen haben? Dies waren die Fragen, die Kant zu seinem kategorischen Imperativ trieben.

Das erste Prinzip der moralischen Vernunft

Thomas wendet sich nicht einem kategorischen Imperativ zu. Dennoch besteht er darauf, dass das erste Prinzip des moralischen Denkens lautet: „Strebe nach dem Guten und meide das Böse." Es lautet nicht: „Wenn du das Gute willst, dann sollst du ihm nachstreben." Wie vermeidet er diesen bedingten Befehl? Wie beseitigt er den tentativen Aspekt des hypothetischen Imperativs? Indem er erkennt, dass die Neigung zum Guten dem ersten moralischen Prinzip vorausgesetzt ist. Diese Neigung ist untrennbar mit unserer menschlichen Natur verbunden. Mit unserem Willen begehren wir immer das menschlich Gute. Wenn Sie ein Mensch sind, was Sie sind, wenn Sie dies lesen, dann sind Sie zum menschlich Guten geneigt, und wenn Sie zum Guten geneigt sind, dann sollen Sie es verfolgen. Genauso wie wir die Bedingung „Wenn jemand ein Haus baut, dann soll er zuerst das Fundament legen" in die einfache Aussage „Hausbauer sollen zuerst das Fundament legen" umwandeln können, so können wir „Wenn jemand zum menschlichen Gut geneigt ist, dann soll er es verfolgen" in „Menschen sollen das menschlich Gute verfolgen" umwandeln.

Thomas von Aquin ist nicht so naiv, anzunehmen, dass jeder immer das wahre Gut wolle. Mörder, Diebe, Vielfraße und so weiter haben alle die Gewohnheit entwickelt, eher nach einem scheinbaren Gut zu suchen als nach dem wahren Gut. Natürlich begehren auch diese Menschen immer noch die *Formalität* des Guten, d. h., sie empfinden alles, was sie suchen (wenn auch fälschlicherweise), in gewisser Weise als gut. Der Vielfraß z. B. verfolgt tierische Freuden, als ob sie gut wären, obwohl sie für einen Menschen nicht wirklich erfüllend sind. „Dem Guten nachjagen" bedeutet jedoch nicht: „den Dingen unter der Formalität des Guten nachjagen", denn wir können gar nicht anders, als immer unter der Formalität des Guten handeln. Vielmehr bedeutet es: „Strebe nach dem, was wirklich gut ist" oder „Strebe nach dem, was menschlich gut ist". Wir können von diesem Gebot abweichen, und das tun wir manchmal auch.

Dennoch wollen wir alle die Erfüllung, die nur im menschlich Guten gefunden werden kann, und so nehmen wir leicht wahr, dass wir das menschlich Gute verfolgen sollten. Aber wenn wir sündigen oder gegen das Gute verstoßen, verfangen wir uns in der Erfüllung eines irrigen Wunsches. Anstatt die menschliche Erfüllung zu suchen, suchen wir die Erfüllung dieses bestimmten Wunsches. In einer Art Absurdität sagen wir: „Ja, ich weiß, dass ich nach Erfüllung suchen sollte, aber im Moment will ich stattdessen nur diese Sache hier." Wir beschließen, uns weniger um unsere Erfüllung zu kümmern, weil wir lieber ein besonders dringendes Verlangen befriedigen möchten. Was wir am Ende verfolgen, hat immer noch die Formalität des Guten, denn dieses Verlangen zu erfüllen, ist das Gute von etwas, aber es hat nicht die Formalität des menschlichen Gutes (*Summa contra Gentiles* III, 9, 1).

Je mehr ein Mensch eine Gewohnheit für ein bestimmtes Laster entwickelt, desto mehr werden seine Vorlieben verzerrt, und so wird auch sein Urteilsvermögen immer mehr verzerrt. Irgendwann ist er bereit, das erste Prinzip der moralischen Argumentation über Bord zu werfen. Er wird so besessen von seiner vorherrschenden Leidenschaft, dass es ihm schwerfällt zu verstehen, warum irgendjemand menschliche Erfüllung im Gegensatz zu seinen Leidenschaften suchen sollte. Er versteht, dass er das menschliche Wohl anstreben sollte, aber er hat die Idee aufgegeben, dass er nur das menschliche Wohl anstreben soll, oder dass er vor allem das menschliche Wohl anstreben soll. Andere Güter scheinen ihm erstrebenswerter zu sein. Er vergisst aber nie, dass er das wahre Gut für ein falsches Gut aufgegeben hat; es ist nur so, dass ihm das falsche Gut so viel besser erscheint. Die Erkenntnis, dass er irrational handelt, beunruhigt ihn wohl manchmal, aber er kann sich nicht vorstellen, anders zu handeln.

Hat sich ein solcher Mensch also von der Moral abgewandt? Hat er, indem er den Wunsch nach wahrer Erfüllung aufgibt und stattdessen die Erfüllung eines bestimmten Wunsches vorzieht, das erste Prinzip der moralischen Vernunft aufgegeben, so wie jemand dem Befehl „Trainiere hart" entkommen kann, indem er seinen Wunsch, das Rennen zu gewinnen, aufgibt? Ja und nein. Ja, er hat sich entschieden, dem Gebot in seinem Leben keine Macht einzuräumen, da er das menschliche Ziel nicht genug begehrt. Nein, denn er kann die Sehnsucht nach Erfüllung nicht beseitigen, die sich nur durch die Befolgung des ersten Prinzips der moralischen

Vernunft verwirklichen lässt. Er wird seine Leidenschaft weiter nähren, mit immer geringerem Ertrag. Sein Verlangen nach Erfüllung wird nur zunehmen, aber es wird nie gestillt werden, denn er hat seine Natur nicht geändert. Wie wir im nächsten Kapitel sehen werden, ist er immer noch ein Mensch, mit menschlichen Fähigkeiten, die durch die Güter, die er verfolgt, nicht erfüllt werden können. Sein Potenzial wird für immer betrogen werden. Aber selbst wenn er klarsichtig genug ist, um diese Wahrheit zu erkennen, wird er seine Besessenheit wahrscheinlich nicht aufgeben, denn er hat gelernt, sie dem wahren Gut vorzuziehen. Das Gebot „Verfolge das menschliche Gut" wird immer im Hintergrund lauern, als einziges Mittel zur Erfüllung, aber er wird trotzdem dem Kommando „Verfolge stattdessen dieses Gut" gehorchen.

Von Wahrheit zu Wahrheit

Die gesamte Ethik wird durch das Prinzip vereint, dass wir das Gute verfolgen und das Böse vermeiden sollen. Dieser Grundsatz enthält jedoch nicht die gesamte Ethik. Es reicht nicht aus, zu wissen, dass wir das Gute anstreben sollen; wir müssen auch wissen, worin das Gute zu finden ist. Das ist die Rolle der spezielleren Vorschriften dessen, was Thomas von Aquin das Naturgesetz nennt, das heißt das Moralgesetz. Einfach zu wissen, dass wir das menschliche Gut anstreben sollen, sagt uns nicht, dass wir die Wahrheit suchen sollen, denn wir müssen zuerst wissen, dass das Verstehen der Wahrheit Teil des menschlichen Gutes ist. In ähnlicher Weise müssen wir verstehen, dass das menschliche Gut mit anderen geteilt werden soll, dass unsere Emotionen von der Vernunft geleitet werden sollen, und so weiter. Auch wenn diese Gebote noch sehr allgemein sind, sind sie doch spezifischer als das erste Prinzip. Sie liefern Inhalte, die im ersten Prinzip der moralischen Vernunft nicht zu finden sind. Thomas von Aquin sagt also, dass die Moral mehr als ein einziges Gebot erfordert, dass aber dennoch alle Gebote durch das übergreifende erste Gebot geeint werden (I-II, 94, 2).

Die Summe dieser Gebote bildet das Naturrecht. Es ist ein Gesetz, weil es eine rationale Ausrichtung unserer Handlungen auf das Gute vorsieht. Es ist natürlich, weil es seine Quelle in unseren natürlichen Neigungen findet und weil es durch die natürlichen Fähigkeiten unseres Verstandes erkannt wird, ohne die Hilfe göttlicher Offenbarung. Wir können moralische Wahrheiten auch ohne geoffenbarte Religion erkennen. Das Naturrecht ist ein Gesetz des menschlichen Verhaltens, das uns den Weg zeigt, das Gute zu erlangen.

Von diesen allgemeinen Prinzipien des Naturrechts gehen wir zu weiteren moralischen Erkenntnissen über, indem wir zu Schlussfolgerungen über speziellere Verpflichtungen gelangen (I-II, 95, 2). Von der Idee, dass wir anderen nicht schaden sollen, leiten wir das Gebot ab, dass wir nicht verleumden oder nicht töten sollen. Aus unserer Erkenntnis, dass wir gerecht sein sollen und dass das körperliche Aussehen (normalerweise) keine relevante Grundlage für eine unterschiedliche Behandlung ist, schließen wir, dass wir nicht aufgrund der Hautfarbe diskriminieren sollen. Aus unserer Erkenntnis, dass wir rational begehren sollen, schließen wir, dass wir nicht an materiellem Besitz hängen sollen oder dass wir nicht neidisch sein sollen.

Diese Ableitungen führen manchmal zu Verwirrung, denn Menschen neigen zu Irrtümern und verzerren oft moralische Wahrheiten, indem sie ungerechtfertigte Schlussfolgerungen ziehen. Jemand könnte zum Beispiel zu dem Schluss kommen, dass er ein ungeborenes Baby töten dürfe, wenn er urteilt, dass das Baby kein vernünftiges Sinneswesen sei. Oder, so Thomas, es sind einige Nationen zu dem Schluss gekommen, dass es akzeptabel sei, von anderen außerhalb ihres Volksstammes zu stehlen. Diese weit verbreiteten Verwirrungen haben zwei Quellen: irrige Wünsche und schlechtes Denken, das manchmal aus der eigenen Kultur stammt (I-II, 94, 6). Inmitten der Verwirrung können wir oft die zugrunde liegende Wahrnehmung der Wahrheit sehen. In der Tat beruht der Konflikt oft auf dem, was wir „Tatsachen" nennen, und nicht auf moralischen Wahrheiten. Die westliche Gesellschaft zum Beispiel widerspricht der hinduistischen Verehrung von Kühen. Eine Untersuchung des Themas zeigt, dass die beiden Gesellschaften ein ähnliches moralisches Verständnis haben, aber sie sind sich nicht einig in Bezug auf die Fakten. Beide Gesellschaften sind sich einig, dass wir die rationale oder spirituelle Natur respektieren sollen; sie sind sich uneinig darüber, ob eine Kuh eine solche spirituelle Natur besitzt.

Wenn die moralische Verwirrung aus dem Laster entsteht, dann kann wenig getan werden, um sie zu korrigieren. Wie wir gesehen haben, ist der lasterhafte Mensch gewillt, das erste Prinzip des moralischen Denkens über Bord zu werfen, aber lange vorher wird er wahrscheinlich die spezielleren Gebote aufgeben. In der Tat wird er sich selbst schmeicheln, dass er wirklich nach dem Guten strebe und tue, was fair, gerecht und vernünftig sei, obwohl er tief im Inneren weiß, dass es nicht so ist. Erst wenn er in seinem Laster weit fortgeschritten ist, wird er diese Gebote offen als unwürdig für seine begehrten Ziele ablehnen, obwohl er selbst dann wahrscheinlich öffentlich so tun wird, als würde er diese Prinzipien hochhalten; schließlich finden es die Bösen gewöhnlich nützlich, für gut und gerecht gehalten zu werden. Ihr Fall würde nicht gehört werden, wenn sie offen für Ungerechtigkeit eintreten würden. Sie müssen also unter dem Deckmantel der Gerechtigkeit für Ungerechtigkeit eintreten. Auf diese Weise erzeugen sie Uneinigkeit über grundlegende moralische Prinzipien. Wir müssen jedoch erkennen, dass diese Uneinigkeit nicht aus einem Defekt in unserer Fähigkeit, die Wahrheit zu erkennen, entsteht, sondern aus verzerrten Begierden.

Verwirrung kann auch aus einer schlechten Erziehung entstehen, aus der Ausbildung, die wir durch unsere Kultur erhalten. Diese kulturelle Verwirrung kann, wie wir bereits gesehen haben, ihre Wurzeln in der Rationalisierung haben, denn ganze Gesellschaften können einen Wunsch oder ein Verhalten rationalisieren. Auf jeden Fall kann die Gesellschaft unsere Wahrnehmung der moralischen Wahrheit verwirren, so wie eine schlechte mathematische Ausbildung unser Verständnis von Mathematik zu verwirren vermag.

Das moralische Gesetz erkennen

Wie kommen wir also dazu, moralische Wahrheiten zu verstehen? Wir beginnen damit, zu verstehen, was unser menschliches Gut ist, wir begreifen, indem wir uns unserer menschlichen Fähigkeiten oder Neigungen bewusst werden. Wenn wir erkennen, dass wir mehr sind als bloße Tiere, dass wir die Fähigkeit zur Vernunft haben, dann sehen wir, dass es zu unserem Gut gehört, rational zu handeln, anstatt aus einem Impuls heraus zu handeln; wir sehen, dass es zu unserem Gut gehört, die Wahrheit zu verstehen, oder dass es dazu gehört, das Gute mit anderen zu teilen. Aus diesem Bewusstsein heraus entstehen bestimmte natürliche Wünsche des Willens, aus denen heraus wir das menschliche Gut in unseren menschlichen oder freiwilligen Handlungen wahrnehmen. Angesichts dieser vielen menschlichen Güter erkennen wir, dass wir nach diesen Gütern streben sollen, denn das Gute wird nur durch Streben erreicht. Weitere Überlegungen helfen uns, genauere Richtlinien zu verstehen, wie wir unser Leben gestalten sollen.

Wir haben auch gesehen, dass manche Menschen das nur scheinbar Gute suchen. Sie können das menschliche Gut ablehnen, weil sie ein geringeres Gut, wie Vergnügen oder Reichtum, vorziehen. Selbst dann bleibt ihr wahres Gut dasselbe. Sie haben ja ihre Natur nicht verändert, die grundlegenden Fähigkeiten oder Neigungen, die sie zum wahren Gut führen. Sie haben lediglich ihre Wünsche geändert. Und selbst ihre Wünsche haben eine gewisse Konstanz, denn obwohl sie fehlgeleitete Güter verfolgen, suchen sie immer noch das, was sie für gut halten. Wie wir in Kapitel 5 gesehen haben, muss jeder Mensch in allem, was er tut, das Gute suchen. Wenn er das menschliche Ziel ablehnt, um sich von den moralischen Geboten zu befreien, betrügt er nur sich selbst. Er mag das Moralgesetz abgeworfen haben, aber er hat auch die wahre Sehnsucht seines Herzens, das wahre menschliche Gut, abgeworfen. Kurz gesagt, das Moralgesetz ist einfach das Gesetz der wahren menschlichen Erfüllung. Befolgen Sie es, und Sie werden Ihr höchstes Ziel erreichen. Übertreten Sie es, so verlieren Sie das einzige Gut, das das menschliche Herz befriedigen kann.

Moral ist keine Last, die uns von außen auferlegt wird, von einem göttlichen Gesetzgeber, der Freude daran hat, unser Leben zu kontrollieren. Vielmehr entspringt sie unserer eigenen Natur, dem, was wir wirklich sind. Wir haben einen Platz im Universum auszufüllen; wir haben eine Richtung, die unserem Wesen aufgeprägt ist, ein Ziel, das uns zu dem Zweck führt, den wir verwirklichen sollen. Wir sollten also danach streben, unseren Teil dazu beizutragen, das Potenzial zu erfüllen, für das wir geschaffen wurden. Wir sollten das natürliche Moralgesetz als unser Licht und unseren Führer willkommen heißen, als den Weg, auf dem wir zu unserem endgültigen Ziel gehen. Anstatt die Gebote des Naturrechts abzulehnen und sie als Fesseln zu betrachten, die wir abstreifen müssen, sollten wir sie als Wegweiser zu dem Guten, das wir suchen, annehmen.

14

Ethik und Glück

Es ist also klar, wie erbärmlich das Glück des sterblichen Lebens ist, das weder bei Menschen mit ruhigem Geist ewig währt noch die von Sorgen Geplagten jemals ganz erfreut. Warum also, oh sterbliche Menschen, sucht ihr das Glück außerhalb, das in euch selbst liegt? Ihr seid durch Irrtum und Unwissenheit verwirrt. Ich will euch, so kurz ich kann, den Pol zeigen, um den sich das höchste Glück dreht.
Anicius Manlius Severinus Boethius

Es liegt in der Natur der Begierde, nicht befriedigt zu werden, und die meisten Menschen leben nur für die Befriedigung ihrer Begierde.
Aristoteles

Warum moralisch sein?

Wir sind nun bereit, die Frage von Glaukon und Thrasymachos zu beantworten. Welche Lebensweise ist die glücklichere und gewinnbringendere: das ungerechte Leben oder das gerechte Leben? Sie werden sich erinnern, dass Thrasymachos dachte, dass das ungerechte Leben glücklicher sei, weil der vollkommen ungerechte Mensch nie gefasst wird; er wird der Herrscher seiner Stadt, er wird von allen gemocht und erreicht alles, was er sich erhofft. Der vollkommen Gerechte hingegen steht im Ruf der Ungerechtigkeit; die Menschen mögen ihn nicht, sondern verachten ihn, so dass er am Ende fälschlicherweise angeklagt und für schuldig befunden und schließlich hingerichtet wird. Sokrates widersprach Thrasymachos' Ansicht und argumentierte stattdessen, dass die Gerechtigkeit eine

Stärke, eine Art Tugend sei und nur helfen könne, das gute Leben zu erlangen.

Die Debatte zwischen den beiden ist kaum das, was wir akademisch nennen würden. Sie berührt den Kern unseres täglichen Lebens. In der Tat stellen wir uns oft die Frage des Thrasymachos. Nehmen wir zum Beispiel an, ich stehe in der Bank und halte das Geld fest, das mir die Kassiererin gegeben hat, und gelange zu dem Urteil, dass ich die zusätzlichen zwanzig Dollar zurückgeben soll. Bevor ich zur Handlung übergehe, zögere ich und sage: „Aber was ist für mich dabei drin? Sicher, es ist das moralisch Richtige, aber ich habe nichts davon. Warum soll ich mir überhaupt die Mühe machen, moralisch zu sein?" Ich hätte eine grundsätzliche Ablehnung der moralischen Wahrheit zum Ausdruck gebracht. Ich hätte nicht nur dieses bestimmte Gebot oder diese bestimmte Tugend abgelehnt. Vielmehr hätte ich die gesamte Moral verworfen. Ich hätte sogar die Idee der Moral selbst verworfen, weil ich annehme, dass ich über ihr stehe und dass ich die Moral annehmen oder ablehnen kann; sie hat keine bindende Kraft für mich, sondern ist lediglich eine Art Spiel, bei dem ich wählen kann, ob ich es spielen will oder nicht. Wenn es nichts für mich ist, warum soll ich es dann spielen?

Zu Beginn dieses Buches haben wir bereits eine Antwort auf diese Argumentationslinie vorgeschlagen. Wir sagten, dass Ethik die Lehre von unseren Handlungen ist, soweit sie zum guten Leben beitragen. Wir alle wollen ein glückliches und erfülltes Leben führen, und wir alle sind bereit, auf gute Ratschläge zu hören, wie wir dies erreichen können. Dieser Rat ist in der Ethik zu finden. Warum also sollten wir die Ethik zugunsten des Eigeninteresses ablehnen? Genau das, was wir vom Leben wollen, findet sich in der Ethik selbst. In diesem Buch haben wir versucht, Wege aufzuzeigen, die uns zeigen können, dass das ethische Leben tatsächlich das gute Leben ist. Wir haben zum Beispiel angedeutet, dass blinde Leidenschaften nicht befriedigen; wir haben angedeutet, dass unsere tiefsten Sehnsüchte im Willen zu finden sind; und wir haben angedeutet, dass Glück nicht in irgendeiner einsamen privaten Vollendung zu finden ist, sondern nur in der Vereinigung mit anderen.

Dennoch sehnen wir uns danach, uns von der Moral zu befreien, als wäre sie eine Last, die uns daran hindern würde, glücklich zu werden. Wir können die Vorstellung nicht ganz abschütteln, dass die Moral unserem Eigeninteresse entgegenstehe, dass es uns besser gehen könnte, wenn wir diesem Regelwerk nicht folgen müssten. Wir sehen eine Dichotomie zwischen dem moralischen und dem glücklichen Leben. Im moralischen Leben geht es darum, die moralischen Regeln zu befolgen, das Richtige zu tun. Beim glücklichen Leben hingegen geht es darum, unsere Wünsche zu befriedigen, das zu tun, was wir tun wollen. Diese beiden Prinzipien, so scheint es, geraten oft in Konflikt miteinander, denn zwangsläufig wünschen wir uns manchmal etwas, das gegen die Regeln verstößt. Wenn wir uns dafür entscheiden, die Regeln zu befolgen, dann befriedigen wir nicht unsere Wünsche, sondern geben das glückliche Leben auf. Wenn wir uns andererseits dafür entscheiden, unser Verlangen zu befriedigen, dann haben wir das glückliche Leben gewählt, das moralische Leben hingegen aufgegeben. Wenn wir also gezwungen sind, uns zwischen den beiden Lebensweisen zu entscheiden, scheint die Wahl klar zu sein: Wir alle wollen glücklich sein, aber warum sollen wir das moralische Leben führen? Was kann uns dazu bewegen, das Glück für eine Reihe von Regeln aufzugeben?

Das gute Leben

Der Weg dieses Buches war ein Versuch, diese Schwierigkeit zu beantworten. Er war eine Anleitung zur Selbsthilfe, um herauszufinden, was uns als menschliche Wesen wirklich erfüllt. Wir haben gesehen, dass das gute Leben davon abhängt, was wir sind. Wir sind keine bloßen Heuschrecken, sondern menschliche Wesen mit Vernunft und Willen, mit Emotionen, die am Licht der Vernunft teilhaben können; wir sind keine einsamen Tiere, sondern wir verfolgen unsere Ziele gemeinsam mit anderen und um mit einigen intime Freundschaften zu entwickeln. Deshalb werden wir nicht durch bloße Empfindungen, Vergnügungen oder materiellen Reichtum zufriedenzustellen sein. Wir werden nur dann zufrieden sein, wenn wir unsere wahrhaft menschlichen Fähigkeiten der Vernunft und des Willens voll ausschöpfen. Wir müssen der Vernunft folgen und nicht dem blinden emotionalen Verlangen. Wir müssen nach den geistigen Gütern der Nächstenliebe, der Freundschaft, der Gerechtigkeit und des Verständnisses der Wahrheit streben. Wenn wir diese menschlichen Fähigkeiten vernachlässigen und nur danach trachten, unsere Emotionen unabhängig von der Vernunft zu befriedigen, dann werden wir niemals wirklich zufrieden sein. Wir werden versuchen, das Leben eines Schweins im Körper und im Geist eines Menschen zu leben. Das ist nicht machbar. Das Leben des Schweins wird sich für uns, die wir das Potenzial für so viel mehr haben, immer als leer erweisen.

Wir alle beurteilen unser Leben und unser Handeln im Lichte des Glücks. Um dem Wort „Glück" den Beigeschmack des Egoismus zu nehmen, können wir sagen, dass wir alle das gute Leben wollen, ein Leben, das nicht egoistisch sein muss, sondern ein Leben der Aufopferung für andere sein kann. Wir können unsere Handlungen nicht unterteilen in solche, mit denen wir für das Glück tätig sind, und solche, mit denen wir für etwas anderes handeln, wie zum Beispiel für die Moral. In allem, was wir tun, suchen wir das gute Leben; wir streben immer nach Erfüllung. Natürlich erreichen wir diese Ziele nicht immer. Wir machen Fehler. Wir verfolgen fehlgeleitete Ziele; wir wählen unangemessene Mittel. Trotzdem wollen wir immer die Erfüllung. Wäre es dann nicht gut, wenn wir wüssten, wie wir sie erreichen können?

Der Philosoph Aristoteles vergleicht uns mit zwei Bogenschützen (Nikomachische Ethik, Buch 1, Kap. 2). Beide versuchen ein Ziel zu treffen, aber der erste weiß, wo das Ziel ist, der zweite weiß es nicht. Es ist klar, dass der erste Bogenschütze die bessere Chance hat, das Ziel zu treffen, denn der zweite wird das Ziel nur durch reines Glück treffen. Leider, so Aristoteles, sind wir nur allzu oft wie der zweite Bogenschütze. Wir zielen auf ein Ziel – wir alle wollen Erfüllung im Leben –, aber wir wissen nicht, was es ist. Wir gehen durch unser Leben und wollen etwas vom Leben, aber wir haben keine klare Vorstellung davon, was. Wir haben uns nie die Zeit genommen, nachzudenken und zu fragen: „Worum geht es eigentlich?" Es ist also nicht sehr wahrscheinlich, dass wir unser Ziel erreichen. Wäre es nicht besser, wenn wir wie der erste Bogenschütze wären? Wäre es nicht besser, wenn wir uns etwas Zeit nehmen würden, um nachzudenken und zu fragen, was wir wirklich vom Leben wollen? Dann wäre die Wahrscheinlichkeit größer, dass wir unser Ziel treffen.

Aristoteles meint nicht bloß, dass wir uns darüber klarwerden müssen, was unsere Ziele sind. Er meint, dass wir uns darüber klarwerden müssen, was das richtige Ziel ist. Es nützt nichts, vorsichtig auf eine Eiche zu zielen, wenn der wahre Preis das Reh ist. In ähnlicher Weise nützt es wenig, wenn wir nach einer Selbstprüfung entscheiden, dass das, was wir wirklich vom Leben wollen, Geld ist. Wir wären uns vielleicht über unser Ziel im Klaren, aber wir wären uns nicht über das richtige Ziel im Klaren, denn Geld wird das menschliche Herz nicht befriedigen.

Aristoteles und Thomas von Aquin lehnen also die populäre Vorstellung ab, dass Glück das sei, was man daraus mache. Nach dieser Ansicht hat jeder Mensch seine eigenen Wünsche, und so hat jeder Mensch sein eigenes Glück. Was ich in der Hoffnung auf Glück verfolge, mag Sie nicht interessieren, und was Sie suchen, mag ich verachten. Manche finden ihr Glück in Reichtum, andere in Macht. Wieder andere finden ihr Glück in einem ruhigen Familienleben. Manche finden ihr Glück in Ausschweifungen und Zügellosigkeit. Andere sind glücklich durch das Streben nach Wissen. Manche sind nur glücklich, wenn sie berühmt sind. Nach dieser – von Thomas von Aquin abgelehnten – Position will jeder von uns etwas anderes vom Leben, also wird jeder von uns sein Glück in etwas anderem finden. Glück ist einfach eine Frage des Erreichens unserer Ziele, was immer sie auch sein mögen. Unterschiedliche Ziele führen zu unterschiedlichem Glück.

Nichts könnte unamerikanischer sein, als zu behaupten, wie es Thomas tut, dass manche Menschen einfach nur einen Fehler in der Verfolgung ihres Glücks machen. Sie haben das falsche Ziel vor Augen, und selbst wenn sie es erreichen, werden sie nicht glücklich sein. Wir mögen es nicht, wenn uns das Glück diktiert wird. Wir können zwar (etwas widerwillig) akzeptieren, dass uns gesagt wird, was richtig oder falsch ist, aber wir können es nicht ertragen, wenn uns gesagt wird, was gut für uns ist. Objektive Moral ist verständlich – zumindest in Anbetracht solcher Dinge wie Rassismus oder Toleranz –, aber ein objektiv identifizierbares gutes Leben ist schlichtweg Unsinn. Wie kann mir jemand anderes sagen, was mich glücklich macht?

Doch haben wir nicht alle schon Enttäuschungen erlebt, wenn wir unsere liebsten Ziele erreicht haben? Haben wir nicht irgendein Objekt verfolgt, als ob es uns glücklich machen würde, hart dafür gearbeitet, um es zu erreichen, und als wir es schließlich erreicht hatten, waren wir enttäuscht? Das neue Auto hat uns nicht wirklich befriedigt, das exotische Vergnügen war eine Enttäuschung, und der neue Job ließ uns immer noch nach mehr verlangen. Können wir nicht in den Zielen, die wir uns setzen, fehlgeleitet werden? Natürlich können wir das. Unsere Wünsche sind nicht magisch; sie verleihen der gewünschten Sache nicht die Fähigkeit, uns glücklich zu machen. Unsere Wünsche sind genauso fehlbar wie alles andere an uns. Manchmal wünschen wir uns Dinge, die es wirklich wert sind, verfolgt zu werden; zu anderen Zeiten wünschen wir uns etwas, das uns niemals wirklich zufriedenstellen kann. Glück kann also nicht einfach darin bestehen, sich Ziele zu setzen und sie zu erreichen, denn wir können uns die falschen Ziele setzen. Glück muss das Erreichen der richtigen Ziele sein. Wir sollten uns also die Zeit nehmen, darüber nachzudenken, welche Ziele es wirklich wert sind, verfolgt zu werden.

Falsches Glück

Nicht alle Ziele, die sich Menschen setzen, werden das menschliche Herz befriedigen. Vergnügen zum Beispiel wird niemals die Sehnsucht des Menschen befriedigen, und diejenigen, die sich Vergnügen als höchstes Ziel ihres Lebens setzen, werden niemals Glück finden (I-II, 2, 6). Vergnügen wird also besser als falsches Glück bezeichnet; es ist etwas, das die Menschen anstreben, als ob es sie glücklich machen würde, aber letztendlich tut es das nicht. Ähnlich, so Thomas von Aquin, sind Reichtum und Macht, Ruhm und Ehre nur falsche Glückseligkeiten (I-II, 2). Wenn wir das Ziel treffen wollen, müssen wir Bogenschützen sein, die wissen, was wahres Glück ist.

Natürlich verlangen wir alle nach Vergnügen, aber manche Menschen stellen das Vergnügen als das dar, was sie wirklich vom Leben wollen, als das ultimative Ziel, von dem sie annehmen, dass es sie glücklich machen werde. Diese Menschen werden niemals Glück finden, denn das menschliche Herz wird durch bloßes tierisches Vergnügen nicht befriedigt. Diese Unzufriedenheit des menschlichen Herzens zeigt sich in der immer verdrehteren Art und Weise, wie Vergnügen angestrebt wird. Das tierische Streben nach Vergnügen ist ziemlich geradlinig, auch wenn es manchmal überraschend ist, aber das menschliche Streben nach Vergnügen reicht vom Albernen bis zum Grotesken. Und warum? Weil unsere Herzen nicht dafür gemacht sind, durch Vergnügen befriedigt zu werden, und diejenigen, die ihr Ziel auf Vergnügen setzen, beginnen es zu verdrehen, in der

Hoffnung, dass etwas anderes sie endlich befriedigen werde. Aber das tut es nie, denn die einzigen wirklich befriedigenden Vergnügungen sind die, die der Vernunft entsprechen, die die wahren Güter in den Dingen entdeckt. Vergnügen an sich ist ein falsches Glück; vernünftiges Vergnügen kann Teil des wahren Glücks sein.

Ein ähnliches Phänomen tritt bei materiellem Reichtum auf (I-II, 2, 1). Auch hier wollen wir alle etwas besitzen, wenigstens das Nötigste, und wir alle kennen einige Menschen, die sich nach Reichtum sehnen, als ob er sie glücklich machen würde. Aber Reichtum dient seinem Wesen nach als Mittel zu unserem Wohl, wie Thomas von Aquin sagt; Reichtum selbst ist nicht das Gute, sondern dient dem Guten. Einfach ausgedrückt: Reichtum ist etwas, das wir benutzen. Wir benutzen Geld, um Dinge zu kaufen; wir benutzen die Dinge, die wir kaufen, für irgendeine Tätigkeit. Reichtum ist also kein Endzweck, sondern etwas, das auf den Zweck gerichtet ist. Diejenigen, die Reichtum anstreben, als wäre er das ultimative Ziel, werden getäuscht und werden nie zufrieden sein. Wenn wir diejenigen beobachten, die ihr Herz an Reichtum hängen, sehen wir, dass sie tatsächlich nicht zufrieden sind. Sie sind immer auf der Suche nach mehr; in der Tat, je mehr sie haben, desto mehr scheinen sie zu wollen.

Thomas von Aquin sagt, dass wir uns immer etwas vorstellen können, das uns befriedigt. Aus dieser Vorstellung erwächst das Verlangen. Wenn aber die Realität erreicht ist, können wir uns nicht mehr auf die Vorstellung verlassen, sondern sind mit der Realität konfrontiert, die uns nicht befriedigt. Infolgedessen suchen wir in unserer Vorstellung nach mehr. Jemand stellt sich z. B. vor, dass er glücklich wird, wenn er nur eine Million Dollar hat. Wenn er das Geld hat, merkt er aber, dass er nicht zufrieden ist. Er stellt sich dann vor, dass er glücklich wäre, wenn er zwei Millionen Dollar hätte. Wenn dieses zusätzliche Geld erworben wird, muss er seine Fantasie noch mehr aufblähen. Da zwei Millionen Dollar ihn nicht befriedigen, braucht er vielleicht fünf Millionen. Und so geht es weiter. Je mehr er hat, desto mehr muss er seine Vorstellungen von dem, was ihm Glück bringt, erweitern. Je mehr er hat, desto mehr wünscht er sich zu haben.

Auch Macht ist nur ein falsches Glück (I-II, 2, 4). Wer Macht als höchstes Ziel anstrebt, ist zur Unzufriedenheit verdammt, denn wie der Reichtum soll auch die Macht dazu dienen, andere Ziele zu erreichen. Darüber hinaus kann ihr Gebrauch entweder zum Guten oder zum Bösen dienen; sie ist also nicht einfach ein Gut an sich.

Auch Ruhm oder Ehre sind nur ein illusorisches Glück (I-II, 2 und 3). Es ist die Anerkennung des Guten, das wir besitzen, durch andere. Jemand, der für seinen Gesang berühmt ist, wird als großer Sänger anerkannt; jemand, der für seine Schauspielerei berühmt ist, wird als großer Schauspieler anerkannt, und so weiter. Aber wenn Ruhm eine bloße Anerkennung eines Gutes ist, dann kann er unmöglich wichtiger sein als das anerkannte Gut. Das ultimative Ziel sollte das Gut sein, das man besitzt, und nicht die Anerkennung desselben. Wir sollten das Talent, zu singen, mehr wollen als die Anerkennung unseres Talents; wir sollten mehr wollen, ein guter Schauspieler zu sein, als die Anerkennung unserer Schauspielerei. Diejenigen, die ihr Herz an den Ruhm hängen, bringen die Dinge durcheinander. Sie wollen die Anerkennung mehr als das Gute. Infolgedessen neigen sie dazu, zu Fälschern zu werden und eine Show des Gutseins zu veranstalten, damit andere sie loben.

Diejenigen, die diese fehlgeleiteten Güter verfolgen, erkennen ihren Irrtum vielleicht nicht. Sie mögen mit Nachdruck darauf bestehen, dass sie glücklich seien, wobei ihre Vehemenz vielleicht mehr dazu dient, sich selbst zu überzeugen als irgendjemand anderen. Wir haben gesehen, dass das, was einem Menschen gut erscheint, von seiner Veranlagung abhängt. Einem Geizhals erscheint Reichtum gut; einem Serienmörder erscheint der Akt des Tötens befriedigend. Der Geizige wird also am wenigsten den Fehler seines Weges erkennen. Der Reichtum, den er anhäuft, wird sein Herz niemals befriedigen, aber dennoch wird er annehmen, dass das Problem nicht im Reichtum liege. „Wenn ich nur mehr hätte", wird er sich sagen, „dann würde es mir gut gehen." Solange sein Herz an Besitz hängt, wird er davon ausgehen, dass dieser, und nur dieser, ihm Glück bringen werde. Er wird sich immer sagen, dass er mehr Geld brauche. Er wird nie sagen, dass er vielleicht etwas anderes braucht, wahre Freundschaft, Fürsorge für andere oder etwas Ähnliches.

Wir sollten uns nicht von diesen Fehleinschätzungen beirren lassen, die besagen, dass Glück relativ zu unseren Wünschen und Zielen ist. Sicherlich ist das Urteil der Menschen über das gute Leben relativ zu ihren

Wünschen. Aber ihre Wünsche können selbst fehlgeleitet oder sogar pervers sein. Warum sollten wir das Urteil eines gierigen oder hochmütigen Menschen akzeptieren? Sollten wir nicht vielmehr erkennen, dass ihre unsympathischen Persönlichkeiten ihr Urteilsvermögen verdorben haben und sie daran hindern, das wahre Gute zu erkennen?

Wahres Glück

Wahres Glück wird man in keinem dieser Güter finden, denn das menschliche Herz ist für größere Dinge geschaffen. Auf welches Ziel sollen wir also unser Augenmerk richten? Auf die Dinge, die vollkommen menschlich sind, die unsere wahren Fähigkeiten als menschliche Wesen verwirklichen, denn nur durch diese werden unsere Wünsche erfüllt werden. Wir müssen ein menschliches Leben führen und nicht das Leben eines Schweins. Wir sind Wesen mit der Fähigkeit, die Wahrheit durch die Vernunft zu verstehen, mit der Fähigkeit, einander durch unseren Willen zu lieben, ausgestattet. Sollen wir uns also mit dem bloßen Vergnügen zufriedengeben? Sollen wir uns mit materiellem Besitz oder den Illusionen von Ruhm zufriedengeben? Oder sollen wir vielmehr versuchen, ein menschliches Leben der Vernunft und der Liebe zu führen? Wir werden das Glück nur erlangen, wenn wir unsere spezifisch menschliche Tätigkeit der Vernunft gut ausführen.

Das ist die Lehre des Aristoteles über das Glück, und auch die von Thomas, obwohl er ein übernatürliches Element hinzufügt. Eine Karikatur dieser Lehre würde das Leben der Vernunft, und damit das glückliche Leben, als ein Leben betrachten, das mit dem Lesen von Büchern, Meditieren und Philosophieren verbracht wird. Der wahrhaft glückliche Mensch ist in dieser Lesart Rodins *Denker*, die Skulptur eines Mannes, der konzentriert in den leeren Raum starrt.

Im Verlaufe dieses Buches haben wir jedoch gesehen, dass das Leben der Vernunft viel reicher und komplexer ist. Sicherlich ist die Betrachtung der Wahrheit ein wichtiger Teil des Lebens der Vernunft. In der Tat hat sie für Thomas von Aquin Priorität; sie ist das, worauf die anderen Tätigkeiten gerichtet sind und was alle anderen ordnet (I-II, 3, 5 und 6). Wir als Menschen können die Wahrheit begreifen, also sollen wir nicht bloße

Tiere bleiben, die verschiedenen Mitteln zum Überleben nachjagen, sondern versuchen, die Welt um uns herum und ihren Schöpfer zu verstehen. Wir allein können die Wahrheit begreifen, also liegt ein Teil des menschlichen Glücks in dieser Tätigkeit. Die intellektuellen Tugenden sind wesentlich für das glückliche Leben; das bedeutet nicht, dass jeder ein Intellektueller sein muss, aber jeder muss die Wahrheit und das Streben danach lieben.

Auch die praktischen intellektuellen Tugenden sollten wir nicht vernachlässigen, denn wir haben gesehen, dass die Vernunft mehr kann als nur die Wahrheit zu verstehen. Mit der Vernunft können wir auch bestimmte Fähigkeiten entwickeln. Eine Ärztin zum Beispiel benutzt ihre Vernunft, um zu heilen; ein Computerprogrammierer benutzt seine Vernunft, um seine Arbeit zu verrichten; und so weiter. So ziemlich jede menschliche Fähigkeit, vom Angeln bis zum Unterrichten, beinhaltet den Einsatz der Vernunft. Wir üben unsere menschliche Tätigkeit also nicht nur aus, indem wir sitzen und starren, wie Rodins *Denker*, sondern auch, indem wir handeln, indem wir unseren Verstand in die vor uns liegenden Aufgaben einbinden. Auch hier sind wir keine bloßen Tiere, die rein nach Instinkt und Konditionierung handeln, sondern können unser Verständnis nutzen, um kreativ zu sein.

Wenn es darum geht, unseren Verstand zu benutzen, um unsere Aktivitäten zu lenken, dürfen wir die Klugheit nicht vergessen, die unser eigenes Handeln auf das Ziel unseres Lebens ausrichtet. Auch dieser Gebrauch des Verstandes gehört zum Leben der Vernunft. Im Gegensatz zu Tieren, die nach unreflektiertem Instinkt handeln, können wir planen und arbeiten, um das Ziel unseres Lebens zu erreichen.

Doch zum Leben der Vernunft muss noch mehr hinzukommen. Denn wir haben gesehen, dass der Wille ebenso wie die Vernunft eine spezifisch menschliche Fähigkeit ist. Wir allein können das wahre Gut lieben, und wir allein können andere mit wahrer Freundschaftsliebe lieben. Die Vollkommenheit des Willens muss also auch im Leben der Vernunft enthalten sein. Diese Gesinnung schließt die Tugend der Gerechtigkeit ein – die nach dem richtigen Verhältnis zu anderen sucht – und eine innigere Liebe zu unseren engeren Freunden.

Wir haben auch gesehen, dass die Emotionen selbst zum Leben der Vernunft gehören, denn die menschlichen Emotionen sind nicht bloß tierische Gefühle. Unsere Wünsche können nicht nur auf die Vorstellungen der Fantasie reagieren, sondern auch mit den Urteilen der Vernunft übereinstimmen. Unsere Emotionen können entweder vernünftig oder unvernünftig sein. Sie können von jener eigentümlich rationalen Fähigkeit geformt werden, die vor allem in der Tugend der Klugheit zu finden ist und die Handlungen auf einen Zweck ausrichtet. Unsere Emotionen haben also Anteil an der Vernunft und sind somit Teil des rationalen Lebens.

Eine Form oder ein Modell?

Ein Teil unserer Abneigung gegen die Vorstellung eines objektiv identifizierbaren guten Lebens besteht darin, dass sie uns in eine Form zu zwingen scheint. Wenn nur ein einziges glückliches Leben für alle Menschen gilt, wo bleibt dann die Vielfalt? Muss ich mein Leben genau so leben wie alle anderen, wenn ich glücklich sein will? Kann ich nicht mein eigenes Leben wählen? Kann ich mein Leben nicht anders leben als andere und trotzdem glücklich sein?

Wir werden nun sehen, dass diese Abneigung eher einer Karikatur von Thomas von Aquin entspringt. Thomas sagt nicht, dass wir alle Philosophen sein müssen, wenn wir glücklich sein wollen. Er sagt, dass wir das Leben der Vernunft führen müssen. Das Leben der Vernunft ist jedoch alles andere als eine Gussform. Es hat eine Offenheit und Flexibilität, die viel Raum für Vielfalt und Wahlmöglichkeiten lässt, was es mehr zu einem Modell als zu einer Form macht. Sollen wir die Wahrheit entschlüsseln? Ja, in der Tat. Aber die Wahrheit ist gewaltig, und niemand kann sie ganz verstehen. Jeder von uns kann sich entscheiden, den Teil der Wahrheit zu verstehen, der für ihn am interessantesten ist. Einige werden Philosophie interessant finden, andere Mathematik, andere Geschichte und wieder andere Wissenschaft. Sollen wir bestimmte Fähigkeiten entwickeln? Ja, in der Tat. Aber niemand kann in allem gut sein, also können wir wählen, welche Fähigkeiten wir entwickeln wollen. Einige werden sich dafür entscheiden, gut im Autofahren zu werden, andere in der Medizin, andere in der Wirtschaft und wieder andere in der Musik. Hier gibt es keine Zwangsjacke. Sollen wir andere lieben und eine gerechte Gemeinschaft anstreben? Sicherlich. Aber wir können immer noch unsere besonderen Freunde wählen; wir können immer noch wählen, mit wem wir Geschäfte machen. Diese Geschäfte müssen natürlich gerecht sein, aber eine solche Einschränkung ist kaum eine Zwangsform, sondern eher ein Modell. Müssen unsere Emotionen der Führung durch die Vernunft folgen? Ja, in der Tat. Aber das lässt immer noch viel Raum für die Vielfalt der Persönlichkeit. Manche Menschen werden kontaktfreudig sein, andere zurückhaltend; manche werden fröhlich sein, andere eher feierlich. Der Leitfaden der Vernunft ist nicht immer in Stein gemeißelt, sondern lässt Raum für persönliche Urteile. Es stimmt, dass niemand den Wunsch haben darf, Ehebruch zu begehen. Aber manche Menschen wollen vielleicht heiraten und andere nicht. Diejenigen, die heiraten wollen, mögen diese bestimmte Frau oder jenen bestimmten Mann begehren.

Das Leben der Vernunft ist keine beklemmende Form, die ihre Vielfalt hemmt. Zweifellos setzt es Einschränkungen und Begrenzungen, aber vor allem gibt es ein Ideal vor, das auf verschiedene Weise erreicht werden kann. In der Tat ist die menschliche Vielfalt selbst notwendig, um all das auszufüllen, was das Leben der Vernunft impliziert. Wenn wir ein isoliertes Leben führen würden, ohne die reiche Vielfalt mit anderen zu teilen, würden wir unser menschliches Potenzial nicht voll ausschöpfen.

Glück und Gott

Jemand könnte protestieren, dass all dieses Gerede über das Leben der Vernunft nicht Thomas' Lehre vom guten Leben sei, denn Thomas sage, dass das Glück allein in Gott gefunden werden könne. Kein geschaffenes Gut könne jemals unsere Bedürfnisse erfüllen. Nur der unerschaffene Gott, der die vollständige und vollkommene Güte ist, könne uns Glück bringen (I-II, 2, 8).

Das ist in der Tat die Ansicht des Aquinaten. Aber der Gott des Glücks kann nicht weit entfernt und getrennt von uns bleiben. Wenn er uns Glück bringen soll, müssen wir ihn besitzen; wir müssen ihn als Ziel unseres Lebens erreichen. In diesem Punkt unterscheidet Thomas von Aquin zwischen einem Gut und seinem Besitz. Wenn der Reichtum das Gut ist, dann muss er besessen werden, denn der Reichtum eines anderen befriedigt kaum unsere Bedürfnisse. Wenn die Wahrheit das Gut ist, dann müssen wir die Wahrheit erwerben, was wir durch Verstehen tun. Ebenso muss Gott, wenn er das Gute ist, von uns erlangt werden (I-II, 1, 8; I-II, 3, 1).

Wie können wir Gott erlangen? In einem Sinne kann er niemals in diesem Leben erlangt werden, sondern nur im nächsten. Nur im Himmel werden wir Gott von Angesicht zu Angesicht schauen und so das Gute erlangen, das wir suchen. Einigen Interpreten Thomas von Aquins zufolge können wir nur in diesem Sinne Gott erlangen. Ohne das Leben im Himmel, das ein übernatürliches Geschenk Gottes ist, sind unsere natürlichen Sehnsüchte dazu bestimmt, frustriert zu werden. Außerhalb des Himmels ist die menschliche Natur vergeblich. Wir unterscheiden uns jedoch von diesen Interpreten, denn Thomas von Aquin gewährt ein vorweggenommenes Glück, das in diesem Leben erlangt werden kann. Es mag nicht die Fülle des Glücks sein, aber es ist Glück im eigentlichen Sinne des Wortes (I-II, 3, 2, ad 4; I-II, 3, 6; I-II, 5, 3, besonders ad 2; I-II, 5, 5).

Wir erlangen Gott in diesem Leben, indem wir ihm ähnlich werden und ihn erkennen und lieben, soweit wir dazu in der Lage sind. Betrachten Sie, wie ein Bild die Schönheit der Landschaft einfängt, die es abbildet. Es spiegelt die ursprüngliche Schönheit wider und hat dadurch Anteil an ihr. In ähnlicher Weise sind wir wie ein göttliches Kunstwerk, das die Schönheit Gottes widerspiegeln und so an seinem Gut teilhaben kann (*Summa contra Gentiles*, III, 19 & 20). Die ganze Schöpfung spricht auf irgendeine Weise von der Herrlichkeit Gottes (I, 5, 1, ad 2). Einige Geschöpfe spiegeln nur die Existenz Gottes wider, andere das ewige Leben Gottes, wieder andere die Fähigkeit, zu erkennen. Nur der Mensch aber spiegelt die Erkenntnis Gottes selbst wider, denn durch die sichtbaren Dinge um uns herum können wir ihren unsichtbaren Ursprung verstehen lernen. Wir allein können Gott erkennen, und wir allein können ihn in sich selbst lieben. So wie Gott versteht und liebt, so können wir durch unsere Vernunft und unseren Willen verstehen und lieben.

In der Tat besitzen wir Gott in unserer Erkenntnis unmittelbarer als durch eine bloße Reflexion, denn indem wir ihn erkennen, gelangen wir zu Gott selbst (I-II, 1, 8). Diese unvollkommene menschliche Erkenntnis hat viele Unzulänglichkeiten. Sie erreicht nie eine Erkenntnis Gottes, wie er in sich selbst ist, sondern nur durch seinen Abglanz in der Schöpfung; sie ist nie ganz und vollständig, sondern nur teilweise und stückweise. Aber dennoch ist sie Gotteserkenntnis. Die menschliche Natur ist also nicht vergeblich, denn sie gelangt zu Gott, in der Weise, wie sie es vermag, einer Weise, die freilich immer unvollkommen ist. Dass wir eines Tages auch in der Lage sein sollen, Gott in der Vision des Himmels vollständig zu besitzen, ist etwas, das weit über das hinausgeht, was unsere Natur anstreben könnte. Auf natürlicher Ebene suchen wir zwar die Erkenntnis Gottes, aber nur so, wie wir sie erlangen können, also nach und nach.

Das Glück ist in der Tat in Gott allein zu finden, aber das menschliche Glück besteht darin, Gott zu besitzen, was wir durch unsere Tätigkeiten tun, hauptsächlich durch unsere Aktivitäten des Wissens und der Liebe. Nur wenn wir ein voll und ganz menschliches Leben führen, ein Leben der Vernunft und der Tugenden, spiegeln wir wirklich das Gute Gottes wider und haben so Anteil daran, denn nur dann werden wir selbst gut. Wir spiegeln die überfließende Aktualität Gottes wider, indem wir unser eigenes Potenzial verwirklichen. Mit anderen Worten, es gibt keine so große Kluft zwischen dem Leben der Vernunft bei Aristoteles und dem Besitz Gottes bei Thomas von Aquin, zumindest nicht auf der natürlichen Ebene. Indem wir das Leben der Vernunft ausleben, kommen wir dazu, Gott in diesem Leben zu besitzen. Wir müssen, wie Aristoteles sagt, das göttliche Element in uns entwickeln (*Nikomachische Ethik*, 10. Buch, Kap. 7).

Das moralische Leben

Wir wollen Thrasymachos nicht aus den Augen verlieren. Verlieren wir nicht diejenigen aus den Augen, die uns drängen, die Moral aufzugeben, damit wir dann unsere Begierden befriedigen können. Was sollen wir diesen Leuten sagen? Wir müssen darauf bestehen, dass sie eine falsche Dichotomie aufstellen; das moralische Leben und das glückliche Leben sind nicht getrennt, sondern sie sind ein und dasselbe. Indem wir ein moralisches Leben führen, führen wir auch ein glückliches, denn das glückliche Leben ist nichts anderes als das Leben der Vernunft, das wiederum die Tugenden in sich birgt. Wünschen wir uns, glücklich zu sein? Dann lasst uns unsere Gefühle beherrschen und sie nach dem Urteil der Vernunft lenken. Wollen wir moralisch sein? Dann lasst uns das Gleiche tun. Glauben wir, dass wir Glück erlangen, wenn wir unseren Willen vernachlässigen, während wir unsere Gefühle befriedigen? Wir irren uns, denn das wahre menschliche Leben schließt Gerechtigkeit und die intime Liebe der Freundschaft ein. Die Tugend der praktischen Weisheit gehört ebenfalls zum glücklichen Leben. Auch die Tugend der praktischen Klugheit gehört zum glücklichen Leben, denn sie ist Teil unserer schöpferischen Tätigkeit, indem sie unsere eigenen Handlungen ordnet. Wir haben bereits gesehen, wie sich die intellektuellen Tugenden in das moralische Leben einfügen. Sie sind nicht notwendig, aber das richtige Verlangen nach ihnen ist es.

Letztlich ist das moralische Leben untrennbar mit dem Leben der Vernunft verbunden, und das Leben der Vernunft, das das glückliche Leben ist, ist untrennbar mit dem moralischen Leben verbunden. Wir können nicht glücklich sein, wenn wir unsere Menschlichkeit ablehnen und das Leben von Tieren führen. Wir können nicht glücklich sein, wenn wir unser individuelles Gut verherrlichen und das göttliche Gut, das sich in anderen widerspiegelt, ablehnen. Das Glück wird nur im sittlichen Leben gefunden, und diejenigen, die ein sittliches Leben führen, werden darin ihr Glück finden.

Die Befriedigung des Verlangens

Aber verlangt die Ethik – und das Leben der Vernunft – nicht, dass wir Opfer bringen, unser eigenes Wohl zum Wohle anderer aufgeben und manchmal unsere Wünsche zurückstellen? Die Tugend der Mäßigung verlangt, dass wir unsere Begierden zügeln, wenn sie nach etwas streben, was die Vernunft missbilligt. Ist also das Leben der Vernunft nicht dem glücklichen Leben entgegengesetzt, das unsere Begierden zu befriedigen sucht? Das Leben der Vernunft mag unsere verschiedenen rationalen Fähigkeiten erfüllen, aber es befriedigt nicht alle unsere Wünsche, und manchmal verweigert es sie sogar direkt. Das Leben des Glücks hingegen ist sicherlich ein Leben, in dem unsere Wünsche befriedigt werden. Wie können wir sagen, dass wir glücklich sind, wie rational unser Leben auch sein mag, wenn unsere Wünsche unbefriedigt bleiben?

Als Antwort auf diesen Einwand würde Thomas darauf bestehen, dass das Leben der Vernunft tatsächlich das befriedigendste aller Leben ist.

Sicherlich wird das Leben der Vernunft nicht alle unsere Wünsche befriedigen. Es wird sich zum Beispiel unseren unvernünftigen Emotionen widersetzen. Aber gleichzeitig wird das Leben der Vernunft andere unserer Begierden befriedigen. Erinnern Sie sich daran, dass wir komplexe Tiere mit einer großen Vielfalt an Wünschen sind. Wir haben viele emotionale Wünsche, einschließlich des Wunsches nach Nahrung, Sexualität, Freundschaft, Sicherheit, Beliebtheit und so weiter. Viele unserer Wünsche, wie die nach den neuesten technischen Errungenschaften, sind nicht notwendig oder natürlich, aber wir haben uns dafür entschieden, sie zu erwerben. Darüber hinaus haben wir Wünsche des Willens, jene spirituellen Wünsche, die das wahre Wohl der anderen suchen können. Inmitten dieses komplexen Gewirrs von Wünschen sollte es kein Wunder sein, dass wir nicht immer in der Lage sein werden, jeden Wunsch zu erfüllen. Aber wir können zumindest die Wünsche befriedigen, die am tiefsten und grundlegendsten sind.

Diese grundlegenden Wünsche finden sich nicht in einer Hierarchie der Bedürfnisse, sondern in den geistigen Wünschen des Willens. Mit dem Willen lieben wir das wahre Gut; wir lieben nicht nur dieses besondere Gut hier oder jenes besondere Gut dort, sondern das Gute selbst; wir lieben das vollständige Gut, ein Gut, das in Gott zu finden ist. Im Vergleich zu den Emotionen sind die Sehnsüchte des Willens unergründlich. Die Gefühle sind nur winzige Flöhe auf einem Elefanten, der der Wille ist (I-II, 2, 6). Der Wille, der eine geistige Fähigkeit ist, hat eine Sehnsucht nicht nach irgendeinem endlichen Gut, sondern nach der Güte selbst, nach dem unendlichen Gut, das Gott ist. Sollen wir also die Flöhe füttern und den Elefanten hungern lassen?

Leider achten wir oft mehr auf die Emotionen, die für uns offensichtlicher sind, als auf den Willen. Wir gehen durch unser Leben und beschwichtigen dieses Gefühl, jenes Gefühl und das nächste, wobei jedes Gefühl, sobald es auftaucht, seine Befriedigung fordert. Wir haben kaum Gelegenheit, zu bemerken, dass die ganze Zeit unsere tieferen Sehnsüchte, die nicht auf unsere Sinne drücken, unbefriedigt bleiben. Warum wird eine Kultur wie die unsere, die alles in das Streben nach weltlichen Gütern und Vergnügungen gesteckt hat, von einer Angst, einer Langeweile des Herzens heimgesucht? Warum sind Selbstmorde so weit verbreitet? Warum läuft jedermann zur psychologischen Behandlung? Und warum brauchen wir immer mehr, mehr, mehr? Weil wir den Anschluss verpasst haben. Wir haben versucht, unsere Emotionen auf Kosten unseres Willens zu befriedigen.

„Unser Herz ist unruhig, bis das es ruht in Dir", sagte der heilige Augustinus zu Gott (*Bekenntnisse*, 1. Buch, Kap. 1), und obwohl wir in diesem Leben nicht vollkommen in Gott ruhen werden, können wir in gewisser Weise am göttlichen Leben teilhaben. Wir müssen, sagt Aristoteles, dieses göttliche Element in uns entwickeln (*Nikomachische Ethik*, 10. Buch, Kap. 7). Wir müssen das Leben der Vernunft führen, indem wir die Schönheit Gottes selbst erreichen und so die Sehnsüchte des Willens befriedigen. Nur die Annäherung an Gott, in dem Maße, indem uns dies möglich ist, kann unser Herz befriedigen. Dass diese natürliche Widerspiegelung Gottes durch eine größere und vollere Teilhabe am Leben Gottes abgelöst werden sollte, konnte Aristoteles nicht wissen. Aber Thomas von Aquin wusste es. Er wusste, dass es unzureichend ist, mit dem Leben der Vernunft aufzuhören. Der Gesichtskreis dieses Buches wird jedoch abgesteckt durch die Betrachtung dessen, was wir von der Moral nur durch den Gebrauch unserer natürlichen Vernunft wissen können. Wir können nur auf das übernatürliche Leben hinweisen, das eine Teilhabe am Leben Christi ist.

Was ist mit den emotionalen Begierden, die manchmal unbefriedigt bleiben müssen? Macht uns diese Unzufriedenheit unglücklich, indem sie das moralische und das glückliche Leben trennt? Das dürfte nicht der Fall sein. Denn diese Begierden sind selbst ungeordnet. Sie sind unangemessene Wünsche, Sehnsüchte nach etwas, das nicht wirklich gut ist. Sie weisen auf einen Defekt in uns hin, der der Korrektur bedarf. Sie zu befriedigen bedeutet, den Willen unzufrieden zu machen, denn der Wille wird von Natur aus abgestoßen von dem, was böse ist. Wenn unser Herz an der richtigen Stelle ist und die Einheit der Absicht und die Entschlossenheit bewahrt, die für den Akt des Befehls notwendig sind, dann werden wir diese Unzufriedenheiten der Emotionen für die viel größere Zufriedenheit des Willens ertragen. Wahre Selbstliebe, sagt Thomas, sucht das Wohl der Vernunft und nicht das Wohl der Emotionen (II-II, 25, 4, ad 3).

Außerdem kann das moralische Leben diese Begierden in Ordnung bringen. Sind Sie nun enttäuscht, dass Sie die sexuelle Befriedigung um des moralischen Lebens willen opfern müssen? Das muss nicht immer so sein.

Erinnern Sie sich daran, dass wir unsere Begierden im Laufe der Zeit ändern können, indem wir sie unter die Führung der Vernunft bringen. Anstatt zu sagen: „Ich kann dieses Vergnügen nicht haben, also werde ich unglücklich sein“, sollten wir sagen: „Ich kann dieses Verlangen nicht befriedigen, also werde ich es loswerden.“ Am Ende werden wir kein Verlangen unbefriedigt lassen, denn wir werden nur solche Verlangen entwickeln, die mit dem Leben der Vernunft in Einklang stehen. Realistischerweise müssen wir natürlich erkennen, dass unsere Begierden nach dem Bösen nie ganz verschwinden werden; sie werden immer bei uns sein. Dennoch können wir sie zumindest vermindern. Und wenn sie uns doch quälen, können wir unser Herz auf höhere Dinge richten, auf die Dinge Gottes.

Das moralische Leben ist in der Tat das glückliche Leben, die Befriedigung unserer Sehnsüchte. Die tiefste Befriedigung findet man allein in Gott.

Ausgewählte Bibliografie

Deutsche Übersetzungen einiger Texte Thomas von Aquins

THOMAS VON AQUINAS. *Über die Wahrheit*, Übersetzt von Tilman Anselm Ramelow. Vollständige Ausgabe der *Quaestiones* in deutscher Übersetzung, Teilband 5, hrsg. von Rolf Schönberger, Hamburg: Felix Meiner Verlag

———. *Untersuchungen über das Böse - Queationes Disputatae De Malo*, Mühlheim/Mosel, Cartusianus Verlag 2009.

———. *Summa contra Gentiles / Summe gegen die Heiden*, hrsg. und übersetzt von Karl Albert und Paulus Engelhardt unter Mitarbeit von Leo Dümpelmann, Darmstadt: Wissenschaftliche Buchgesellschaft 1987ff. 4 Bände.

———. *Summa theologiae*: Deutsch-lateinische Ausgabe, übersetzt von den Dominikanern und Benediktiniern Deutschlands und Österreichs 1934ff., Graz, Wien, Köln: Styria Verlag.

PEGIS, ANTON C. *Basic Writings of Saint Thomas Aquinas.* New York: Random House, 1945.

Andere Bücher über das Denken Thomas von Aquins

CHESTERTON, G. K. *Thomas von Aquin / Franz von Assisi.* Mit einem einleitenden Essay von Joseph Pearce, Bonn: nova & vetera 2003.

KREEFT, PETER. *Back to Virtue: Traditional Moral Wisdom for Modern Moral Confusion.*
San Francisco: Ignatius Press, 1992.

MCINERNY, RALPH. *Aquinas on Human Action: A Theory of Practice.* Washington,
D. C.: The Catholic University of America Press. 1997.

———. *Ethica Thomistica: The Moral Philosophy of Thomas Aquinas*. Rev. ed. Washington, D. C.: The Catholic University of America Press, 1997.
———. *A First Glance at Saint Thomas Aquinas: A Handbook for Peeping Thomists*. Notre Dame, Ind.: University of Notre Dame Press, 1990.
———. *Saint Thomas Aquinas*. Notre Dame, Ind.: University of Notre Dame Press, 1982.
O'DONNELL, ROBERT A. *Hooked on Philosophy: Thomas Aquinas Made Easy*. New York: Alba House, 1995.
PIEPER, JOSEF. *Von den Tugenden des menschlichen Herzens: Ein Lesebuch*. Potsdam: Topos Plus, 2017.
———. *Zucht und Maß. Die vier Kardinaltugenden*, München: Kösel Verlag, 1960.
———. *Thomas von Aquin. Leben und Werk*, Potsdam: Topos Plus 2014.
———. *Muße und Kult: Mit einer Einführung von Kardinal Karl Lehmann.* München: Kösel Verlag, 2007.
TORRELL, JEAN-PIERRE. *Saint Thomas Aquinas.* Washington, D.C.: The Catholic University of America Press, 1996.

Index

W

Z

Steven J. Jensen
Die menschliche Person
Eine thomistische Psychologie für Anfänger
Aus dem Amerikanischen
ISBN 978-3-86838-227-3
288 Seiten, Paperback 19,90 EUR

Die menschliche Person gibt eine kurze Einführung in den menschlichen Geist, die Seele, die Unsterblichkeit und den freien Willen. Auf der Grundlage des Denkens Thomas von Aquins, behandelt sie zeitgenössische Themen wie Skepsis, Mechanismus, Tiersprachenforschung und Determinismus. Steven J. Jensen geht den Urfragen der menschlichen Natur auf den Grund. Ist der Mensch frei oder determiniert? Unterscheidet sich der Mensch durch die Vernunft von den Tieren oder haben auch Tiere einen gewissen Anteil an der Vernunft? Können Tiere tatsächlich Sprache benutzen?

Die menschliche Person berührt weitere grundlegende Themen: Sind Menschen nur geordnete Ansammlungen von Chemikalien oder haben sie eine Seele, die ihnen Leben und Verständnis gibt? Gibt es im Menschen irgendein Element, das den Tod überlebt? Kann der menschliche Verstand mit der objektiven Welt in Kontakt treten oder muss er für immer im Bereich seiner subjektiven Erfahrungen verweilen?

Edward Feser
Philosophie des Geistes
Für Einsteiger
Aus dem Amerikanischen
ISBN 978-3-86838-223-5
255 Seiten, Broschur, EUR 19,90

Wie wissen Sie, dass Sie dieses Buch in der Hand halten und nicht nur träumen, dass Sie es in der Hand halten? Ist das Bewusstsein nichts anderes als das Gehirn? Kann ein Computer irgendwann einmal Bewusstsein haben? In dieser lebendigen und unterhaltsamen Einführung in die Philosophie des Geistes untersucht Edward Feser die für die Disziplin zentralen Fragen, liefert eine klare Erklärung der klassischen Ansätze zum Thema von Descartes und Thomas von Aquin bis zu den modernen Theorien über Bewusstsein, Kognitionswissenschaft und personaler Identität. Alle wichtigen Bereiche abdeckend, ist dieses Buch die erste Einführung, die die aktuellen Argumente für den Dualismus ernsthaft untersucht, die Auffassung also, dass es eine reale Unterscheidung zwischen Körper und Geist gibt. Mit einer geradlinigen Sprache, die die philosophische Tiefe nicht verliert, bietet Feser einen ausgewogenen und aktuellen Einstieg in eines der populärsten Gebiete der modernen Philosophie.

editiones scholasticae

Rafael Hüntelmann
Grundkurs klassische aristotelische Logik
Band 2: Formale Logik für Fortgeschrittene
ISBN 978-3-86838-231-0
102 Seiten EUR 14,90

Der zweite Band des *Grundkurs klassische aristotelische Logik* thematisiert die verschiedenen Arten des Syllogismus. Es werden deduktive Ableitungen mit der Behandlung der verschiedenen Figuren und Modi des einfachen Syllogismus verbunden und zusätzlich werden die komplexen und hypothetischen Syllogismen vorgestellt. Der zweite Band zur klassische aristotelische Logik richtet sich an Schüler der oberen Jahrgangsstufen und Studierende im Grundstudium, aber natürlich auch an alle, die an einer Einführung in die Logik und an Themen der korrekten Argumentation interessiert sind. Die klassische aristotelische Logik ist durch ihre intuitive Verständlichkeit nach wie vor ein hervorragendes Mittel zum Einstieg für das Studium der Philosophie und der Geisteswissenschaften.

Rafael Hüntelmann
Grundkurs klassische aristotelische Logik
Band 3: Materiale Logik
ISBN 978-3-86838-232-7
Broschur, 100 Seiten, EUR 14,90

Der 3. Band der Reihe thematisiert die materiale Logik, ein Themengebiet, dass der modernen Logik unbekannt ist. Während es in der formalen Logik um die formale Gültigkeit des Arguments geht, behandelt die materiale Logik den Inhalt und damit die Wahrheit der Argumente. Die materiale Logik ist zugleich eine allgemeine Einführung in die Philosophie, weil sie die Methoden der anderen Fächer der Philosophie bereitstellt. Es geht hier um die 10 Kategorien des Aristoteles, die Einteilung alles dessen, was es gibt, nach wesentlichen und akzidentellen Prädikaten, um die Frage, was eine Definition ist und welche Regeln bei Definitionen zu beachten sind.

Grundkurs klassische aristotelische Logik
Band 1: Einführung in die formale Logik
ISBN 978-3-86838-230-5
Broschur, 100 Seiten, EUR 14,90

editiones  scholasticae

GRUNDKURS PHILOSOPHIE

in sechs Bände

Rafael Hüntelmann
Grundkurs Philosophie I
Werden, Bewegung und Veränderung
978-3-86838-524-3
130 Seiten, EUR 14,90

Rafael Hüntelmann
Grundkurs Philosophie IV
Das Leib-Seele-Problem
ISBN 978-3-86838-562-5
134 Seiten, Broschur, 14,90 EUR

Rafael Hüntelmann
Grundkurs Philosophie II
Metaphysik
ISBN 978-3-86838-537-3
125 Seiten, Broschur, EUR 14,90

Rafael Hüntelmann
Grundkurs Philosophie V
Die Existenz Gottes
ISBN 978-3-86838-569-4
158 Seiten, Broschur, 14,90 EUR

Rafael Hüntelmann
Grundkurs Philosophie III
Erkenntnistheorie
ISBN 978-3-86838-550-2
129 Seiten, Broschur, EUR 14,90

Rafael Hüntelmann
Grundkurs Philosophie VI
Natürliche Ethik
ISBN 978-3-86838-570-0
186 Seiten, Broschur, 19,90 EUR

editiones scholasticae

Michael W. Shallo, S.J.
Lessons in Scholastic Philosophy
With an Outline History of Philosophy
by Patrick J. Foote S.J.
ISBN 978-3-86838-511-3
423pp, Broschur, EUR 49,00

Walter Hoeres
Gradatio entis
Sein als Teilhabe bei Duns Scotus
und Franz Suárez
ISBN 978-3-86838-513-7
241 Hardcover, EUR 79,00

Gallus M. Manser
Angewandtes Naturrecht
ISBN 978-3-86838-514-4
174 Seiten, Broschur, EUR 39,00

Joseph Gredt
Die aristotelisch-thomistische Philosophie
Erster Band: Logik und Naturphilosophie
ISBN 978-3-86838-515-1
434 Seiten, Hardcover, EUR 98,00

Joseph Gredt
Die aristotelisch-thomistische Philosophie
Zweiter Band: Metaphysik und Ethik
ISBN 978-3-86838-516-8
373 Seiten, Hardcover, EUR 98,00

Joseph Gredt
Die aristotelisch-thomistische Philosophie
Zwei Bände
ISBN 978-3-86838-517-5
807 Seiten in zwei Bänden
Hardcover, Sonderpreis EUR 179,00

Maurice De Wulf
Geschichte der mittelalterlichen Philosophie
ISBN 978-3-86838-518-2
461 Seiten, Hardcover, EUR 98,00

Lorenz Fuetscher
Akt und Potenz
Eine kritisch-systematische
Auseinandersetzung mit dem neueren
Thomismus
ISBN 978-3-86838-519-9
346 Seiten, Hardcover, EUR 98,00

Joseph Geyser
Erkenntnistheorie
ISBN 978-3-86838-520-5
287 Seiten, Hardcover, EUR 89,00

Anthony Charles Cotter
The ABC of Scholastic Philosophy
ISBN 978-3-86838-521-2
428 Seiten, Broschur, EUR 49,90

Maurice de Wulf
The System of Thomas Aquinas
ISBN 978-3-86838-522-9
152 Seiten, Broschur, EUR 29,90

Maurice de Wulf
Philosophy and Civilization in the Middle Ages
ISBN 978-3-86838-523-6
312 Seiten, Broschur, EUR 39,90

Rafael Hüntelmann
Grundkurs Philosophie I
Werden, Bewegung und Veränderung
ISBN 978-3-86838-524-3
130 Seiten, Broschur, EUR 14,90

Edward Feser
Der letzte Aberglaube
Eine philosophische Kritik des Neuen
Atheismus
ISBN 978-3-86838-525-0
339 Seiten, Paperback, EUR 29,90

Cardinal Mercier
A Manual of Modern Scholastic Philosophy
Volume I: Cosmology, Psychology, Epistemology, Ontology
ISBN 978-3-86838-527-4
584 Seiten, Hardcover, EUR 98,00

Cardinal Mercier
A Manual of Modern Scholastic Philosophy
Volume II: Natural Theology, Logic, Ethics, History of Philosophy
ISBN 978-3-86838-528-1
542 Seiten, Hardcover, EUR 98,00

Cardinal Mercier
A Manual of Modern Scholastic Philosophy
Volume I: Cosmology, Psychology, Epistemology, Ontology
Volume II: Natural Theology, Logic, Ethics, History of Philosophy
ISBN 978-3-86838-529-8
1151 Seiten in zwei Bänden
Hardcover, Sonderpreis EUR 179,00

Roland Houde | Jerome J. Fischer
Handbook of Logic
ISBN 978-3-86838-530-4
156 Seiten, Broschur, EUR 19,90

Edouard Hugon
Cosmology
Translated, with Notes by Francisco J. Romero Carrasquillo
ISBN 978-3-86838-531-1
376 Seiten, Hardcover, EUR 98,00

Nicolaus Kaufmann
Elemente der Aristotelischen Ontologie
ISBN 978-3-86838-532-8
174 Seiten, Hardcover, EUR 59,00

Josef Kleutgen
Die Philosophie der Vorzeit
Zweiter Band. Vollständig neu bearbeitete Ausgabe der 1. Auflage 1860
ISBN 978-3-86838-533-5
882 Seiten, Hardcover, EUR 139,00

Josef Kleutgen
Die Philosophie der Vorzeit
Erster Band. Vollständig neu bearbeitete Ausgabe der 1. Auflage 1860
Zweiter Band. Vollständig neu bearbeitete Ausgabe der 1. Auflage 1860
ISBN 978-3-86838-534-2
1747 Seiten in zwei Bänden
Hardcover, Sonderpreis EUR 199,00

Leonard Schmöller
Die scholastische Lehre von Materie und Form
Neu bearbeitete Auflage der 1. Auflage 1903
Herausgegeben und mit einen Vorwort von Rafael Hüntelmann
ISBN 978-3-86838-535-9
74 Seiten, Broschur, EUR 12,90

Maurice de Wulf
Die Philosophie des Thomas von Aquin
Aus dem Englischen übersetzt von Rafael Hüntelmann
ISBN 978-3-86838-536-6
ca. 160 Seiten, Broschur, EUR 19,90

Rafael Hüntelmann
Grundkurs Philosophie II
Metaphysik
ISBN 978-3-86838-537-3
Ca. 110 Seiten, Broschur, EUR 14,90

James E. Royce
Man and his Nature
A Philosophical Psychology
ISBN 978-3-86838-538-0
398pp., Hardcover, EUR 98,00

R. P. Phillips
Modern Thomistic Philosophy
An Explanation for Students
Vol. 1: The Philosophy of Nature
ISBN 978-3-86838-539-7
346pp., Paperback, 39,90 EUR

EDITIONES SCHOLASTICAE